Wolfgang Kartte

Aufbruch zum Markt

Als Wirtschaftsberater in Rußland

Hoffmann und Campe

Die Deutsche Bibliothek – CIP-Einheitsaufnahme
Kartte, Wolfgang:
Aufbruch zum Markt : als Wirtschaftsberater in Russland /
Wolfgang Kartte – 1. Aufl. –
Hamburg : Hoffmann und Campe, 1995
ISBN 3-455-11063-0

Schutzumschlag- und Einbandgestaltung: Werner Rebhuhn unter
Verwendung eines Fotos von H. J. Darchinger
Die Karten auf dem Vor- und Rücksatz stammen aus
»Länderbericht Russische Föderation 1993«,
Statistisches Bundesamt, Wiesbaden
Gesetzt aus der Times Ten Roman
Satz: Alphabeta Druckformdienst GmbH, Hamburg
Druck und Bindung: Wiener Verlag, Himberg
Printed in Austria

Inhalt

»Optimismus ist Pflicht.«

Karl R. Popper anläßlich der Verleihung
der Otto-Hahn-Friedensmedaille
in Berlin im Dezember 1993

Vorwort

Ich hasse alte Männer, die Memoiren schreiben, nur um sich selbst noch einmal herauszuputzen. Die Jungen, wenn sie Pep haben, hören nicht auf die Alten, sie wollen nicht zurück, sondern nach vorn schauen. Mein Großvater, Hauptlehrer und Raiffeisenverwalter in einem besseren Dorf in der damaligen Provinz Posen, sagte mir: »Wolli, lies nie ein Buch! Mach dir dein Leben selber.« Natürlich meinte er damit nicht Schulbücher.

Der Versuchung, mir beim Schreiben immer wieder selbst, wie man in Berlin sagt, Bonbons ans Hemd zu kleben, bin auch ich erlegen. Sei's drum, meine Arbeit in Rußland mache ich wirklich ganz gut. Und Memoiren sind es nicht, weil ich in Rußland noch voll im Geschirr bin. Meine Kämpfe und Krämpfe als Kartellamtschef von 1976 bis 1992 bleiben tabu.

Als politischer Mensch habe ich allerdings hier und da Vergleiche zwischen Russen, wie ich sie in den letzten Jahren kennengelernt habe, und der deutschen politischen Klasse eingestreut. Dabei weiß ich, daß es »die« Russen und »die« Deutschen nicht gibt. Wer von meinen Landsleuten meint, daß er zu schlecht wegkommt, mag dies auf meine Altersbeschränktheit schieben.

Neulich war ich bei Energomasch, dem Betrieb, der die sehr funktionstüchtigen russischen Raketen, vom Sputnik bis SOJUS, entwickelt hat. Der Generaldirektor erzählte mir, daß er sich immer über die Blini (siehe Anhang) freue, die sein Chefingenieur unmittelbar nach Abschuß der Rakete auf dem heißen Blech des Raketengerüstes backe. Bei uns käme gleich einer mit der Schadstofftabelle, um den Direktor vor sich selber zu schützen. Jetzt ahnen Sie vielleicht, weshalb ich die Russen so schätze.

Mir hat Rußland ein neues Leben geschenkt. Als Wirtschaftsberater erlebe ich dort einen Schöpfungsakt, kaum vergleichbar mit unserem Weg in die Marktwirtschaft nach dem letzten Weltkrieg.

Unsere Wirtschaftsstrukturen waren trotz aller Verwüstungen intakt. Es bedurfte nur freier Preise und wertbeständigen Geldes, und unsere Unternehmer kriegten wieder Lust zum Anschaffen. Die Schaufenster waren ja auch bald wieder voll.

Rußland sitzt dagegen auf den Trümmern aus 70 Jahren Mißwirtschaft. Und die Zaren davor hatten, im Vergleich zum Westen, auch nicht viel zuwege gebracht.

Jetzt gehen die Russen mit dem Mut der Verzweiflung und ungeheuerer Zähigkeit daran zu überleben. Unbefangen, selbstbewußt, fordernd, aber auch ohne

Gejammer, locker, unverkrampft und mit dem christlichen Bewußtsein ausgerüstet, daß der Mensch nicht von Natur aus gut ist.

Daß ich Stift und Diktiergerät in die Hand nahm, haben Sie, liebe Leserin, lieber Leser, die Sie immerhin bis zur Mitte des Vorworts vorgedrungen sind, einer beharrlichen Lektorin zu verdanken, die meinte, Rußland sei ein Thema, und ich könne gut erzählen. Das hat mir geschmeichelt und mich frühere Schwüre vergessen lassen.

Bei uns pflegt man derartige Schwenks, in dem unstillbaren Drang nach Idealisierung menschlicher Schwäche, in einen Sieg über den inneren Schweinehund umzumünzen und zu behaupten, man habe sich Erwartungen der Allgemeinheit nicht entziehen wollen. Das sage ich nicht. Es macht mir einfach Spaß.

Noch ein Wort zum »Strickmuster« des Buches. Das neue Rußland ist eine offene Gesellschaft, wie wir sie uns immer wünschen, aber nicht mehr haben. Nichts ist verfestigt; die künftigen Strukturen in Wirtschaft, Gesellschaft und Staat lassen sich allenfalls erahnen. Im Parlament wird noch, wie selbst kommunistische Abgeordnete mir stolz verkündeten, nach dem gesunden Menschenverstand und nicht nach Partei- oder Gruppendisziplin abgestimmt. So fange ich nach einer Bestandsaufnahme mit meinem Tagebuch an, mit den Menschen, mit denen ich gesprochen habe. Erst dann folgt der Versuch, die Teile des Puzzles zusammenzufügen und Entwicklungslinien aufzuzeigen.

Im Anhang finden Sie unter »Zehn Jahre Glasnost und Perestroika« einen Kalender der wichtigsten Schritte Rußlands auf dem Weg zur Marktwirtschaft. Man vergißt ja so schnell! Bei der Zusammenstellung der Daten haben mir die Außenstelle des Bundeswirtschaftsministeriums in Berlin und Wolfgang Göckeritz geholfen.

Der darauffolgende Abschnitt »Was ein deutscher Investor vor einem Engagement in Rußland wissen sollte« stellt die Rechtsvorschriften zusammen, die ein Investor beachten muß, die ihm aber zum Teil auch Vorteile bieten. Diese Darstellung ist auf dem Stand vom Januar 1995. Der Verfasser, Gerd Lenga, ist bereits seit 1987 als deutscher Rechtsanwalt in Moskau tätig. Von 1968 bis 1974 hatte er in Tübingen, Warschau und Leningrad zunächst Slawistik studiert und in diesem Fach den Dr. phil. erworben. Danach studierte er in Tübingen Jura, um sich in Moskau als Anwalt niederzulassen.

Ebenfalls aus der Praxis/für die Praxis ist die Liste der »Investitionsgesuche aus der Region Wladimir«. Sie zeigt, wie vielfältig die Möglichkeiten sind und wie groß der Handlungsbedarf ist.

Der Vergleich von »Löhnen, Gehältern und Preisen« vermittelt einen Eindruck vom Alltag in Rußland. Auch wird daraus deutlich, wie sehr das Kostengefüge zwischen Hauptstadt und Provinz differiert. Die Zahlen aus Moskau hat mir die Hausfrau Tamara Larionowa beschafft; der Administration der Provinz Wladimir danke ich für die Zusammenstellung der dortigen Preise.

Die »Erfolgsrezepte« sind als ein wohlschmeckender Abschluß gedacht. Kochen ist mein Hobby, und ich habe damit sogar bei meinen russischen Gästen Erfolg.

Jedenfalls habe ich mir Mühe gegeben, mich kurz zu fassen. Dicke Bücher stehen oft nur im Schrank. Dieses ist gerade richtig für die Eisenbahn, das Flugzeug oder beim Warten auf russische Geschäftspartner. Und die Rezensenten haben es leicht, über mangelnde Anmerkungsgelehrsamkeit zu klagen.

Das Manuskript habe ich im Dezember 1994 abgeschlossen. Hoffen wir, daß Tschetschenien für Rußland nicht zum Dauerproblem wird, daß Tschernobyl dicht bleibt und daß nicht noch mehr Öl-Pipelines brechen.

Rußland ist groß, weit und stark und hat viel Zeit, Neues, das auf seine Menschen einstürmt, zu sichten, zu verdauen und, wenn es paßt, schließlich anzunehmen. Wirtschaftlich bergauf geht es bereits, und das ist wichtig. Die Besserwisserei, Ungeduld und Zappeligkeit seiner westlichen Ratgeber, welche löblichen Vorsätze oder unheiligen Absichten auch immer dahinterstehen mögen, bringen Rußland nicht weiter. Die Milliarden-Dollar-Angebote der Weltbank, falls sie überhaupt ernst gemeint sind, sollten wir uns schenken und statt dessen den russischen Fertigwaren unsere Grenzen öffnen. Die Ankurbelung der Wirtschaft können wir dann getrost den Russen selbst und privaten westlichen Investoren überlassen.

Rußland wird seine neue politische und wirtschaftliche Identität, seine Interessen erst formulieren können, wenn sich seine neuen Eigentums-, Besitz- und Machtstrukturen, um die intern noch gerungen wird, herausgebildet haben. Manche Ungereimtheiten der russischen Politik lassen sich damit erklären. Wir können von einer postkommunistischen Gesellschaft, die keinerlei Übung mit demokratischen Traditionen hat, nicht alles auf einmal erwarten.

Mit einem meiner vielen klugen Gesprächspartner, dem früheren Präsidentenberater und jetzigen russischen Wirtschaftsminister Jewgenij Jasin, baue ich darauf, daß Männer wie Alexander Solschenizyn, die russischen Dichter, dem zukünftigen, dem marktwirtschaftlichen, dem demokratischen Rußland eine neue Moral vermitteln werden. Und eines Tages kommt dann vielleicht auch zu uns aus dem Osten ein Licht.

DAS ZAUBERWORT HEISST MARKTWIRTSCHAFT

Fliegender Start

Die Frage aus dem Bundeswirtschaftsministerium, ob ich als Wirtschaftsberater nach Rußland gehen wolle, erreichte mich im März 1992 auf einer Kartelltagung in Innsbruck. Damals war ich noch Kartellamtschef. Meine Frau, die mich – auf eigene Kosten, versteht sich – begleitet hatte, begann noch während des Telefongesprächs in Gedanken die Koffer zu packen. Ihr war klar, daß ich nicht zögern würde.

Unsere Kinder sind aus dem Haus und stehen auf eigenen Füßen. In wenigen Monaten würde ich in Pension gehen. Wir hatten öfter darüber gesprochen, daß man als Pensionär binnen dreier Monate verblödet, wenn man nichts Richtiges mehr zu tun hat. Tagesschau und »Frankfurter Allgemeine«, Informationen aus zweiter Hand, reichen eben nicht aus. Im Grunde hatte ich schon den ganzen Winter über Angst vor dem tiefen Fall in die Freizeit durchgestanden und war froh über diese neue berufliche Perspektive. Auch meine Frau war froh darüber; denn sie konnte sich Untätigkeit bei mir noch weniger vorstellen als ich mir selbst.

Alsbald zeigte sich, daß nicht nur der Bundeswirtschaftsminister, sondern auch das Bundeskanzleramt hinter dem Wunsch stand, mich nach Rußland zu verfrachten. Dies freute mich natürlich sehr, zumal ich Helmut Kohl selbst nie persönlich kennengelernt hatte, vom »Guten Abend, Herr Bundeskanzler« auf dem alljährlichen Berliner Presseball abgesehen. Meine Frau, auch Pfälzerin, hatte mich immer getröstet, indem sie mir versicherte, der Kanzler mit seinem phänomenalen Gedächtnis und Überblick habe immer sehr wohl gewußt, wessen Gruß er erwidere. Nun fiel endlich ein deutlicher Abglanz auf mich. Dies nutzte ich später auch weidlich aus, indem ich beim Wirtschaftsberater des Kanzlers, Johannes Ludewig, solange er noch für die Koordinierung der deutschen Rußlandhilfe zuständig war, gelegentlich den unausbleiblichen Frust ablud.

Nachdem Bonn sich für meine selbstlose Einsatzbereitschaft gehörig bedankt hatte, wollte ich sogleich anfangen. Als Kartellamtspräsident hatte ich für die restlichen drei Monate meiner Amtszeit noch ein anständiges Büro, und als alter Fuhrmann wußte ich, daß man mich hinterher sehr kurzhalten würde.

Also rief ich nach meiner Rückkehr aus Innsbruck den deutschen Botschafter in Moskau an, um das Terrain zu sondieren. Unser Mann in Moskau war damals Klaus Blech, den ich von Bonn her kannte.

Dem Botschafter sagte ich: Ich wolle testen, ob die Russen mich wirklich brauchten. Angeblich hatten sie nach einem deutschen Wirtschaftsberater verlangt. Er möge für nächste Woche den russischen Wirtschaftsminister, den Vorsitzenden des Ausschusses für die Wirtschaftsreform im Obersten Sowjet und einige andere »Würdenträger« zu einem ersten Gespräch einladen. Die Herren sagten zu, und ich flog ein paar Tage später zu einem Abendessen in der Residenz des Botschafters nach Moskau.

Die Kosten für diese erste Reise mußte das Bundeskartellamt vorstrecken, weil Bonn noch kein Geld für mich hatte. Herr Herzfeld, Verwaltungschef des Amtes, der die Kasse hütete, glaubte nicht daran, daß er das Geld von Bonn jemals zurückkriegen würde. Hoffentlich hat er nicht recht behalten.

Zuvor war ich nur zweimal in Moskau gewesen. Einmal war ich von der Friedrich-Ebert-Stiftung eingeladen worden, um mit Beratern des Präsidenten Gorbatschow über Fragen der Antimonopolpolitik zu sprechen. Zwar bin ich seit langem CDU-Mitglied, aber die Stiftung hatte wohl einen geeigneten Sozialdemokraten im Augenblick nicht zur Hand. Das andere Mal hatte mich der inzwischen verstorbene Hamburger Unternehmer und Mäzen Kurt Körber mit seinem Bergedorfer Kreis nach Moskau mitgenommen.

Bei dieser Gelegenheit lernte ich das Rußland-Engagement des Aufsichtsratsvorsitzenden der Deutschen Bank, Friedrich Wilhelm Christians, kennen und schätzen. Immer wenn ich in den ersten Monaten meiner Arbeit in Rußland alles hinschmeißen wollte, fuhr ich zu Christians nach Düsseldorf und ließ mich von ihm wieder aufrichten. Seine Beharrlichkeit dämpfte meine Ungeduld, und das tat mir wohl.

Beim Abendessen in der Residenz des Botschafters sagte ich meinen künftigen russischen Partnern vor allem zweierlei:

- Erstens sei ich nicht zu ihnen gekommen, um ihnen etwas aufzuschwatzen. Ihre, die russische Version der Marktwirtschaft, müßten sie selber finden. Sie sollten dabei weder nach Bonn noch nach Washington, noch nach Tokio schauen. So gut seien wir im Westen gar nicht mehr. Als erfahrener Mann, dessen erster Chef im Bundeswirtschaftsministerium Ludwig Erhard geheißen habe, der die Welt der Wirtschaft kenne und der in Berlin den Aufbau Ost, auch von Amts wegen, hautnah miterlebt habe, sei ich da, um Fragen zu beantworten, falls sie, die Russen, welche hätten.
- Zweitens sollten sie mich nicht löchern, wie lange es dauern werde, bis Rußland den Anschluß an den Westen erreicht habe. Wann Rußland sein marktwirtschaftliches Abitur ablege, darauf komme es gar nicht so sehr an. Wichtig sei, daß die Menschen spürten, es gehe aufwärts. Dazu wolle ich beitragen.

Dann erzählte ich noch die Geschichte von der enttäuschten Liebe, von der Braut, der die Ehe versprochen wurde, und vom Bräutigam, der sich auch im dritten Jahr noch nicht rührte. »Dann fängt sie an, ihn zu hassen«, sagte ich, »und ich will nicht, daß mir das mit euch passiert.«

Damit war das Eis gebrochen. Ich bat die Botschafterin, die Sektgläser abräumen zu lassen und den Wodka hervorzuholen. Sie hatte gerade noch eine Flasche im Kühlschrank. Eine allgemeine Verbrüderung folgte. Das Küssen fiel mir nicht schwer, weil die Familien meiner Mutter und meines Vaters im heutigen Polen angesiedelt waren. Bei uns küßten sich immer auch die Männer untereinander, und zwar richtig auf den Mund.

Am 30. Juni 1992 hatte ich meinen letzten Arbeitstag im Bundeskartellamt. Am 1. Juli setzte ich in einem Büro in der Außenstelle des Bundeswirtschaftsministeriums meine neue Arbeit fort, damals noch Unter den Linden, gegenüber der alten russischen Botschaft. Das Büro stellte mir das Bundeswirtschaftsministerium zur Verfügung.

Die Außenstelle hatte gehofft, daß Bonn ihr eine Planstelle für eine zusätzliche Schreibkraft zuweisen werde, weil ich doch ein Sekretariat brauchte. Dies blieb freilich Illusion, und so mußte sie mir aus dem eigenen Bestand Mitarbeiter zur Verfügung stellen.

Der Chef der Außenstelle, Scharnhorst Müller, hat mir vorzügliche Mitarbeiterinnen gegeben, Marion Hinrichs, Birgit Kusmak und Jana Reichelt, die neben ihrem eigentlichen Job zeitweilig auch für mich tätig sind. Frau Kusmak spricht Russisch, was naturgemäß eine große Hilfe ist. Winfried Häusle, Kollege aus dem Bundeswirtschaftsministerium, jetzt Vorhut dieser Behörde in Berlin, trägt das Kuckucksei in seinem Referat mit Würde. Alle sind nett, ich bringe ja schließlich Leben in die Bude.

Schreibtisch, Fax und Kopiergerät habe ich auch in der Wohnung. Im Schnitt bin ich, seitdem ich viel in der Duma zu tun habe, ein Drittel des Monats in Rußland. Die Reisekosten und Spesen zahlt mir die Kreditanstalt für Wiederaufbau aufgrund eines Werkvertrages. Als Salär erhalte ich die Differenz zwischen meiner Pension und dem früheren B8-Gehalt als Kartellamtspräsident.

Die Stunde Null

Die Stunde Null der russischen Marktwirtschaft hatte bereits Anfang 1992 geschlagen, als die Regierung unter Ministerpräsident Gaidar die Preise für 90 Prozent der Verbrauchs- und 80 Prozent der Investitionsgüter freigab. Diese Entscheidung hat den Reformprozeß im Westen glaubhaft und, wie inzwischen alle Insider meinen, in Rußland unumkehrbar gemacht.

Da zu diesem Zeitpunkt ein entsprechendes Warenangebot in Rußland nicht vorhanden war, mußten die Reformer damit rechnen, daß die Preise in die Höhe schießen und die Inflation anheizen würden. Gleichwohl war diese Entscheidung die einzig richtige. Ohne die Freigabe der Preise hätte keinerlei Chance bestanden, das Angebot an Konsumgütern zu verbessern und dadurch das Vertrauen in den Markt zu stärken.

Das Volk scheint dies begriffen zu haben, wie schon die Ergebnisse des Referendums vom 25. April 1993 zeigten. 58,7 Prozent der Wähler sprachen Jelzin das Vertrauen aus, 53 Prozent unterstützten seine Reformpolitik. Als Deutscher, der ich das Gejammer meiner Landsleute noch im Ohr habe, als wir für die Wiedervereinigung eine Stunde in der Woche mehr arbeiten sollten, kann ich nur sagen: Respekt!

Inzwischen setzt sich in Rußland der Markt immer weiter durch. Die Versorgung der Bevölkerung in den meisten Regionen wird besser. Das erklärt wahrscheinlich auch den Erfolg Präsident Jelzins bei dem Referendum über die neue Verfassung und bei den Neuwahlen zum Parlament am 12. Dezember 1993. Die Verfassung wurde mit 54,8 Prozent der Stimmen angenommen, die Reformparteien erhielten immerhin 154 der 450 Mandate.

Diese 154 Abgeordneten sind nicht die einzigen, die für die Marktwirtschaft sind. Zum Markt in irgendeiner Form wollen die meisten, außer manchen Verlierern der Reformprozesse sowie Unbelehrbaren, die, wie nicht nur ich meine, insgesamt eine Minderheit darstellen.

Vergleiche, die nachdenklich machen

Wir Deutschen, die wir unsere Marktwirtschaftspolitik in einer verklärten Erinnerung an die Währungsreform und die daran gekoppelte Freigabe der Preise im Juni/Juli 1948 für das Maß aller Dinge halten, haben keinerlei Grund, uns gegenüber den Russen als »Besserwessis« aufzuführen. In Wahrheit ist nur vergessen oder verdrängt, wie es damals bei uns war.

Schöpfer unserer sozialen Marktwirtschaft war bekanntlich Ludwig Erhard, legendärer Bundeswirtschaftsminister in allen Kabinetten Adenauer von 1949 bis 1963. Erhard, damals noch Direktor der Verwaltung für Wirtschaft des Vereinigten Wirtschaftsgebietes der amerikanischen, britischen und französischen Besatzungszonen in Frankfurt am Main, hatte sein Credo auf dem CDU-Parteitag der britischen Zone Ende August 1948 in Recklinghausen selbst sinngemäß so formuliert: Die alte konservative soziale Struktur, die einerseits durch eine dünne Oberschicht, die sich alles leisten könne, andererseits durch eine sehr breite Unterschicht mit unzureichender Kaufkraft gekennzeichnet sei, müsse endgültig überwunden werden. Das Mittel zum Wohlstand sei der Wettbewerb. Auf dem Weg über den Wettbewerb werde – im besten Sinne des Wortes – eine Sozialisierung des Fortschritts und des Gewinns bewirkt und dazu noch das persönliche Leistungsstreben wachgehalten.*

Die deutschen Sozialdemokraten schlossen sich 1959 unter dem Einfluß von Heinrich Deist und Karl Schiller in ihrem »Godesberger Programm« dem Konzept der sozialen Marktwirtschaft an. Seitdem sind CDU und SPD mit ihrer Wirtschafts- und Sozialpolitik immer mehr aufeinander zugegangen; unser Wohlfahrtsstaat ist ihr gemeinsames Werk. Dabei haben beide einen Nachsatz Ludwig Erhards zuwenig beachtet: »Wir dürfen unter dem sich ausweitenden Konsum die Mehrung der Produktivität der Wirtschaft nicht vergessen.«**

Zugleich mit der Währungsreform im Juni 1948 verkündete Erhard das Ende der Zwangswirtschaft. Die meisten Konsumgüterpreise wurden freigegeben. Dabei hatten die Deutschen es einfacher als Anfang 1992 die Russen. Trotz aller Kriegsschäden waren unsere Produktionsstrukturen im wesentlichen funktionsfähig. Die neue harte Mark brachte die Bauern, Bäcker, Fleischer, Warenproduzenten, Ladenbesitzer rasch in Fahrt.

Gleichwohl stand Ludwig Erhard damals in seiner eigenen Partei auf der Kippe. Von den Alliierten –

* Ludwig Erhard, Wohlstand für alle, 8. Aufl. 1964, S. 5 f.
** Ebd., S. 8

Amerikanern, Briten und Franzosen – hatte er nur General Clay auf seiner Seite, und auch diesen nur widerstrebend. In Großbritannien regierte gerade Labour, und Frankreich hatte sich seit 1946 der »Planification« verschrieben. Franz Böhm, Wirtschaftsprofessor an der Universität Frankfurt und Weggefährte Ludwig Erhards, erzählte später einmal, daß General Clay in einem der entscheidenden Gespräche mit Erhard vor der Aufhebung der Bewirtschaftung im Juni/Juli 1948 gesagt hatte: »Herr Erhard, die Deutschen haben schon so viele Fehler gemacht, so machen Sie auch noch diesen!« Demnach hatte sich auch Lucius D. Clay, der amerikanischen General, auf eine Pilatusgebärde zurückgezogen.

Da Preise und Unternehmergewinne im zweiten Halbjahr 1948 zunächst kräftig anstiegen, ergingen sich weite Teile unserer politischen Klasse in Aufgeregtheit, Kleinmut und im Schwarzer-Peter-Spiel. Ludwig Erhard nennt in seinem Buch »Wohlstand für alle« einige Schlagzeilen aus der damaligen deutschen Presse: »Die Preise laufen davon«, »Erhard am Ende seines Lateins«, »Chaotisches Bild der Preise«, »Wirtschaftsfachleute für Rückkehr zur Bewirtschaftung«. Und im November 1948 riefen die deutschen Gewerkschaften zum Generalstreik gegen die Marktwirtschaft auf.

Erhard sagt in seinem Rückblick: »Hier gab es nur eine Richtschnur: Unbedingt standhaft bleiben! Es ist wert, diese einmalige geschichtliche Situation festzuhalten, denn nach aller Erfahrung kann füglich behauptet werden, daß keine Regierung und kein Parlament später die guten Nerven aufgebracht hätte, das System der freien Marktwirtschaft einzuführen und beizubehalten.«*

Und wären die Warenregale nicht bald voll gewesen, wäre der schwarze Markt nicht sofort verschwunden, wären die Einzelhandelspreise nicht wieder zurückgegangen, und hätte die Masse der Bürger – auch damals klüger als mancher intellektuelle Eierkopf – nicht ihre Chance gewittert und zugepackt, wäre Ludwig Erhard wahrscheinlich gescheitert.

Im heutigen Rußland sind die Voraussetzungen für freie Preise, nämlich stabiles Geld und ausreichende Warenversorgung, in weit geringerem Maße vorhanden als im Nachkriegsdeutschland des Jahres 1948. Dennoch ist es in Rußland ruhig geblieben. Aufgeregt war bisher lediglich die Berichterstattung über Moskau.

Ex oriente lux? Können wir auf Erneuerung aus dem Osten hoffen? Manches Wehklagen im Westen unseres Landes über die Kosten der Wiedervereinigung, unsere Verzagtheit und Neigung zur Selbstzerfleischung bringen einen schon dazu, daran zu denken. Tschechen, Polen, Ungarn und Russen – um nur diese Länder herauszugreifen – ertragen unvorstellbare Lasten des Umbruchs, obgleich die Reichen dort immer reicher werden und es Meinungsfreiheit und freie Wahlen gibt. Die Mehrheit der Bevölkerung in diesen Ländern weiß oder ahnt, daß es anders nicht geht.

* Erhard, a. a. O., S. 32

Mein Jahrgang (1927) ist in vergleichbaren Lebensumständen aufgewachsen. Die Nöte des Krieges, die Nachkriegszeit, die Anstrengungen des Wiederaufbaus haben uns geprägt. Der Blick zurück bringt aber nichts. Die Älteren unter uns können sich nicht neue Notzeiten wünschen, nur um zu erfahren, daß –woran ich keinen Zweifel habe – ihre Kinder und Enkel genauso gut damit fertig werden würden wie sie vor fünfzig Jahren. Heute fehlen diese Herausforderungen; wir haben Frieden, und der Wohlstand für alle ist eine phantastische Leistung unserer sozialen Marktwirtschaft. Doch schon Ludwig Erhard sah die Gefahren. Mitte der sechziger Jahre versuchte er, dem Gruppenegoismus und der drohenden Zerfaserung des Gemeinwohls die »formierte Gesellschaft« entgegenzusetzen. Man lachte ihn am Ende aus, ebenso wegen seiner »Maßhalteappelle«.

Ein Professor schrieb neulich sehr anschaulich in der »Frankfurter Allgemeinen«, der gesellschaftliche Wertewandel im westlichen Europa führe uns von der modernen Leistungsgesellschaft weg zu einer postmodernen Genußkultur. Keinesfalls aber schließe der Individualismus Gemeinschaftsbedürfnisse, der Genuß Leistung, der Selbstbezug Verantwortlichkeit für die Lebensumwelt aus. Es entwickele sich der Sozialtypus des aktiven, kommunikativen, ökoorientierten Hedonisten.*

Ich glaube schon, daß Genuß nicht von vornherein Leistung, Individualismus, Selbstbezug und Hedonis-

* Horst Baier, »FAZ« vom 10. September 1994, S. 13

mus, also das Streben nach Lust als oberstem Ziel, nicht unbedingt Gemeinschaftsbedürfnisse und Verantwortlichkeit ausschließen. Bei denjenigen Mitbürgern, die im Berufsleben stehen und die die Ausbildung der Jungen, die Renten für die Alten sowie unsere ständig wachsenden Sozialleistungen mitverdienen müssen und obendrein Kinder aufziehen, geht es aber wohl nicht ohne die hergebrachten Werte ab. In den meisten von uns sind Gemeinsinn und Pflichtgefühl glücklicherweise immer noch lebendig.

Falsche Zeichen setzt unser Wohlfahrtsstaat, der sanfte Sozialismus, in den wir längst hineingeschlittert sind und der sich am Bild des von der Wiege bis zur Bahre betreuten Bürgers zu berauschen scheint. Die natürliche Verantwortung jedes einzelnen für sein Schicksal, seine Anlagen, seine Lebensführung, seine Entscheidungen und seine Fehlgriffe wird mit Akribie Stück für Stück abgebaut und auf die Gesellschaft verlagert. Manchmal frage ich mich, welche Verkrampfungen die Initiatoren solcher Gesetze antreiben und ob sie nicht erkennen, welch verderbliche Anreizmechanismen sie dadurch schaffen. Dabei geht es mir nicht um den vieldiskutierten Mißbrauch unserer Sozialsysteme. Mißbrauch ist dem Wohlfahrtsstaat immanent; nicht nur die »kleinen Leute« nehmen sich, was sie kriegen können. Das eigentliche Übel ist die falsche Lebenseinstellung, die Anspruchshaltung, die der Wohlfahrtsstaat produziert. Die Betreuten werden um die Chance gebracht, den aufrechten Gang zu erlernen. Unser Mittelstand, wirtschaftlich und gesellschaftlich unsere Basis, wird immer mehr zur Milchkuh. Und die falschen Helden leben sich aus.

Unser großes Vorbild, die amerikanischen Lebensformen, empfehlen sich in ihrem gegenwärtigen Zustand den neuen Demokratien in Mittel- und Osteuropa kaum. Einerseits halten die USA die Fahne der Freiheit hoch, und die Bürger haben ihre Präsidenten immer wieder dazu ermächtigt, auf vielen Kriegsschauplätzen der Welt amerikanisches Blut zu vergießen, wenn sie es zur Bewahrung der Freiheit für nötig hielten. Das hebt Amerika weit heraus. Auch seine kulturellen Leistungen – bis hin zu Jeans, Fastfood, Musik, Kino, Kommunikation – begeistern die Jugend überall und tragen so zur Integration der Völker bei.

Andererseits ist aber auch die Dekadenz unübersehbar. Während die Reichen, die wie Fettaugen auf einer ziemlich dünnen Suppe schwimmen, sich in ihre Gettos zurückziehen und, wenn möglich, die Eingänge mit Hilfe von Bodyguards und elektronischen Sicherungssystemen verbarrikadieren, verkommt ein multikultureller Bodensatz in seinen Slums; und die Mittelschichten müssen sehen, wie sie zurechtkommen und sich schützen. Dabei steigt das Gewaltpotential weiter. Wenigstens dürfen, wie man hört, bald keine Maschinenpistolen und panzerbrechenden Waffen mehr in Geschäften angeboten werden.

Man versuche einmal zu verstehen: Da werden im Namen der Freiheit alle Tabus und Schamgrenzen niedergerissen; aber wehe dem Mann, der einer Frau Gelegenheit gibt, auch nur das Gefühl einer sexuellen Belästigung geltend zu machen! McCarthy, der Kommunistenjäger, war ein Waisenknabe gegen die Rigidität, mit der jetzt Raucher verfolgt werden. Heute dieser, morgen jener. Dazu die intellektuelle Zwangsjacke der Political Correctness. George Orwell läßt grüßen! Psychiater, abstruse Sekten und Advokaten haben Hochkonjunktur.

Viele in den neuen Demokratien im Osten, auch wenn sie westlichen Werten zugetan sind, heben die Hände. Sie haben eigene Vorstellungen von ihrer nationalen, staatlichen und kulturellen Identität, die sie unter dem Banner des proletarischen Internationalismus verloren hatten. Jetzt sind sie dabei, ihre nationalen und staatlichen Interessen neu zu bestimmen. Vielleicht werden auch sie, wenn sie wohlhabend geworden sind, von einer »aufgeklärten« Zivilisation überrollt. Zuerst krempeln sie aber die Ärmel hoch.

Auch wir hatten mit der Wiedervereinigung und dem Wegfall der Ost-West-Konfrontation eine Stunde Null. Wir müssen eine neue Identität, einen Konsens über unsere staatlichen und nationalen Interessen finden. Die oft hysterischen Züge unserer Rechts-Links-Diskussion, wie überhaupt die geistige und moralische Verunsicherung von Teilen unserer politischen Klasse, zeigen es.

Wir zappeln im Netz eines Zeitgeistes, der vielen deshalb gefällt, weil er ihnen schrankenlose »Selbstverwirklichung« erlaubt, ja, sie ihnen geradezu abverlangt und dadurch von vornherein jede Verantwortung für das Ganze, jeden Gemeinsinn hintanstellt.

Die Masse der Bürger ficht das nicht an. Aber sie werden allmählich zur schweigenden Mehrheit, und viele fragen sich, weshalb gerade sie sich zurückhalten sollen. Steuerhinterziehung, Schwarzfahren, Versicherungsbetrug, Ladendiebstahl werden weithin nicht mehr als Unrecht empfunden. Von der zunehmenden Gewaltbereitschaft ganz zu schweigen. Polizisten sind frustriert, weil sie Übeltäter, die sie gerade einkassiert hatten, wenig später auf der Straße wiederfinden. Die Selbstjustiz in Gestalt von Fußtritten und Schlägen, zu der einfache Gemüter unter ihnen sich hinreißen lassen, ist gegen das Gesetz, auch nicht entschuldbar, zwingt uns aber zum Nachdenken. Wer von den besseren Herrschaften, die sich immer gleich entrüstet geben, wollte wohl Wochenende für Wochenende, oft in stickigen Mannschaftswagen und schlecht bezahlt, abwarten, ob die Chaoten zuschlagen oder nicht?

Manche Nutznießer der Bindungslosigkeit in unserer intellektuellen Schickeria wollen gar keine neue staatliche und nationale Identität, weil sie Pflichten scheuen, oft keinerlei soziale Kompetenz haben. Und niemand sagt es ihnen. Was soll das abstrakte Gerede vom »Verfassungspatriotismus«, unter dem sich der Normalbürger nichts vorstellen kann?

Lassen wir die Dinge so laufen, könnten wir – ungewollt – wiederum zum Störenfried der europäischen Völkerfamilie werden. Wir sind, in der Mitte Europas, zu groß, als daß wir uns Charakterlosigkeit und damit zugleich Unkalkulierbarkeit leisten könnten. Die gebetsmühlenhaft wiederholte Beteuerung, wir wollten in aller Bescheidenheit in der Europäischen

Union aufgehen, muß unsere Nachbarn verunsichern. Selbst mit normalem Selbstbewußtsein ausgestattet, wollen sie Europa in dieser oder jener Form nur, um ihre eigenen nationalen Interessen voranzubringen. Die Europapolitik der anderen beweist es immer wieder, und das ist auch völlig natürlich. Der Nationalstaat ist eben noch nicht tot; ja, er feiert in einer Welt der Unsicherheit eher fröhliche Urständ. Dabei schließe ich nicht aus, daß die Jüngeren allmählich ein Stück echte Internationalität entwickeln.

Wenn jedoch heute ein 80-Millionen-Volk sich ziert, klar definierte eigene Interessen zu formulieren, und es vorzieht, Wesenlosigkeit zu demonstrieren und sich als Durchgangszimmer für eine beliebige multikulturelle Population zu empfehlen, wird diese Masse Mensch zum Risiko. Wer kann dafür garantieren, daß nicht unsere nächste oder übernächste Generation das Vakuum so oder so auffüllt und Europa wieder durcheinanderbringt.

So verstehe ich auch das Bemühen vieler unserer Freunde in der Welt, uns neues Selbstvertrauen einzuhauchen. Warum hauen wir beispielsweise nicht endlich in Brüssel auf den Tisch und fordern, wenn schon nicht eine unserer Bevölkerungszahl entsprechende Sitzverteilung im Europäischen Parlament, so doch wenigstens Parität bei der Finanzierung der Union und Deutsch als Amtssprache, was es im täglichen Umgang gar nicht mehr ist? Ich wette, selbst Franzosen und Briten würden erleichtert aufatmen, hätte doch der ungelenke Koloß endlich zu sich selber gefunden.

Wirtschaft im Umbruch

Rußland ist ein reiches Land, reich an Bodenschätzen und ausgebildeten Arbeitskräften. Nach 70 Jahren kommunistischer Zwangswirtschaft, ohne bürgerliche Vergangenheit, ohne breiten Mittelstand, ohne jegliche Erfahrung mit Demokratie und Marktwirtschaft und ohne reichen Bruder, der, wie Deutschland in seine neuen Bundesländer, frisches Kapital, westliches Know-how und Management hineinpumpt, ist Rußlands Weg zum Westen steinig.

Erstaunlich ist die Überlebenskraft der Russen. Sie haben es bisher geschafft, alle Erschütterungen, den Zerfall des Sowjetreiches, der zweiten Supermacht, gleitend zu bewältigen. Tschetschenien bleibt hoffentlich ein Einzelfall. Sie haben mit aberwitzigem Tempo freie Preise, Pressefreiheit, freie Berufswahl eingeführt und klugerweise zugleich der alten Garde so viel Einfluß belassen, daß sie mitspielt.

Die Jüngeren haben die neuen Chancen sofort begriffen, ihre Begeisterung für westliche Lebensformen kam spontan. Der Schülerclub in der Provinzstadt Wladimir beispielsweise heißt »Bubble Gum«.

Transporteur westlicher Lebensart ist das Fernsehen, das ja auch die deutsch-deutsche Wende mit befördert hat.

Ein Mühlstein am Hals der Russen sind die alten Staatsbetriebe, die überwiegend der Rüstungsproduktion dienten. Gelenkt wurden diese Betriebe vom Moskauer Plan. Der Chef hatte lediglich die Arbeit zu organisieren und, von den Windeln bis zur Begräbniskerze, für das Wohl seiner Leute zu sorgen. Produktwahl, Kosten, Preise, Einkauf, Vertrieb, mit all dem hatte er nichts zu tun.

Inzwischen schreitet die sogenannte »Privatisierung« der Staatsbetriebe voran. Aus den Industriekombinaten, Kolchosen, Sowchosen wurden Aktiengesellschaften. Allerdings kommen frisches Kapital, Know-how und Management dadurch noch nicht in den Betrieb. Gleichwohl ist diese »Privatisierung« nicht nur Etikettenschwindel; denn die Nabelschnur zum Moskauer Plan wurde durchschnitten. Die Betriebe sind nach der Privatisierung auf sich allein gestellt und müssen es lernen, für neue Produkte, Vormaterial und Vertrieb selbst zu sorgen. Sie müssen sich jetzt dem Markt stellen.

Am schwersten fiel den alten Chefs das Denken in Preisen und Kosten. Sie waren daran gewöhnt, ihren Aufwand ersetzt zu bekommen. Die Betriebe produzierten daher – ohne Arbeitsteilung – möglichst alles selbst, z. B. in der Textilindustrie vom Garn bis zur Fertigware, und sie versorgten ihre Arbeitnehmer mit

Nahrung, Kleidung, Wohnung, Kindergarten, Poliklinik bis hin zur Grundschule. Überschüssige Produktion wurde gehortet, um für das nächste Plansoll gerüstet zu sein. Volle Läger galten als Reichtum. Arbeitslose gab es in Rußland auch in den letzten Jahren kaum. Die Betriebe sind vollgestopft mit verdeckten Arbeitslosen und erfüllen damit auch die Funktion eines sozialen Netzes.

Diese alten Strukturen lassen sich nicht von heute auf morgen beseitigen, ohne daß es zu Millionen von Arbeitslosen ohne soziale Absicherung käme. Die Notenbankkredite zur Subventionierung der Staatsbetriebe waren lange Zeit einer der Gründe für die galoppierende Inflation. Seit Anfang 1994 hält sich die Notenbank mit ungesicherten Krediten zurück. Dadurch flachte die Inflation ab, aber die Zahlungsunfähigkeit der Betriebe nimmt zu, und die Zahl der Arbeitslosen wächst. Dies wiederum war Grund für die Opposition, für Moskau einen »heißen Herbst« vorauszusagen.

Eine weitere Ursache der Inflation ist der Warenmangel, der sich nur durch eine Steigerung der Güterproduktion in Rußland beheben läßt. Aber dazu braucht es Kaufkraft, die ihrerseits zu Investitionen reizt, sowie erträgliche Rahmenbedingungen.

Kapitalismus pur oder soziale Marktwirtschaft?

Ich schätze die Amerikaner sehr. Sie treten überall in der Welt für die Freiheit ein. Als Berliner kann ich ihnen nicht genug danken, und ohne den Marshallplan wäre Westdeutschland nach 1945 nicht so rasch wieder auf die Beine gekommen.

Die von den Amerikanern angeratene und von Gaidar exekutierte Freigabe der Preise in Rußland zu Beginn des Jahres 1992 war – rückschauend betrachtet – riskant, aber richtig. Zwar mußte es dadurch zur Inflation kommen, weil ein entsprechendes Warenangebot fehlte. Aber zugleich war die Freigabe der Preise das einzige Mittel, um dem katastrophalen Mangel an Konsumgütern abzuhelfen.

Ein weiterer guter Rat der Amerikaner war die Umwandlung der alten Staatsbetriebe in private Gesellschaften. Die Planungsbürokratie in Moskau wurde dadurch gegenstandslos, und jetzt hängt es von den Gegebenheiten des Marktes und von dem individuellen Geschick der Betriebe ab, ob sie den Anschluß an die Zukunft gewinnen oder nicht. Der marktwirtschaftliche Ausleseprozeß ist also eingeleitet.

Bedenklich ist jedoch die Forderung, in der gegenwärtigen Situation Rußlands allein auf die Geldpolitik, das heißt auf Inflationsbekämpfung und Haushaltskonsolidierung, zu setzen. Dahinter steht die in Amerika in den sechziger und siebziger Jahren entwickelte sogenannte Chicago-Theorie, ein neuer Aufguß des klassischen Kapitalismus. Danach hat der Staat lediglich für stabiles Geld und offene Märkte zu sorgen sowie die »property rights«, die Eigentumsrechte der Privaten, zu garantieren; den Rest besorge der Markt von selbst. Wenn Arbeitslosigkeit droht, haben die Löhne so weit zu sinken, bis sich Investitionen wieder lohnen. Man nennt dieses bestechend einfache Konzept auch »Monetarismus«, eine Vokabel, um die sich in der wirtschaftspolitischen Diskussion in Moskau zur Zeit alles dreht. Als Vater des Monetarismus gilt der 1912 geborene Chicagoer Ökonomieprofessor und Nobelpreisträger Milton Friedman. Von der »sozialen« Marktwirtschaft halten die Monetaristen nichts.

Bis Anfang der siebziger Jahre war der »Keynesianismus« die führende Theorie der modernen Volkswirtschaftslehre, benannt nach dem Briten John Maynard Keynes (1863–1946). Die Keynesianer verlassen sich nicht allein auf die Selbstheilungskräfte des Marktes. Der Marktmechanismus funktioniere nicht immer wie eine gut geölte Maschine, sondern werde in der Realität oft durch psychologische und politische Faktoren überlagert. Die Keynesianer treten für eine Steuerung des Wirtschaftsablaufs durch aktive Wirtschaftspolitik ein.

Karl Schiller war, als er 1967 Bundeswirtschaftsminister wurde, Keynesianer, wie überhaupt in Europa, jedenfalls in der wirtschaftspolitischen Praxis, Keynes vor Friedman rangiert. Auch zu Ludwig Erhards Zeiten gab es »aktive« Wirtschaftspolitik. Erst Karl Schiller prägte dann den Begriff der »Globalsteuerung«. Strukturpolitik, Konjunkturprogramme, Arbeitsbeschaffungsmaßnahmen, Ankurbelung der Nachfrage durch höhere Staatsausgaben (deficit spending), das Drehen an der Steuerschraube, um eine überhitzte Konjunktur zu dämpfen oder Investoren zu gewinnen, sind Mittel der »Globalsteuerung«, wie sie in unserem »Gesetz zur Förderung der Stabilität und des Wachstums der Wirtschaft« von 1967 niedergelegt sind. In diesem Gesetz ist auch das »magische Viereck« vorgegeben. Danach müssen die staatlichen Maßnahmen »gleichzeitig« zur Preisstabilität, zu hohem Beschäftigungsstand, zu einer ausgeglichenen Zahlungsbilanz und zu stetigem Wirtschaftswachstum beitragen. Natürlich birgt die »aktive« Wirtschaftspolitik das Risiko von Fehlleistungen des Staates. Das war der Hauptgrund dafür, daß Milton Friedmans einfache Botschaft Anfang der siebziger Jahre vielen als Erlösung von übertriebener staatlicher »Fummelei« in der Wirtschaftspolitik erschien.

Grob vereinfachend läßt sich sagen, daß das monetaristische Konzept gefragt war, solange die Inflation als Problem im Vordergrund stand. Friedmans Botschaft hat zweifellos dazu beigetragen, daß stabile Währungen heute überall in Europa als eine Grundvoraussetzung für erfolgreiche Wirtschaftspolitik angesehen werden. Jetzt ist aber Feind Nummer eins die anhaltende Arbeitslosigkeit, und da wird wieder der Steuermann Keynes zum Hoffnungsträger der Wirtschaftspolitik.

In Rußland ist die Inflation ein großes Übel. Aber es gibt noch keine Märkte, auf deren Selbstheilungskräfte man sich verlassen könnte. Privatisierung schafft keine Märkte, wenn der Wettbewerb fehlt und aus den Staatsbetrieben lediglich private Monopole werden. Rußland braucht dringend marktwirtschaftliche Unternehmensstrukturen, eine Vielfalt von wettbewerbsfähigen, auch mittelständischen, Betrieben. Aus Wettbewerbsgründen, aber auch um neue Arbeitsplätze zu schaffen. Gerade die Monetaristen betonen die zentrale Bedeutung eines freien Wettbewerbs. Um in Rußland Wettbewerb zu erreichen, bedarf es einer aktiven Wirtschaftspolitik auf vielen Gebieten, hauptsächlich im Steuerrecht, aber auch in anderen Bereichen, die für Unternehmensgründungen wichtig sind. Allein mit dem Kartellrecht, mit dem Verbot von Wettbewerbsbeschränkungen, kann Wettbewerb nicht erzwungen werden, zumal wenn eine funktionsfähige Mikrostruktur der Wirtschaft noch gar nicht vorhanden ist.

Zudem existiert außerhalb der Staatsbetriebe kein soziales Netz, ohne das es auch in Rußland nicht geht. Wenn, wie man hört, in Washington Überlegungen angestellt wurden, ob man Rußland für einige Milliarden Dollar ein soziales Netz »kaufen« könne, so zeigt dies nur die schier unglaubliche Naivität der Akteure. Bei uns hat es von Bismarck (Sozialversicherung) bis

Blüm (Pflegeversicherung) mehr als hundert Jahre gebraucht, und in den USA kämpft Bill Clinton erst jetzt für eine allgemeine Krankenversicherung.

Die russische Wirtschaftspolitik muß sich vorläufig mit der Inflation abfinden. Die Inflation muß gebremst, kann aber jetzt nicht beseitigt werden. Auch Haushaltsdefizite müssen hingenommen werden.

Ebenso wichtig ist die Schaffung neuer Unternehmen und neuer Arbeitsplätze. Dies kann durch die Umstrukturierung alter Betriebe, durch die Anschaffung moderner Maschinen für bestehende Betriebe oder durch Neugründungen von Unternehmen mit oder ohne Beteiligung westlicher Kooperationspartner geschehen. Dazu müssen als erstes die Investitionsbedingungen für in- und ausländische Investoren verbessert werden.

Rußland braucht dringend ein neues, investitionsfreundliches, verläßliches Steuer- und Bodenrecht. Auch sollte die Regierung Geld für zinsverbilligte Rubelkredite an neue Unternehmen bereitstellen. Nur so läßt sich die Bildung neuer, effektiver Wirtschaftsstrukturen von unten her in Gang setzen.

Meine Faustformel lautet: Die Rubelkredite an die alten Staatsbetriebe halbieren, die Hälfte des Ersparten in die Inflationsbekämpfung, die andere Hälfte in Steuererleichterungen und in Zinszuschüsse für Mittelstandskredite stecken.

Zu einer unnötigen Polarisierung der politischen Kräfte beigetragen hat die Forderung mancher Radikalreformer, die russischen Staatsbetriebe sofort reihenweise »plattzumachen«. Ein früherer russischer Wirtschaftsminister ereiferte sich, das neue russische Konkursgesetz müsse dazu benutzt werden, die alten Staatsbetriebe augenblicklich in die Pleite zu treiben, damit neue private Unternehmen entstünden. Ich wunderte mich. Denn Rußland hat – im Gegensatz zu Ostdeutschland – keinen Geldgeber, der frisches Kapital, Management und Know-how ins Land schaufeln könnte. Wie wollte man unter diesen Umständen die personell weit überbesetzten Staatsbetriebe rasch wirklich »privatisieren«? Folgerichtig ist es dazu gekommen, daß die Chefs und die Belegschaften die Betriebe zunächst einmal selbst übernommen, in eine geschlossene Aktiengesellschaft übergeführt und damit nur formal privatisiert haben.

Der Hinweis auf die Tschechische Republik, Polen und Ungarn, die einen härteren Marktwirtschaftskurs als Rußland fahren, verfängt nicht. Diese Länder, insbesondere die Tschechen, die heute – neben den Slowenen – am weitesten sind, waren bis zum Zweiten Weltkrieg Teil der europäischen Wirtschaft mit Unternehmensstrukturen, die Ende der achtziger Jahre, bei der Wende, noch nicht völlig verschüttet waren. Zumindest in den Köpfen war die erforderliche Logistik vorhanden. Auch stoßen diese Länder unmittelbar an westliche Industrieländer. Durch einen fast barbarischen Sparkurs – die Reallöhne liegen angeblich heute noch auf dem Niveau von 1989 –, durch günstige Investitionsbedingungen und gestützt auf einen explodierenden Fremdenverkehr, hat Prag bereits Vollbeschäftigung sowie eine jährliche Inflationsrate von unter zehn Prozent erreicht. Und die Staatskasse ist so gut gefüllt, daß die Tschechen schon jetzt sämtliche Schulden bei der Weltbank zurückzahlen könnten. Karel Dyba, der tschechische Wirtschaftsminister, sagte neulich, die Herren der Prager Zentralbank brauchten nur in ihren Ledersesseln zu sitzen und Zigarre zu rauchen. Demgegenüber fängt Rußland in jeder Beziehung bei Null an.

Böses Blut macht auch die Forderung nach »Privateigentum« für ausländische Investoren. Das beunruhigt viele Russen, weil es ihrer Tradition widerspricht und weil sie Bodenspekulationen in den Ballungszentren befürchten.

Ein wirksamer Kompromiß wäre, eine Regelung nach Art des deutschen Erbbaurechts einzuführen, um ausländische Investoren anzulocken. Diesen Weg ist auch die Volksrepublik China gegangen. Das deutsche Erbbaurecht wurde im Jahre 1919 geschaffen, um in der Inflationszeit nach dem Ersten Weltkrieg Bodenspekulationen zu verhindern. Es gilt bei uns noch heute und ist nach wie vor ein probates Mittel, Investitionen zu fördern und auf ihre Gestaltung Einfluß zu nehmen, ohne den Grund und Boden ein für allemal aus der Hand zu geben. Nur wer ein Gebäude, eine Fabrik oder ein Wohnhaus errichtet, erhält den dafür benötigten Grund und Boden zur langfristigen Pacht. Die Banken akzeptieren die Erbpacht als Sicherheit für den Kredit, den der Investor für die Bebauung des Grundstücks benötigt.

Im übrigen steht Rußland nicht unter dem Zeitdruck, unter dem die Anpassung der ostdeutschen Wirtschaft an westliche Verhältnisse stand. Der westliche Wettbewerb ist aus verschiedenen Gründen in Rußland noch nicht präsent. Es gibt kaum Westkonkurrenz, die die russischen Betriebe unmittelbar bedroht. Daher reichen zunächst relativ kleine Produktivitätsfortschritte aus, um den riesigen russischen Markt, der nach Konsumgütern hungert, mit neuen oder besseren Produkten zu versorgen.

Es wäre falsch, den großen russischen Binnenmarkt gegenüber devisenträchtigen Exportmärkten zu vernachlässigen. Zuerst müssen nämlich die Menschen in Rußland davon überzeugt werden, daß Markt besser ist als Plan. Rußland hat – im Gegensatz etwa zu Ostdeutschland – Zeit für die Umstellung seiner Wirtschaft, wenn es nur allmählich besser wird und die Bürger Zutrauen zum Markt fassen. Diese Entwicklung hat bereits eingesetzt.

Ob zukünftige russische Regierungen der vordringlichen Entwicklung des Binnenmarktes Vorrang geben können, hängt natürlich auch davon ab, wie ehrgeizig die außenpolitischen Ziele Rußlands sind. Deutschland und Japan sind unter anderem deshalb reich geworden, weil sie nach dem verlorenen Krieg jahrzehntelang außenpolitische Enthaltsamkeit üben mußten und ihre Ressourcen auf den zivilen Sektor konzentrieren konnten. Unsere russischen Freunde sollten auch dies berücksichtigen.

Eine letzte Überlegung: In Deutschland kommen die besten Ideen, die wichtigsten Impulse für die Wirtschaft aus der Vielfalt der Regionen. Wichtig ist bei uns auch der Wettbewerb der Regionen um Industrieansiedlung.

Die Regierung in Moskau sollte sich dieses vielfältige geistige Kapital zunutze machen und den Regionen genügend Freiräume für die Ankurbelung der Wirtschaft überlassen. In der neuen Verfassung ist dies angelegt. Eine Reihe von Provinzen hat durch ihre Gesetzgebenden Versammlungen bereits Investitionserleichterungen steuerlicher Art formuliert und verabschiedet.

RUSSLAND –
ZAHLEN UND FAKTEN

Grunddaten*

Die Russische Föderation ist mit 17 Millionen Quadratkilometern fast 50mal so groß wie die Bundesrepublik Deutschland; sie umfaßt rund ein Achtel des bewohnten Festlandes der Erde. In der Ost-West-Richtung sind es rund 9000 Kilometer – dies entspricht elf Zeitzonen –, in der Nord-Süd-Richtung rund 4000 Kilometer. Nicht weit von der ostsibirischen Stadt Irkutsk, dicht an der Grenze zur Mongolei, gibt es eine Bahnstation, die Polowinka (»Hälfte«) heißt und den halben Weg von West nach Ost markiert.

Die russische Föderation hat gemeinsame Grenzen mit Finnland, Estland, Lettland und Weißrußland im Westen, mit der Ukraine im Südwesten, mit Georgien, Aserbaidschan, Kasachstan, China, der Mongolei im Süden sowie mit der Demokratischen Volksrepublik Korea im Südosten. Die Gesamtlänge der Grenzen beträgt 43 000 Kilometer.

* Nach: Statistisches Bundesamt, Länderbericht Russische Föderation 1993

Die Nachfolgestaaten der Sowjetunion außer den Baltischen Staaten, nämlich die Russische Föderation, Ukraine, Weißrußland, Armenien, Aserbaidschan, Georgien, Kasachstan, Kyrgystan, Moldawien, Tadschikistan, Turkmenistan und Usbekistan, haben sich zur »Gemeinschaft unabhängiger Staaten« (GUS; auf englisch CIS – Commonwealth of Independent States) zusammengeschlossen. Sogenannte Wirtschaftsgebiete Rußlands sind das Nördliche Wirtschaftsgebiet, das Nordwestliche Wirtschaftsgebiet, das Zentrale Wirtschaftsgebiet, das Wolga-Wjatka-Gebiet, das Zentrale Schwarzerdegebiet, das Wolgagebiet, das Nordkaukasusgebiet, das Uralgebiet, Westsibirien, Ostsibirien, Ferner Osten und das Gebiet Kaliningrad.

Landschaft, Vegetationszonen und Klima sind vielfältig. An die arktische Klimazone im Norden schließen sich Gebiete subarktischen und gemäßigten Klimas an. Subtropische Gebiete gibt es am Schwarzen Meer, Monsunzonen im Fernen Osten. Insgesamt überwiegt kontinentales Klima. Zwei Fünftel der Gesamtfläche sind ganzjährig vereist und tauen in den Sommermonaten nur oberflächlich auf.

Die Oberflächengestaltung reicht von weiträumigen Tiefländern über Hügel- und Bergländer bis zu Hochgebirgen. Diese Landformen gliedern Rußland großräumig in die Osteuropäische Ebene und den Ural – die Trennlinie zwischen Europa und Asien. Dahinter beginnt das Westsibirische Tiefland, an das sich im Süden das Altai- und Sajangebirge anschließen. Das Mittelsibirische Bergland liegt zwischen

Jenissej und Lena. Dem Festland vorgelagert sind die Insel Sachalin und die Kurilen-Inseln. Höchster Berg Rußlands ist der 5642 Meter hohe Elbrus; er gehört zum Großen Kaukasus im Süden des Landes.

Mit einer Länge von 3531 Kilometern ist die Wolga der längste Fluß Europas, der ebenfalls in Europa gelegene Ural ist 2428 Kilometer lang. Im asiatischen Landesteil sind Lena (4313 Kilometer), Irtysch (4248 Kilometer) und Ob (3650 Kilometer) die längsten Flüsse.

Der Reichtum der Russischen Föderation sind die Naturschätze, die allerdings wegen der klimatischen und geographischen Gegebenheiten vielfach kaum zu erschließen sind. Dazu gehören im europäischen Landesteil die großen Vorkommen an Eisenerz, Kohle, Phosphaten und anderen Salzen sowie von Nichteisenmetallen. In Sibirien lagert der überwiegende Teil der russischen Energiereserven. Etwa 50 Prozent der weltweit bekannten Energiereserven liegen in russischer Erde. Neben den riesigen Erdöl- und Erdgaslagern verfügt Sibirien mit seinen großen Flüssen über umfangreiche Energiequellen. Der sibirische Wald umfaßt etwa ein Fünftel des gesamten Baumbestandes der Erde.

Rußland hat knapp 150 Millionen Einwohner. Die Bevölkerung ist sehr unterschiedlich auf die einzelnen Landesteile verteilt. Weit überdurchschnittliche Bevölkerungsdichten werden im Zentralen Wirtschaftsgebiet (62,8 Einwohner/qkm), im Gebiet Kaliningrad

(58,7 Einwohner/qkm) und im Nordkaukasusgebiet (48,0 Einwohner/qkm) verzeichnet. Hingegen haben der Ferne Osten und Ostsibirien durchschnittlich nur 1,3 und 2,2 Einwohner/qkm.

Rund ein Viertel der Menschen lebt noch auf dem Land. Nur im Westen Rußlands, im Zentralen Schwarzerdegebiet und im Nordkaukasus ist der Anteil der Landbevölkerung höher, nämlich rund 40 Prozent. Die gut ausgebildeten Facharbeiter, Wissenschaftler, Techniker, Ingenieure, Ärzte, Lehrer in den Städten sind die Mittelschicht Rußlands, wenn auch abhängig und besitzlos, also mit unserem selbständigen Mittelstand aus Handwerkern, Unternehmern und den freien Berufen nicht zu vergleichen.

Millionenstädte sind Moskau (über acht Millionen Einwohner), St. Petersburg (viereinhalb Millionen), Nowosibirsk, Nischnij Nowgorod, Jekaterinburg, Samara, Omsk, Tscheljabinsk; knapp darunter rangieren Kasan, Perm, Ufa, Rostow am Don, Wolgograd.

Rußland ist ein Vielvölkerstaat. Rund 80 Prozent der Bevölkerung sind Russen, vier Prozent Tataren, drei Prozent Ukrainer. Der Rest verteilt sich auf über 30 Volksgruppen. Die rund 800 000 Deutschen stellen ein halbes Prozent der Gesamtbevölkerung.

Präsident, Parlament, Parteien

Die neue Verfassung der Russischen Föderation, die auf Vorschlag Präsident Jelzins am 12. Dezember 1993 vom Volk angenommen wurde, ist demokratisch, wenn auch mit starker Betonung der Zentralmacht des Präsidenten.

Im »Präsidentenapparat« sind etwa 3000 Mitarbeiter beschäftigt. Der Föderationsrat, vergleichbar mit unserem Bundesrat, hat 178, die Duma, das Parlament, 450 Mitglieder. Gesetzesvorlagen aus der Duma »laufen«, wie ich häufig genug feststelle, nicht ohne Zustimmung des Präsidentenapparates. Unzählige Erlasse des Präsidenten, vergleichbar mit den Notverordnungen nach unserer Weimarer Verfassung, ersetzen und modifizieren immer wieder Gesetzesrecht. Selbst wenn ein Mißtrauensvotum der Duma gegen die Regierung erginge, wie es im Oktober 1994 in der Duma gescheitert ist, würde dies die Stellung des Präsidenten formal nicht berühren. Nach der Verfassung müßte es nach drei Monaten wiederholt werden, und erst dann stände der Präsident vor der Wahl, die Regierung zu entlassen oder die Duma aufzulösen.

Die starke Position des Präsidenten findet in Rußland allgemein Zustimmung. Nach 70 Jahren absolutistischer Herrschaft der Kommunistischen Partei, nach dem Zerfall des sowjetischen Reiches, angesichts der Größe des Landes, der Zunahme separatistischer Tendenzen und des noch fehlenden Zutrauens in die neue Demokratie kann, so meint man, nur eine starke Zentralgewalt das Land zusammenhalten. So hat die Duma dem Präsidenten z. B. am 13. Dezember 1994 für die Entsendung russischer Truppen nach Tschetschenien Absolution erteilt.

Noch einige Angaben zu den beiden Kammern der russischen Volksvertretung:

Der Föderationsrat setzt sich aus je zwei direkt gewählten Mitgliedern der insgesamt 89 »Subjekte der Föderation«, nämlich der 19 Republiken, 20 autonomen Kreise und 50 Provinzen zusammen. Nicht in allen Fällen hat die Bevölkerung ihren Gouverneur gewählt. Nicht Parteizugehörigkeit zählte, die manchmal von den Kandidaten sogar verschwiegen wurde, sondern das Zutrauen der Bevölkerung in eine wirksame Vertretung ihrer Interessen in Moskau. Das Abstimmungsverhalten der Mitglieder des Föderationsrates wird in einem »Verband der Gouverneure« jeweils vorstrukturiert.

Die Duma, seit der Zarenzeit Bezeichnung für die Zweite Kammer der russischen Volksvertretung, hat 450 Mitglieder. Die eine Hälfte der Abgeordneten wird in den einzelnen Wahlbezirken durch Mehrheitswahl ermittelt, die andere Hälfte kommt über Wahllisten ins Parlament.

Mittlerweile haben sich in der Duma, die am 12. Dezember 1993 gewählt wurde, elf Fraktionen und Gruppierungen etabliert:

	Anzahl der Abgeordneten
1. Demokratische Wahl Rußlands (Jegor Gaidar)	78
2. Neue Regionalpolitik (Wladimir Medwedjew)	65
3. Liberal-Demokratische Partei Rußlands (Wladimir Schirinowskij)	62
4. Agrarpartei Rußlands (Michail Lapschin)	55
5. Kommunistische Partei der Russischen Föderation (Gennadij Sjuganow)	45
6. Liberal-Demokratische Union 12. Dezember (Boris Fjodorow)	35
7. Partei der Russischen Einheit und Eintracht (Sergej Schachraj)	30
8. Block Jawlinskij-Boldyrew-Lukin – Jabloko – (Grigorij Jawlinskij)	27
9. Politische Bewegung Frauen Rußlands (Jekatarina Lachowa)	24
10. Demokratische Partei Rußlands (Nikolaj Trawkin)	15
11. Russischer Weg (Sergej Baburin)	14

Die Duma hat 23 Ausschüsse mit jeweils mehreren Unterausschüssen gebildet.

Unter den Abgeordneten ist die Altersgruppe 40 bis 50 Jahre am häufigsten. 60 der 450 Mitglieder der Duma sind Frauen. Die am stärksten vertretene Be-

Sitzverteilung in der Staatsduma

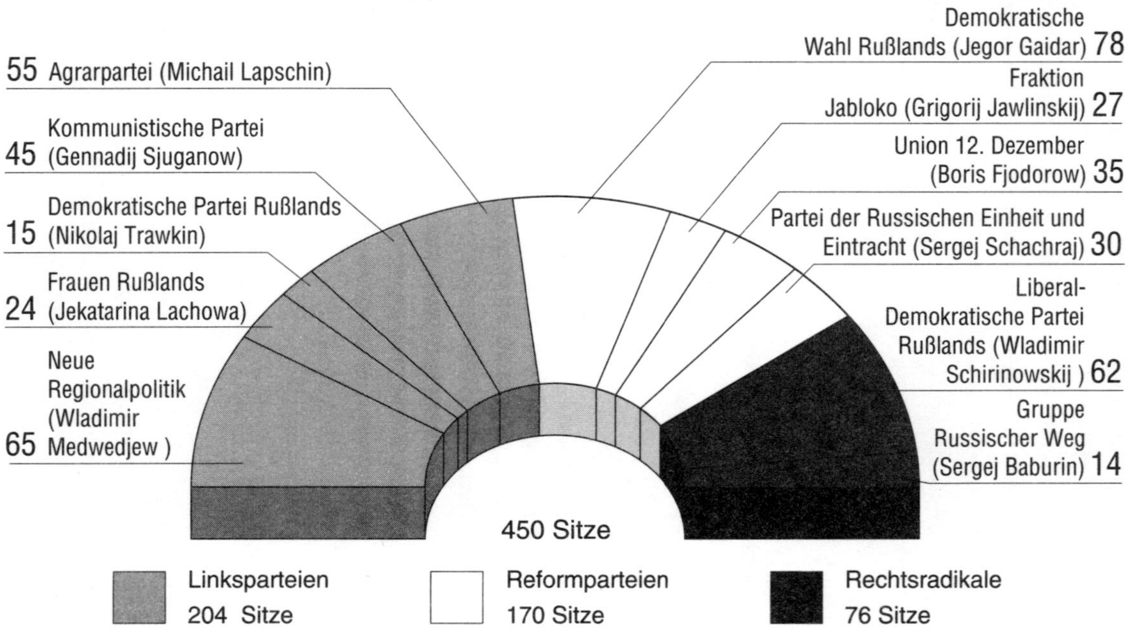

rufsgruppe sind die Angestellten (357), danach kommen Unternehmer (47), Bauern (8), Militärs (8), Arbeiter (5) sowie 13 Arbeitslose. Fast alle Abgeordneten haben Hochschulbildung.

Als liberal-marktwirtschaftlich orientiert gelten die Gaidar-Partei »Demokratische Wahl Rußlands«, Jawlinskijs »Jabloko«, Fjodorows »Liberal-Demokratische Union 12. Dezember« sowie Schachrajs »Partei der Russischen Einheit und Eintracht«.

Was in der Duma fehlt, ist eine schlagkräftige Mitte. In meinen Gesprächen weise ich immer wieder auf dieses Manko hin. Gegenwärtig gibt es zur Regierungspolitik, die von den Liberalen inspiriert ist, keine Alternative. Schirinowskij und die Nationalisten (»Russischer Weg«) nimmt von ihrem Programm her kaum jemand ernst. Ebenso wie die Kommunisten, die sich zum demokratischen Zentrum zählen, warten sie auf den Zusammenbruch der Regierung, haben aber kein eigenes weiterführendes Konzept. Die Kommunisten wollen Anfang 1995 ein Parteiprogramm verabschieden. Die Fraktion »Neue Regionalpolitik« kümmert sich in erster Linie um die regionalen Interessen und schlägt sich bei Abstimmungen mal auf diese, mal auf jene Seite. Vertreter der Liberalen wie auch der Kommunisten legten mir übereinstimmend dar, weshalb in der Duma eine wirkliche »Mitte« im Augenblick ohne Chancen sei. Der russische Wähler, noch ohne Demokratie-Erfahrung, denke in Schwarzweiß. Gleichwohl gibt es Bemühungen, einen Mitte-Links-Block aufzubauen.

Demokratie in Rußland

Rußland hat keine demokratische Tradition im westlichen Sinne. Mit der Entscheidung des Kiewer Großfürsten Wladimir, das Christentum in der byzantinischen Form zu übernehmen (988), wurde eine Einheit von Kirche und Staat begründet, die Rußland von der allgemeinen europäischen Entwicklung abkoppelte. In Rußland hat es weder Reformation noch Aufklärung, noch freie Städte, noch selbständige Universitäten gegeben. Diese Entwicklungen im Westen beeinflußten allenfalls die russische Oberschicht, führten auch immer wieder zu Reformansätzen, drangen aber nicht nach unten durch. So kannte man in Rußland nie Kapitalismus und Marktwirtschaft westlichen Zuschnitts. Die Herrschaft in Rußland war immer autoritär, gleichsam von Gott gegeben.

Heute, nachdem das alte System im Stalinismus kulminierte und mit ihm zerbrochen ist, sucht die politische Klasse Rußlands Anschluß an den Westen. Für viele ist das zunächst westlicher Wohlstand. Da das Land reich ist und die Einführung der Marktwirtschaft eine Privatisierung des Staatsbesitzes verlangt, tobt jetzt – mit dem Segen der Reformer – der Kampf um die saftigsten Stücke.

Die breite Masse bleibt von dieser Umverteilung zunächst ausgeschlossen. Indessen besteht die einzige Chance, Wohlstand für alle zu schaffen, darin, daß zuerst die sogenannten Leistungskräfte Kapital akkumulieren und damit die Wirtschaft in Gang bringen. Gaidar, der russische Radikalreformer, soll gesagt haben, er beschäftige sich nicht mit Politik; seine Aufgabe sei es, die makroökonomischen Prozesse zu steuern. Vor soviel Rationalität und Ökonomiebesessenheit kann man nur den Hut ziehen.

Im Westen sorgen entwickelte Demokratien und der Wettbewerb dafür, daß die Vorteile des Marktes mehr oder weniger allen zugute kommen. In Rußland gibt es eingewurzelte demokratische Strukturen, die eine Partizipation breiter Schichten der Bevölkerung an der Umverteilung sicherstellen könnten, noch nicht. Solschenizyn beklagt dieses Demokratiedefizit mit Recht. Die Moral bleibt jedoch auf der Strecke, wenn Reformprozesse, wie in Rußland, ohne jede Rücksicht auf soziale Gerechtigkeit vorangepeitscht werden – unter Ausnutzung der noch anhaltenden Sprachlosigkeit der Massen.

Ärgerlich ist überdies, daß es vielfach die alten Kader sind, die jetzt wieder profitieren. Aber das war überall und zu allen Zeiten so. Auch wir Deutschen haben nach 1945 und nach der Wiedervereinigung diese Erfahrung machen müssen. In jeder Gesellschaft gibt es eben nur eine begrenzte Anzahl von Führungspersonen, ehrgeizigen und anpassungsfähigen Naturtalenten, die jedes Regime braucht und die daher, wenn sie selbst mitspielen wollen, immer oben schwimmen. Für einen tatkräftigen, aktiven Menschen ist es ja auch schwer, im Abseits stehenzubleiben. Schlimmeres verhindert zu haben, ist ihre Standard-Rechtfertigung, und oft ist da sogar etwas dran. Sie sind in der Regel gute Administratoren, die Übertreibungen, auch zum Negativen hin, zu vermeiden suchen. Auf jeden Fall haben sie die »Aktenlage« ihres Tuns oder Unterlassens stets im Griff. Die Rechtsordnung läßt solche Leute ungeschoren, weil das natürliche Rechtsempfinden der Bürger dem höherrangigen Prinzip der Kontinuität der Staatsmacht weichen muß. So werden nur diejenigen, in der Regel die Verführten, belangt, die den Abzugshebel betätigt haben.

Temperamentvolle oder »naturbelassene« Völker, in denen das archaische »Aug' um Auge, Zahn um Zahn« noch lebendig ist, bringen ihre Peiniger nach dem Umschwung kurzerhand um und machen sich dadurch wieder »sauber«. Nach 1945 haben die Alliierten in Nürnberg mit den prominentesten Nazis kurzen Prozeß gemacht. Gott sei Dank; denn sonst hätten diese Verbrecher vermutlich in Ruhe ihren Lebensabend genießen können, und es hätte unseren Rechtsstaat noch Verrenkungen gekostet, ihnen ihre Pensionen zu streichen.

Honecker mit Blaulicht nach Chile war typisch deutsch. Von einem Extrem ins andere! Aber wie wir sehen, sind auch die Russen für den sanften Wechsel.

AUS DEM TAGEBUCH

Lernprozeß

Moskau, 24. März 1992
Ankunft in Moskau. Erste Gespräche mit dem russischen Wirtschaftsminister Andrej Netschajew, dem Mitglied des Obersten Sowjet und Vorsitzenden des Ausschusses für die Wirtschaftsreform und das Privateigentum Sergej Krasawtschenko, mit dem Präsidentenberater Professor Alexander Granberg und dem Vorsitzenden des Staatskomitees für Antimonopolpolitik Walerij Tschernogorodskij.

Moskau, 14. April 1992
Einzug in mein Büro im Weißen Haus, dem Sitz des Obersten Sowjet.

Mein Besuch fällt in die letzten Tage des Volksdeputiertenkongresses, auf dem die Reformer in Parlament und Regierung mit der alten Garde der Parteisekretäre um die Fortsetzung des Liberalisierungskurses ringen. Krasawtschenko ist eine der Schlüsselfiguren der Reformer im Parlament, ständig mitten im Getümmel, nimmt sich aber in Sitzungspausen und an den Abenden viel Zeit, um mit mir zu sprechen und mich mit seinen Gesinnungsgenossen bekannt zu machen.

Krasawtschenko gehört zu den nüchtern denkenden Reformern. Er weiß, daß Rußland selbst mit sich fertig werden muß, und hegt in bezug auf die westliche Hilfe keine übersteigerten Erwartungen. Er sagt auch, daß der Gesundungsprozeß viel länger dauern werde, als manche Hitzköpfe in Moskau es sich vormachen.

Ich schlage Krasawtschenko vor, an einigen geeigneten Standorten in Rußland mit Hilfe westlicher Investoren Pilotprojekte zu starten, um durch gute Beispiele Nachahmer zu motivieren. Krasawtschenko nennt dies typisch westliches Denken. Ein Russe wolle, wenn sein Nachbar ein Auto habe, nicht auch ein Auto haben. Er wolle dann nur, daß dem Nachbarn das Auto weggenommen werde.

Moskau, 15. April 1992

Abendliche Diskussion mit Krasawtschenko und dem jungen Reformer Grigorij Jawlinskij. Es geht um die Milliardenhilfe für Rußland, die auf dem Münchener Weltwirtschaftsgipfel am 6. und 7. Juli 1992 beschlossen werden soll. Jawlinskij lobt die Initiative des Bundeskanzlers, warnt aber davor, diese Hilfe ohne ein detalliertes Konzept zu gewähren. Jawlinskij meint, Jelzin hätte es mit seinen Widersachern im Volksdeputiertenkongreß leichter gehabt, wenn er hätte sagen können, daß vom Westen überhaupt keine Hilfe zu erwarten sei.

Die Verhaltensmuster in Rußland seien andere als im Westen. Die westlichen Anreizmechanismen funktionierten in Rußland nicht. Die besonnenen russischen Reformer müßten also in die Vorbereitung von München eingeschaltet werden, und es müßten klare Zweckbindungen für die finanzielle Hilfe festgelegt werden.

Ich gab diese Bitte nach Bonn weiter, und es kam ein Treffen zwischen Krasawtschenko, Jawlinskij und dem damaligen Staatssekretär Horst Köhler, dem »Sherpa« des Bundeskanzlers für den Münchener Gipfel, zustande.

Moskau, 16. April 1992

Amüsant ein Gespräch mit Walentin Lebedjew, dem Stellvertretenden Minister für Industrie der Russischen Föderation. Sein Ministerium verwaltete den sogenannten militärisch-industriellen Komplex, in dem die Elite der russischen Techniker tätig war.

Lebedjew beklagt, daß sich die ihm unterstellten Kombinate aus dem Planungsverbund zu lösen begännen und keine Daten mehr nach Moskau meldeten. Sein Ministerium brauche daher ein neues, computergestütztes Informationssystem, um die kommende russische Marktwirtschaft zu lenken und zu kontrollieren. Lebedjew wollte mir nicht glauben, daß das Bundeswirtschaftsministerium über ein solches Instrumentarium nicht verfüge und daß bei uns die Informationen über den Markt transportiert würden. Der Unterschied zwischen Wirtschaftslenkung und der nachträglichen Erfassung der Daten (Wirtschaftsstatistik) war ihm und seinen Abteilungsleitern in der Kürze der Zeit nicht klarzumachen. Am Schluß unseres Gesprächs riet ich Herrn Lebedjew freundschaftlich, »sich und sein Ministerium selbst abzuschaffen«.

Das hatte ein Nachspiel. In der russischen Presse wurde dieses Zitat gebracht, das Ministerium intervenierte bei der deutschen Botschaft, und ich wurde vermahnt. Wenig später wurde das Ministerium wirklich abgeschafft.

Moskau, 16. April 1992

Wladimir Serdjukow, Vorsitzender des Unterausschusses für das Beamtenrecht des Obersten Sowjet, spricht das Thema Korruption an und fragt, wie man im Beamtenrecht gegensteuern könne. Ich rate ihm: Gute Ausbildung, sorgfältige Auswahl, gutes Einkommen, entsprechende Altersversorgung, hohes gesellschaftliches Ansehen, Begrenzung auf hoheitliche Aufgaben und ein Status, der die Beamtenschaft davor schützt, Spielball der Politiker zu werden.

Moskau, 28. April 1992

Kongreß im Obersten Sowjet über »Privateigentum und Menschenrechte«. Im Mittelpunkt steht die Frage, ob die Zulassung von Privateigentum einen »Ausverkauf« Rußlands an Kapitalisten, Ausländer und Spekulanten bedeute.

In meinem Diskussionsbeitrag setze ich die These

eines »Einkaufs« von Arbeitsplätzen und Wohlstand entgegen. Die Russen wollen mir nicht glauben, daß mehr als 20 Prozent des in Deutschland investierten Kapitals von Ausländern stammt.

Moskau, 29. April 1992

Anatolij Tschubais, den ich in seinem Büro besuche, berichtet über die ersten Privatisierungsschritte. Da Privateigentum noch nicht zugelassen sei, habe man damit begonnen, Staatsbetriebe auf das Kollektiv der Arbeitnehmer zu übertragen.

Moskau, 29. April 1992

Rußland braucht dringend Managementhilfe, und zwar von Beratern, die die Projekte über längere Zeit begleiten können. Mit Tschernogorodskij, dem Chef des russischen Antimonopolkomitees, und Krasawtschenko bespreche ich die Idee, die im Westen bestehenden Senior-Expert-Organisationen für Rußland zu interessieren. Vorteile der Senioren: Sie haben Zeit, Erfahrung, keinen übersteigerten Ehrgeiz mehr und sind für die zu beratenden russischen Manager keine Konkurrenten.

Berlin, 13. Mai 1992

Warum pumpt die amerikanische Regierung soviel Geld und Personal in die Beratung der ehemaligen Ostblockstaaten?

Darüber spreche ich mit einem Vertreter der US-Botschaft, der mich in Berlin besucht, um zu hören, was ich in Moskau mache. Ich frage ihn, ob er wirklich glaube, daß man den Russen in wirtschaftlicher Hinsicht den »American way of life« aufzwingen könne. Die Russen wollten sich an Mitteleuropa anlehnen, was ihrer Geschichte und ihren Wertvorstellungen näherkäme.

Der junge Amerikaner widerspricht nicht, gibt aber zu erkennen, daß die US-Regierung und auch die amerikanischen Universitäten, die sich in Rußland engagierten, Vorreiter amerikanischer Handelsinteressen seien. Ich sage ihm, daß es schade wäre, wenn sich in Rußland deutsche und amerikanische Berater auf die Füße träten. Wir sollten miteinander reden. Diese offene, dabei freundschaftliche Sprache scheint ihn zu beeindrucken, und er stellt mir ein Zusammentreffen mit dem Moskauer US-Botschafter, Strauss, in Aussicht.

Doch daraus wurde nichts. Amerikaner und Deutsche gehen in Rußland immer noch getrennte Wege.

Moskau, 14. Mai 1992

Langjährige Erfahrung mit der Ausbildung von russischen Managern hat die Hamburger Körber-Stiftung. Besuch in ihrem Büro in Moskau. Die Stiftung schult ausgewählte junge Russen im Westen und hält auch nach deren Rückkehr Kontakt mit ihnen; im Klartext: Sie erteilt auf Anfrage Rat. Nachteil: Wer einmal das »gelobte Land« gesehen hat, will häufig nicht mehr zurück; zumindest will er nicht mehr in seinem alten Betrieb für Rubel arbeiten. Indessen nützt seinem Land auch, wer als Berater eines westlichen Unternehmens nach Rußland zurückgeht.

Moskau, 14. Mai 1992

Besuch bei Andrej Sebenzow, dem Stellvertreter des Leiters des Regierungsapparates. Sebenzow zeigt sich als ein nachdenklicher, disziplinierter jüngerer Mann, ganz anders als der Feuerkopf Jawlinskij. Er meint, daß es eine vollwertige, dem Westen vergleichbare russische Marktwirtschaft erst nach vielen Jahren geben werde. Eine rasche Landprivatisierung wie in China sei nicht möglich, weil in Rußland die Bauern ausgerottet worden seien. Viele Landarbeiter aber wollten in ihren Kolchosen bleiben und stemmten sich gegen jegliche Privatisierung. Auch in der Industrie gebe es noch keine Bereitschaft, ausländisches Kapital ins Land zu lassen. Man wandele die alten Kombinate in Pseudo-Aktiengesellschaften um, was allenfalls eine Kommerzialisierung, nicht aber eine echte Privatisierung bedeute.

Ein anderer Gesprächspartner aus der Regierung sagt, Geschäfte machen heiße auf russisch: eine Kiste Wodka klauen, billig verkaufen und den Erlös vertrinken. Er will damit deutlich machen, daß der Russe, gewitzt durch seine Erfahrungen mit dem alten Regime, zu niemandem und nichts Vertrauen habe. Man lebe von der Hand in den Mund, eine marktwirtschaftliche Infrastruktur fehle völlig. Es werde Generationen dauern, bis marktwirtschaftliches Denken in Rußland sich durchgesetzt habe. Als ich frage, ob ich dann nicht gleich zurück nach Hause fahren solle, sagt er, westlicher Rat sei nötig.

Moskau, 18. Juni 1992

Krasawtschenko übergibt mir vier Papiere:

- einen Ukas von Jelzin, wonach auch Ausländer in Rußland Privateigentum an Grund und Boden erwerben können;
- einen weiteren Ukas von Jelzin über die Einführung des Konkursrechts;
- den Entwurf eines Gesetzes über Fremdinvestitionen;
- den Entwurf eines Gesetzes über die Konzessionierung wirtschaftlicher Tätigkeiten.

Alle diese Anordnungen und Gesetzentwürfe gleichen Potemkinschen Dörfern. Sie täuschen im Blick auf Weltbank und Internationalen Währungsfonds sowie den Münchener Gipfel eine Scheinwelt vor. Gesprächspartner in Moskau geben hinter vorgehaltener Hand zu, daß die Anordnungen Jelzins verfassungswidrig seien. Krasawtschenko meint allerdings, die Deutschen sollten Mut haben und ruhig Fabriken in Rußland bauen, auch wenn sie Privateigentum an Grund und Boden noch nicht erwerben könnten. Keiner würde ihnen das Land, auf dem die Fabriken ständen, später wegnehmen.

Moskau 18. Juni 1992
Granberg, Präsidentenberater für die Beziehungen zwischen den Nachfolgestaaten der Sowjetunion, trägt mir an, als »Schiedsrichter« bei den Verhandlungen zwischen der russischen Föderation und Turkmenistan zu fungieren. In Turkmenistan gebe es Fabriken, in denen ausschließlich russische Arbeitnehmer beschäftigt seien. Um diese russischen Minderheiten müsse Moskau sich kümmern. Rußland wolle daher diese Fabriken kaufen, und zwar unter Verrechnung von Handelsbilanzüberschüssen im Verhältnis zu Turkmenistan.

Moskau, 19. Juni 1992
Tschernogorodskij, den Chef des Antimonopolkomitees, treffe ich sehr besorgt an. Er habe große Schwierigkeiten mit der alten Nomenklatura. Einen seiner letzten Fälle schildert er mir so: In Rußland gebe es 18 Glühlampenfabriken. Sie seien unter einem einzigen staatlichen »Kartelldach« tätig. Eine dieser Fabriken wolle aussteigen und mit eigenen Produkten und eigenen Preisen werben. Das russische Antimonopolgesetz gebe dem Komitee das Recht, dies durch entsprechende Maßnahmen zu unterstützen. Das habe er in diesem Fall getan. Nun habe er die Staatsmonopole gegen sich.

Ein anderer Stein des Anstoßes sei seine Befugnis, Monopolbetriebe zu registrieren und sie dadurch der staatlichen Preiskontrolle zu überantworten. Auch hier beiße er auf Granit.

Tschernogorodskij sucht nach internationaler Unterstützung. Einer seiner Mitarbeiter hatte ihm von der Internationalen Kartellkonferenz im Mai 1992 in Berlin berichtet. Ich rate Tschernogorodskij, zur Unterstützung der russischen Antimonopolpolitik noch in diesem Jahr eine Internationale Kartellkonferenz nach Moskau einzuberufen, wie es die Tschechoslowaken, die Polen und die Ungarn getan hätten. Teilnehmer: EG-Staaten, USA, frühere Ostblockstaaten. Tschernogorodskij findet diese Anregung gut.

Leider wurde aus der Konferenz nichts. Tschernogorodskij wurde wenig später entlassen. Das wußten wir zu diesem Zeitpunkt aber noch nicht.

Zum Schluß sprechen wir über Privatisierung. Tschernogorodskij meint, eine echte Privatisierung sei in Rußland gegenwärtig nicht möglich. In Betracht komme allenfalls eine »Kommerzialisierung«, eine Übertragung der alten Kombinate auf den Chef und die Belegschaft.

Vorteil: Loslösung von Moskau; Chance, sich eigenständig zu entwickeln, auch durch Kooperationen mit Westfirmen. Nachteil: Konservierung der alten Staatsmonopole, da eine Aufteilung der Kombinate strikt abgelehnt werde, und zwar auch von den Kommunen, in denen sie säßen, und auch von den Beschäftigten selbst, die völlig immobil seien.

In der Diskussion entwickeln wir sodann folgende Gedanken:

- »Kommerzialisierung« statt Privatisierung, wenn es gegenwärtig nicht anders möglich ist.

O-Ton Kartte: Jeder Ganove als Eigentümer ist besser als der Staat.

- Behutsame Marktöffnungspolitik (Importkontingente), die die alten Monopole nicht umbringt, den Wettbewerb aber anstachelt.

Moskau, 20. Juli 1992

Es ist heiß in Moskau. Blauer Himmel, Sonne, Lämmerwölkchen – wie in Berlin. Die Stimmung ist gespannt. Trotz der Parlamentsferien bleiben viele Akteure in Moskau. Der bevorstehende Jahrestag des Putsches gegen Gorbatschow (19. August 1991) macht Sorge. Die Fraktion der Liberalen im Obersten Sowjet schmilzt dahin. Die Regierung Gaidar findet immer weniger Zustimmung. Zulauf hat die Fraktion der nationalen Kommunisten.

Das Wort »Privatisierung« wird mehr und mehr zum Schimpfwort. »Privatisierung« gilt als Vorwand, unter dem die alten Kader die Betriebe an sich bringen.

Rußland, so heißt es, werde ausgeschlachtet, von den alten Funktionären und einer unübersehbaren Schar westlicher Berater und Geschäftsleute. »Privatisierung« sei ein Selbstbedienungsladen. Wer etwas zu verkaufen habe, verkaufe es und lasse das Geld im Westen oder verbringe es dorthin.

In einem abendlichen Gespräch mit Journalisten, Jungunternehmern und Intellektuellen kommt die Vorstellung eines »weisen Diktators« hoch. Südkorea und Chile werden als Beispiele genannt.

Moskau, 21. Juli 1992

Walerij Tschernogorodskij, bisher Vorsitzender des Staatskomitees für Antimonopolpolitik und die Förderung neuer Wirtschaftsstrukturen, gewissermaßen der Kartellamtspräsident Rußlands, wird »gefeuert« und durch einen seiner Vizepräsidenten, Leonid Botschin, ersetzt. Das Komitee wird Anatolij Tschubais unterstellt, der Vorsitzender des Staatskomitees für die Verwaltung des Staatsvermögens ist. Ein Mitarbeiter Tschernogorodskijs sagt, das sei so, als ob das deutsche Kartellamt der Treuhandanstalt unterstellt würde. Manche kritisieren, Tschernogorodskij sei zu scharf vorgegangen. In der Tat geht das russische Antimonopolgesetz sehr weit; auf dem Papier gibt es dem Vorsitzenden die Macht eines Superministers.

Beispielsweise hatte mir der Moskauer Bürgermeister Burawljow, Stellvertreter des Popow-Nachfolgers Luschkow, erzählt, er müsse mit seiner Verhaftung rechnen, weil er einer Entflechtungsverfügung Tschernogorodskijs nicht Folge geleistet habe. Die Kartellwächter hätten ihm aufgegeben, die Moskauer Bauverwaltung, 200 000 Beschäftigte, in drei selbständige Teile zu zerlegen. Das könne er aber nicht, weil dann der geplante Bau von drei Millionen Wohnungen verzögert würde.

Burawljow ist Ingenieur, Mitte 30, und ich kann ihm nachfühlen, daß er für eine solche Entflechtungsverfügung kein Verständnis aufbringt. Andererseits klagt er über die Staatsmonopole in seiner Stadt. »Retten Sie Moskau«, sagt er zu mir und bittet um die Entsendung eines deutschen Kartellexperten.

Mit Tschernogorodskij verbringe ich den Abend auf seiner Regierungsdatscha. Seine Frau, sehr gefaßt: »Morgen müssen wir auch hier raus.«

Moskau, 10. August 1992
Arkadij Wolskij, Präsident des russischen Unternehmerverbandes, ist ein Pykniker, wie er bei Kretschmer* im Buche steht: rundlich, lebhaft, jovial, aufgeräumt, kräftige Stimme. Als ich ihn frage, wie er zu Gaidar stehe, sagt er: Gaidar sei ein guter Mann, aber Idealist. Er, Wolskij, sei Realist.

Wir sind uns darin einig, daß es in absehbarer Zeit weder zu einer wesentlichen Privatisierung der russischen Staatsbetriebe noch zu einem breiten Engagement ausländischen Kapitals in Rußland kommen werde. Nur ein neuer russischer Mittelstand könne die alten Strukturen allmählich aufbrechen. Unternehmertalente gebe es in Rußland genug.

Moskau, 8. September 1992
Immer deutlicher zeigt sich, daß meine Arbeit in Moskau ein »Wandergewerbe« ist. Im Auto geht es von Termin zu Termin. Mein Büro im Weißen Haus betrete ich jeweils nur für Minuten, nämlich wenn ich mit Sergej Krasawtschenko (drei Türen weiter) verabredet bin. Zum Teekochen bin ich dort in den letzten Monaten nicht mehr gekommen. Mehr Betrieb war

* Ernst Kretschmer, Körperbau und Charakter, 1921

dort, als im Frühjahr der Volksdeputiertenkongreß tagte.

Als Treffpunkt für Gespräche mit Partnern außerhalb der russischen Administration nutze ich die Halle des Olympic-Penta-Hotels oder die »Deutsche Bierstube« im Penta, wo man abends immer wieder auch die Deutschen trifft. Im Penta tagt überdies an jedem zweiten Mittwoch der Klub »M-002« der deutschen Unternehmensvertreter, die in Moskau stationiert sind. Weiterer Vorteil: Die Zimmertelefone im Penta haben eine Satellitenverbindung, so daß man rasch Deutschland erreichen kann.

Moskau, 9. September 1992

Mit meiner von vier deutschen Experten untermauerten Kritik an dem russischen Entwurf eines Mittelstandsgesetzes falle ich im russischen Wirtschaftsministerium ziemlich auf den Bauch. Felix Burshtein, Leiter der Hauptabteilung für die Wirtschaftsreform, meint, ich solle die Tränen der russischen Mittelständler nicht mehr beachten. Man wolle jetzt auch den Rat der Japaner einholen. Bis zum Inkrafttreten eines Mittelstandsgesetzes gebe es einen Präsidenten-Ukas, der eine Stiftung zugunsten mittelständischer Unternehmen in Höhe von einer Milliarde Rubel vorsehe.

Krasawtschenko lehnt ein Mittelstandsgesetz überhaupt ab. Steuererleichterungen könnten in den Steuergesetzen gewährt werden.

Mit Burshtein spreche ich auch über Privatisierung. Er sagt: »Unsere Betriebe sind viel wert. Sie haben volle Läger und viele Beschäftigte.« Ich versuche ihm schonend beizubringen, daß dies bei uns die Definition für »Pleite« sei.

Moskau, 10. September 1992

Durch Vermittlung von Markus Ederer aus der deutschen Botschaft, der mich immer wieder tatkräftig unterstützt, lerne ich einen der raren Moskauer produzierenden Mittelständler in seinem Betrieb kennen. Er produziert T-Shirts, Hemden, Sweatshirts und all das, was wir Freizeitkleidung nennen, im American Look mit zumeist englischsprachigen Aufnähern. Jedenfalls sehen seine Erzeugnisse wie Westware aus. Aus dem Westen (Ex-DDR) bezieht er nur das Garn (Baumwolle, Kunststoffe); das Färben, Weben, Appretieren, Wirken, Zuschneiden und Nähen besorgt er mit deutschen Web- und japanischen Nähmaschinen selbst.

Er beschäftigt mehrere hundert Frauen, allein in der Nähstube sitzen etwa hundert. Ich achte auf ihre Gesichter, als der Chef hineingeht. Sie begrüßen ihn mit freundlichem Lächeln. Wie er sagt, arbeiteten die Frauen im Akkord und strichen einen für russische Verhältnisse fürstlichen Lohn ein. Jetzt habe er noch Äcker vor Moskau gekauft, auf denen er mit deutschen oder holländischen Landwirtschaftsexperten Feldfrüchte produzieren wolle, auch für seine Mitarbeiter. Er unterhält außerdem eine Firma in Berlin, mit der er ein Joint-venture eingegangen ist und über die er russisches Kunstgewerbe (Puppen, Holzpuppen und -löffel) vertreibt. Außerdem macht er Kreditgeschäfte.

Auf die Geheimnisse seines Erfolges angesprochen, äußert er sich sehr wolkig. Die Russen dächten und handelten drei- und vierdimensional. Ausländer könnten das nicht verstehen und deshalb auch nicht helfen.

Für die Politik interessiere er sich nicht. Wenn es mit der russischen Wirtschaft so nicht weitergehe, werde ein neuer Mann kommen, der die Dinge voranbringe. Das sei in Rußland immer so gewesen.

Auf die rechtlichen Rahmenbedingungen für die Betätigung kleiner und mittlerer Unternehmen angesprochen, winkt er ab. Man müsse einfach anfangen, sagt er.

Ein kompaktes Projekt

Wladimir, 1. Oktober 1992

Meine erste Reise nach Wladimir. Danach Bericht nach Bonn mit meinem Beratungskonzept:

Erstens: Für eine Managementhilfe kommen nur Betriebe in Betracht,

- die selbst (und nicht von »oben« befohlen) um diese Unterstützung nachsuchen,
- die vorbehaltlos dazu bereit sind, sich unseren Beratern zu öffnen, und
- bei denen wir annehmen können, daß sie eine deutliche Überlebenschance haben.

Zweitens: Wir müssen uns darüber im klaren sein, daß unser Rat im Einzelfall nicht lauten kann: »Den Chef auswechseln und die Hälfte der Mitarbeiter entlassen.« Wir müssen mit den alten Chefs leben und dürfen daher für unsere Beratung nur solche Betriebe auswählen, bei denen wir der Bereitschaft zur Zusammenarbeit sicher sein können. Mit Überzeugungskraft mag es uns gelingen, Betriebe umzustrukturieren, alte Produktionen zu eliminieren und neue Produktionen anzuregen und z. B. Zulieferer und Hilfsbetriebe im

Sinne einer marktwirtschaftlichen Arbeitsteilung auszugliedern und zu verselbständigen. Gegenwärtig ist fast jeder Betrieb ein geschlossenes, autarkes System innerhalb der Volkswirtschaft. Diese gewachsenen Strukturen lassen sich, auch aus sozialen Gründen, nicht einfach »wegputzen«. Marktwirtschaft kann hier nur schrittweise zur Geltung kommen.

Drittens: Die Chance für einigermaßen bruchlose Umstrukturierungen ohne Arbeitsplatzverluste ist größer, wenn wir uns nicht nur einen einzelnen Betrieb, sondern eine ganze Region vornehmen. In Wladimir wird es nicht bei der Managementhilfe für einzelne Kombinate bleiben.

Viertens: Wenn wir Regionen wie Wladimir bearbeiten, werden wir auch Landwirtschafts- und Handwerksexperten brauchen. Wichtig sind außerdem Verwaltungs- und Politikberater. Rußland braucht dringend politische Parteien, um nicht bei einem Präsidialsystem ohne eigenständige Parlamente zu landen. Ein Parteiensystem läßt sich aber am besten von unten, von der Kommunal- und Regionalebene her, aufbauen.

Bonn, 9. Oktober 1992

Petersberg-Konferenz: Johannes Ludewig, im Bundeskanzleramt für die Wirtschaft und auch für unsere Beratungshilfe in den ehemaligen Ostblockstaaten zuständig, hatte die Bundesministerien, die deutschen Botschafter in diesen Staaten sowie Liberos wie mich zu einem Erfahrungsaustausch eingeladen. Wladimir wird als neuer Schwerpunkt akzeptiert, das Auswärtige Amt sowie die Ministerien für Finanzen, Wirtschaft, Inneres und Bau und Wohnungswesen sagen Beteiligung zu.

Moskau, 28. Oktober 1992

Der Winter hat begonnen. In einem der Staatsläden kaufe ich mir eine Schapka (Pelzmütze). Ich muß anstehen. Der Verkaufstisch ist von Kunden umlagert, ihrem Aussehen nach einfachen Bürgern. Sie alle können nicht schnell genug ihre 5000 bis 25 000 Rubel (damals rund 220 DM) für eine Mütze loswerden. Von dem teuersten Modell (Nerz) erwische ich gerade noch ein Exemplar in meiner Größe. Auf meine Frage, wo die Leute das viele Geld herhätten, findet sich keine Antwort.

Unergründliches Rußland.

Moskau, 29. Oktober 1992

Krasawtschenko ist gerade aus den USA zurückgekommen und erzählt mir stolz, wie hoch bekannte amerikanische Investmentbanken die Chancen der Privatisierung in Rußland und das Interesse ausländischer Kapitalgeber an den russischen Betrieben einschätzten.

Ich erwidere, ein solcher Mangel an Realitätssinn habe anfänglich auch in Deutschland im Blick auf die alte DDR geherrscht. Hingegen habe Ludwig Erhard schon 1957 geschrieben, daß, wenn es eines Tages zur

Wiedervereinigung käme, in der DDR alles noch viel schlimmer aussehen würde, als wir es uns vorgestellt hätten. Und so sei es auch gewesen.

Berlin, 13. November 1992
»Runder Tisch« mit den Bundesressorts in Berlin, um Einzelheiten der Hilfe für Wladimir zu besprechen. Alle scheinen froh zu sein, an einem kompakten Projekt mitwirken zu können.

Moskau, 9. Dezember 1992
Volksdeputiertenkongreß, der zweite in diesem Jahr. Krasawtschenko hat für mich und Jefuni, meinen Dolmetscher, Eintrittskarten hinterlegt. Also sehen und hören wir uns das Spektakel am Dienstagnachmittag im Kreml an. Der Saal kocht; reges Treiben raus und rein. Ein Beschluß jagt den anderen, zu dieser Zeit lauter weniger wichtige Punkte.

Abgestimmt wird per Knopfdruck. Vor jeder Abstimmung läuft ein Countdown von 30 Sekunden, sichtbar gemacht auf zwei großen Leuchtfeldern – und zwar links und rechts – an der Vorderfront des Saales. Das Abstimmungsergebnis erscheint sofort auf den Leuchtfeldern, gegliedert in »Ja«, »Nein«, »Enthaltung«, »Nicht anwesend«. Später wird es – für jeden einzelnen Abgeordneten namentlich – in einem Parlaments-Bulletin ausgedruckt. So kann man dann nachlesen, wie jeder über jeden Antrag abgestimmt hat und ob er überhaupt mitgestimmt hat.

Der Eklat passiert am zweiten Tag, als der Kongreß den amtierenden Ministerpräsidenten Gaidar mit knapper Mehrheit ablehnt, Jelzin dies wider Erwarten nicht hinnimmt, sondern auf der Stelle droht, den Kongreß mit Hilfe eines Referendums auszuhebeln. Die meisten Beobachter hatten damit gerechnet, er würde die Niederlage Gaidars im Kongreß schlucken und ihn dann unverzüglich wieder für die nach der Verfassung zulässige Zeit von drei Monaten zum amtierenden Ministerpräsidenten bestellen. Aber offenbar geht mit Jelzin das Temperament durch; vielleicht rechnet er auch damit, ein Referendum zu gewinnen und damit den Kongreß, der ihm immer wieder Knüppel zwischen die Beine wirft, endgültig auszuschalten.

Kurz vor der Gaidar-Abstimmung bin ich im Kreml, um Granberg zu treffen. Bis auf 200 bis 300 Demonstranten, die auf Transparenten und in Sprechchören gegen »Markt«, »Kosmopoliten«, »Juden« und »Bush« wettern, ist alles ruhig. Nervosität kommt erst später am Vormittag auf, als bekannt wird, daß nach Jelzins Drohung und Chasbulatows scharfer Erwiderung im Kongreß beide wütend in verschiedenen Richtungen aus dem Saal gerannt sind.

Wladimir, 11. Januar 1993
Roland Berger & Partner startet mit sechs Beratern in den Kombinaten »Technika« und »Elektropribor«.

Moskau, 19. Januar 1993
Die Stadt ist ruhig. Wie mir Jefuni, mein Dolmetscher, und mein russischer Fahrer sagen, hungert niemand, aber die Armen werden immer ärmer und die Reichen immer reicher. Die Überlebenskraft der Menschen scheint unbegrenzt zu sein.

Überfälle nehmen zu, die Miliz, so hört man, sei häufig bestochen. Zwei deutsche Berater im Oblast Moskau wurden in ihrem Auto von einem Polizisten gestoppt, wie sie selbst meinen, in die Falle gelockt, und anschließend von drei Zivilisten ausgeraubt. Ähnlich erging es zwei Angestellten des Hotels Baltschug Kempinski, denen das Auto geraubt wurde. Ausländer würden, wie man mir sagt, deswegen nicht gleich umgebracht, weil für die Verfolgung von Straftaten gegen Ausländer nicht die Miliz, sondern die gefürchtete Staatspolizei zuständig sei.

Krasawtschenko, den ich nach einer langen Sitzung seines Ausschusses nur kurz sprechen kann, zeigt sich besorgt über die Tendenz im Ausschuß, die Privatisierung russischer Betriebe künftig von der Zustimmung der Belegschaft abhängig zu machen.

Der wirtschaftspolitische Kurs des neuen Ministerpräsidenten Tschernomyrdin scheint noch unklar zu sein. Von den neuen Preisregulierungen, über die Anfang des Jahres in unserer Presse aufgeregt berichtet wurde, weiß in Moskau niemand.

Eindrucksvoll die von der Nowea International, Düsseldorf, veranstaltete »Konsum-Expo '93«, die seit 1989 jedes Jahr in Moskau stattfindet, diesmal vom 18. bis 24. Januar. 120 deutsche Aussteller (Bekleidung, Haushalt, Schuhe, Kosmetik) erzielten ein dreimal so hohes Vertragsvolumen wie im vorigen Jahr. Hermann Behrendt, der im Auftrag der Treuhand Osteuropa Beratungsgesellschaft die Handelsprivatisierung im Oblast Moskau betreibt, hat eine Begleitveranstaltung »Handelsprivatisierung« organisiert, die von russischen Unternehmer-Aspiranten gut besucht ist und an der ich mich mit einem Vortrag beteilige.

Mit lebensnotwendigen Gütern geht es also voran. Bei mir melden sich zunehmend deutsche Firmen, die um Moskau herum Fleischverarbeitungsbetriebe errichten wollen. Eine bekannte deutsche Optik-Kette will in Rußland preiswert Brillen verkaufen und Brillengestelle produzieren lassen.

Am Abend empfängt mich der russisch-orthodoxe Bischof Pitirin, Vertreter des russischen Patriarchen Alexij, in seiner Moskauer Residenz. Er möchte mich für die Gründung einer deutsch-russischen Stiftung gewinnen, um die deutsch-russischen Beziehungen auf wirtschaftlichem und kulturellem Gebiet zu verstärken.

Moskau, 20. Januar 1993

Zwei meiner russischen Partner habe ich verloren.

Leonid Schergin, Vizegouverneur von Wladimir, wurde Ende vergangenen Jahres entlassen.

Schlimmer noch: Felix Burshtein, Leiter der Hauptabteilung Wirtschaftsreform im russischen Wirtschaftsministerium, feinnervig, intelligent und mir sehr zugetan, ist am 9. Januar, seinem 59. Geburtstag, unerwartet einem Herzschlag erlegen. Ich besuche seine Familie, die aus der Witwe, Tochter und Schwiegersohn, den Enkelkindern Sascha und Ilja sowie den beiden 80jährigen Großmüttern besteht und in sehr bescheidenen Verhältnissen in einem Platten-Hochhaus in Moskau lebt. Wie mir der Schwiegersohn sagt, erhält die Witwe vielleicht noch das Januargehalt ihres verstorbenen Mannes, aber keine Rente, weil sie selbst nicht berufstätig gewesen sei. Sie falle in den Schoß der Familie; er sei jetzt das Familienoberhaupt und werde auch für sie sorgen. Dann setzt er sich auf den Platz am Tisch, auf dem bei meinem früheren Besuch Burshtein gesessen hatte, und wir essen Piroggen, Sardinen, Schweinssülze und trinken Cola und georgischen Wein auf das Andenken des Verstorbenen. Alles sehr feierlich, aber auch sehr gefaßt.

Berlin, 25. Januar 1993

Treffen mit dem Vertreter der russisch-orthodoxen Kirche in Deutschland, Erzbischof Longin, mit Sitz in Düsseldorf. Er möchte von der Treuhandanstalt gebrauchte Ausrüstungen für die Landwirtschaft und für Handwerks- und kleingewerbliche Betriebe übernehmen und mit Fahrzeugen der Westgruppe der Roten Armee nach Rußland schaffen lassen. Dort sollen sie notleidenden Kirchengütern übergeben werden.

Eine Ziegeleiausrüstung, die ich daraufhin in Herzfelde auftue, erweist sich als verrottet. Die Treuhandanstalt will Geld, und Geld habe ich nicht.

Wladimir, 5. März 1993
Warten auf das Referendum am 25. April: Wer gewinnt? Jelzin oder die Betonköpfe im Volksdeputiertenkongreß? Wird Blut fließen? Wird die Russische Föderation auseinanderbrechen, oder wird, was die meisten für wahrscheinlich halten, die Agonie andauern?

Ein Mitglied des Wladimirer Regionalsowjets bietet mir eine Wette an, daß Jelzin und seine Gegenspieler alsbald von der politischen Bühne verjagt würden. Es sei eine Schande, wie sie ihre persönlichen Animositäten zur Staatsangelegenheit machten. Die breite Masse in Rußland wolle nur eines, nämlich wirtschaftlich überleben. Zwei extreme Grüppchen, die im Volk kaum Widerhall fänden, nämlich eine kleine Schar erzkonservativer »Höhlenkommunisten« sowie eine ebenso kleine Gruppe »Zar Boris«-Anhänger, betrieben die Spaltung.

Wladimir, 6. März 1993
In großer Not ist die russisch-orthodoxe Kirche, die, wie mir Erzbischof Jewlogij sagt, in der Region Wladimir neun Klöster mit landwirtschaftlichen Betrieben vom Staat zurückerhalten habe. Sie benötige technische Hilfe, zudem (gebrauchte) landwirtschaftliche Maschinen.

Die Kirche ist in Rußland ein Ordnungsfaktor. In Wladimir sind bereits Prediger dreier amerikanischer Kirchen tätig, die, wie der Bischof meint, den Leuten den Kopf verdrehen. Einige jüngere Leute, die ich später in der Administration treffe und danach frage, scheinen dem Erzbischof diese Probleme zu gönnen. Früher habe er es mit den Kommunisten gehalten.

Die Frau eines Angehörigen der Administration erzählt mir, sie sei zu einer Versammlung einer amerikanischen Kirche gegangen. Sie hätte immer nur Halleluja rufen müssen, das sei ihr dann zuviel geworden. Aber viele junge Leute seien neugierig. Amerikanische Prediger werben in Rußland sehr aggressiv. Im staatlichen russischen Fernsehen hat die russisch-orthodoxe Kirche von Montag bis Freitag täglich zehn Minuten, samstags 30 Minuten Sendezeit. Die Amerikaner haben sich täglich 30 Minuten gesichert.

Am Schluß unseres Gesprächs will der Bischof mich segnen und bittet mich in seine Hauskapelle. Als römischer Katholik bin ich mir nicht sicher, ob ich dies über mich ergehen lassen sollte. So bitte ich den Bischof, meine Arbeit für Wladimir zu segnen.

Berlin, 23. März 1993

Ein Jahr Rußland. Die Zeit ist wie im Flug vergangen. Mein Erfahrungsbericht nach Bonn, der zu einer Teilprivatisierung der deutschen Rußlandhilfe rät, fällt nicht auf fruchtbaren Boden. Aber man denkt über Straffung und bessere Koordinierung nach. Inzwischen ist auch etwas geschehen. Walter Kittel, früher Staatssekretär im Bonner Landwirtschaftsministerium, wurde von der Bundesregierung zum Koordinator bestellt. Statt 18 Ministerien tummeln sich jetzt nur noch acht in Rußland.

Vor wachsenden politischen Spannungen

Moskau, 15. April 1993

Das lange Warten. Warten darauf, daß das Gerangel in Moskau zwischen Jelzin und dem Volksdeputiertenkongreß zu Ende geht und dabei eine handlungsfähige Regierung herauskommt.

Meine Moskauer Gesprächspartner wirken abgespannt, genervt. Krasawtschenko berichtet, wie er pausenlos, bisher aber erfolglos, bemüht sei, Kongreß und Regierung einander näherzubringen. Im Wirtschaftsministerium herrscht Krisenstimmung. Klagen über die Hyperinflation, den Rückgang der Industrieproduktion, die Verschuldung der Betriebe.

Für ausländische Berater ist die fortdauernde Agonie in Moskau eine schwierige Situation. Das marktwirtschaftliche Einmaleins haben die Macher in Moskau inzwischen gelernt; hier brauchen und wollen sie keine Belehrung mehr. So wissen z. B. alle, daß eine Inflationsbekämpfung ohne Eindämmung der Gießkannenkredite an die Staatsbetriebe nicht möglich ist. Was fehlt, ist eine handlungsfähige Regierung, und dafür können nur die Russen selbst sorgen.

Wladimir, 18./19. April 1993

Russische Ostern, in diesem Jahr eine Woche später als bei uns. Meine Frau und ich waren am Freitag in Wladimir angekommen. Am Nachmittag Gespräche mit der Administration im Weißen Haus, am Sonnabendvormittag Ausflug nach Susdal.

Die Klöster in Susdal sollen früher dem Adel auch dazu gedient haben, seine abgelegten Frauen unterzubringen. An diesem Karsamstag werden die Osterkuchen gesegnet. Ein Kommen und Gehen mit den vielen köstlichen Hefekuchen, ähnlich unseren Napfkuchen und Gugelhupfen.

Am Abend geht es mit der Frau des Gouverneurs Wlassow, des Vizegouverneurs Weretennikow und, als männlichem Begleiter, Wadim Jegorow, Abteilungsleiter in der Wirtschaftsverwaltung der Region, in die Wladimirer Mariä-Entschlafens-Kathedrale. Wlassow und Weretennikow selbst sind mit der Vorbereitung des für den Ostersonntag angekündigten Besuchs Präsident Jelzins beschäftigt. Der Gouverneur, damals 31 Jahre alt, sei, so seine junge Ehefrau, sehr aufgeregt. Wir bekommen ihn überhaupt erst am Sonntag beim Warten auf Jelzin zu Gesicht.

Das Plateau um die Kathedrale herum ist mit transportablen Eisengittern eingegrenzt. Miliz überall. Der Platz für die nächtliche Prozession um das Gotteshaus wird so freigehalten.

Auf dem Feld unterhalb der Kathedrale, zur Stadt hin, wartet eine riesige Menschenmenge. Sie drückt nicht aggressiv auf die Absperrung, aber es ist für uns nicht ganz einfach, den schmalen Spalt zwischen den

Gittern zu erreichen, den ein Milizionär für uns offenhält.

Ein junger, hoch aufgeschossener Priester in weißer Tracht erwartet uns innerhalb der Absperrung, erklärt uns den Ablauf des Festes und läßt uns von Erzbischof Jewlogij sagen, wir sollten bei der Prozession unmittelbar hinter ihm gehen.

In die Kathedrale kommen wir kaum hinein, so voll ist sie. Der junge Priester wedelt vor uns her und schafft Platz. Vor uns die Ikonenwand, hinter der der Innenraum für die Priester liegt. In den russischen Kirchen gibt es kein Gestühl. Alle müssen stehen, nur für den Zaren und den Metropoliten gab es Sitzplätze links und rechts vor dem Altar. Uns führt man zu dem, vom Eingang aus, rechts gelegenen Podest, wo einige Sitzgelegenheiten bereitstehen. Wir setzen uns nicht hin, lehnen uns aber diskret an das Gitter. Durch eine halbgeöffnete Tür in der Ikonenwand sehe ich, wie einer der jungen Priester auf einem großen Tisch mit einem Bügeleisen die Gewänder seiner Oberen bearbeitet.

Der Gottesdienst läuft anders ab als in unseren Kirchen. Priester kommen und gehen, beten vor und verschwinden immer wieder hinter der Wand. Keine Orgel oder dergleichen. Die Gläubigen singen, beten, knien, und die älteren von ihnen, die zum Teil zwischen den vielen Füßen auf der Erde hocken, schlagen unablässig das Kreuz, von rechts nach links. Die jungen Leute stehen aufrecht, wie oft auch bei uns, mit vor der Brust verschränkten Armen. In ihren Gesichtern ist auch Andacht, aber manche von ihnen wirken trotzig. So, als ob sie sagen wollten: Hier stehe ich, lieber Gott, ich bin zu dir gekommen, aber leicht bin ich nicht zu haben.

Um Mitternacht dann die Prozession. Der junge Priester hatte uns schon etwas früher nach draußen vor die Kirchentür geführt, damit wir gleich hinter dem Bischof in die Kolonne einschwenken könnten. Aber als die Tür mit Schwung aufgestoßen wird, werden wir einfach beiseite gespült. Der fürsorgliche Priester schafft es, uns in eine Ecke neben dem Kirchenportal zu bugsieren, von wo aus wir den Umzug beobachten. Das Tempo ist unheimlich. Der Bischof geht sehr rasch voran, und der Pulk der Priester und die Menge stolpern und schieben sich dichtgedrängt hinter ihm her. Viele tragen Kerzen, die sie vor dem starken Wind mit Papierblättern schützen. Jeden Moment, so fürchte ich, können Papier, Haare oder Kleidung in Flammen aufgehen, so dicht sind die Menschen aneinander gepreßt. Dann das »Christus ist erstanden!« vor dem großen Portal der Kathedrale, das auf die Stadt blickt.

Unsere russischen Begleiter haben Verständnis dafür, daß wir uns danach verdrücken, mit müden Knochen, aber doch glücklich und hingerissen von der Begeisterung wie auch von der Disziplin der Menge, die immer wieder durchschien. Die Menschen auf dem Feld stehen immer noch da, und wie wir am nächsten Tag hören, ist es in der Kirche noch stundenlang weitergegangen.

Am nächsten Morgen, elf Uhr, Präsident Jelzin vor dem Goldenen Tor. Das Goldene Tor stammt aus dem

Jahre 1164 und markiert den Eingang zur Stadt von Westen, von Moskau her.

Wladimir liegt an der großen Rollbahn, die Moskau, über den Ural hinweg, mit dem Ostteil des Landes verbindet. Auf diesem Weg ließen die Zaren ihre Gefangenen nach Sibirien treiben, und es war ein Deutscher, Dr. Friedrich Ludwig Haass aus Euskirchen bei Bonn, Arzt am Zarenhof, der die »Haass-Kette« einführte, die länger und nicht so schwer war wie die alten Ketten und so den Gefangenen das Gehen mit ihren Fußfesseln erleichterte. Haass erreichte auch, daß die Fesseln an den Hand- und Fußgelenken innen mit Leder abgefüttert wurden. Sein Grab auf dem Moskauer Wedenskij-Friedhof ist stets geschmückt, mit Blumen, im Winter aus Plastik, oder mit Fichtenzweigen.

Die Menge am Goldenen Tor, auch wieder Tausende von Menschen, von der Miliz in Zucht gehalten, blickt nach Westen. Irgendwann erscheint der Erzbischof und baut sich vor dem Tor auf. Zuerst tauchen dann zwei schwarze Limousinen auf, denen rasch Ordnungskräfte in Zivil entsteigen, in verschiedenen Richtungen über den Platz eilen und Ausschau halten, wo Gefahren lauern könnten. Das Ganze wirkt aber sehr zivil, keineswegs martialisch. Endlich kommt das große schwarze Auto mit dem Präsidenten. Der Wagen hält so an, daß der Präsident noch etwa hundert Meter mit raschen Schritten locker, strahlend, mit leicht ausgebreiteten Armen auf die Menge zugehen kann. Er eilt an die Brust des Erzbischofs, man küßt sich, den Nacken beugt Jelzin nicht.

Wir müssen uns dann verabschieden, aber es soll für Wladimir noch ein großer Tag gewesen sein. Beim Referendum am folgenden Sonntag kommt der Präsident ja auch mit einem blauen Auge davon.

Weretennikow läßt es sich auch an diesem Tag nicht nehmen, mich – wie immer – die etwa 100 Kilometer bis zur Grenze der Region Wladimir zu begleiten. Auch diesmal ein Abschieds-Picknick im Wald mit Wladimirer Wodka und Geschenken aus Wladimirs Glasfabrikation. All die kunstvoll geschliffenen und verschnörkelten Trinkgefäße, Vasen und Kerzenleuchter kann ich zu Hause kaum mehr unterbringen, aber meine russischen Freunde freuen sich immer wieder, wenn sie sie bei ihren Besuchen in Berlin vollzählig aufgereiht sehen.

Wladimir, 7. bis 9. Juni 1993

Erste Wladimir-Exkursion mit 42 deutschen Mittelständlern aus 32 Unternehmen, davon ein Drittel aus den neuen Bundesländern. Die Interessenten hatte ich durch Vortragsveranstaltungen bei Industrie-, Handels- und Handwerkskammer, in Talkshows und durch Presseveröffentlichungen angeworben. Mit von der Partie sind Andrea von Knoop, die Delegierte der deutschen Wirtschaft in Moskau, Frau Bachelard, eine Abgesandte der Europäischen Bank für Wiederaufbau und Entwicklung, Oltmann Siemens von der Treuhand Osteuropa Beratungsgesellschaft (TOB), Harald Piltz von der Brandenburgischen Wirtschaftsförderung sowie einige Journalisten.

Von Moskau aus geht es mit dem Bus nach Wladimir. Begrüßungsabend. Am nächsten Morgen Besichtigung der Ausstellung Wladimirer Erzeugnisse im Weißen Haus, anschließend Aufteilung der Teilnehmer auf die Betriebe. Vierzig Dolmetscher und Autos stehen bereit, von der Administration blendend organisiert.

Die deutschen Mittelständler hatten sich die russischen Betriebe anhand von Listen mit den wichtigsten Kenndaten ausgesucht, welche die Administration zur Verfügung gestellt hatte (Name, Anschrift, Produktpalette, Beschäftigtenzahl, Kooperationswunsch).

Zwei Tage lang bewegen sich die Mittelständler kreuz und quer durch den Oblast, manche bleiben länger. Einiges an Zusammenarbeit läuft heute bereits, manches ist noch in Vorbereitung, rund ein Drittel der deutschen Unternehmer fanden letztlich keinen Kontakt.

Moskau, 11. Juni 1993

Chasbulatow hat den Ausschuß des Obersten Sowjets für die Wirtschaftsreform und das Privateigentum, dem Krasawtschenko vorsaß, aufgelöst. Krasawtschenko ist jetzt Stellvertreter des Chefs des russischen Präsidialamtes Filatow und Sekretär des Präsidentenrates. Er residiert im Kreml, fünf Türen weit von Stalins ehemaligem Arbeitszimmer.

Gaidar hat vorerst einmal Unterschlupf als Präsident des russischen Verbandes der Privatunternehmer gefunden.

Netschajew, bisher Wirtschaftsminister, »überwintert« als Präsident der Russian Financial Corporation. Er hat noch ein Büro in seinem alten Ministerium, und ich vermittle ihm einen Kontakt zu einer deutschen Großbank.

Krasawtschenko gibt mir in einem Pappkarton das Schreibzeug aus meinem Büro im Weißen Haus sowie den elektrischen Teekessel, den ich eingebracht hatte, zurück. Ich überlasse alles Irina, seiner Frau, die in ihrem Beruf zeichnen muß und die westlichen Stifte gut gebrauchen kann. Den elektrischen Teekessel sehe ich immer wieder, wenn ich bei Krasawtschenkos zu Besuch bin.

Berlin, 7. Juli 1993

Bericht nach Bonn: Wenn Rußland zum Westen kommen soll, muß der Bau einer Autobahn- und einer schnellen Eisenbahnverbindung zwischen Moskau und den mittel- und westeuropäischen Verkehrsnetzen in Angriff genommen werden. Privat lasse sich eine moderne Infrastruktur kaum finanzieren, wir brauchen also eine Finanzierung durch die Europäische Union, die Weltbank, die Europäische Bank für Wiederaufbau und Entwicklung oder die Europäische Investitionsbank.

Seit einiger Zeit versuche ich, Moskau für dieses Projekt zu interessieren. Wenn die Forderung von dort ausgeht, haben wir bessere Chancen. Tschubais und Schochin scheinen zu einer Intervention bereit zu sein.

Ein Verein zur Förderung der deutsch-russischen Beziehungen, der sich unter anderem dieses Projektes annehmen soll, wurde in Berlin gegründet und zur Eintragung angemeldet. Zunächst betreibe ich dies nebenbei als Privatmann mit russischen Partnern.

Moskau, 4. August 1993
Ich frage Krasawtschenko, was ich gegenwärtig in Moskau für die Marktwirtschaft tun könne. Krasawtschenko rät mir, mich vorerst auf die Arbeit in Wladimir zu konzentrieren. Durch Erfolge dort könne ich die Front der Marktwirtschaftsgegner in Moskau »von hinten aufrollen«. Im Machtkampf zwischen Kongreß und Regierung könnten fremde Berater nichts ausrichten. Damit müßten die Russen selbst fertig werden.

Moskau, 5. August 1993
Im Kaufhaus GUM in Moskau stehen lange Schlangen vor der Bennetton-Boutique. Alle Waren müssen jetzt in Rubel ausgezeichnet sein. Doch trotz der astronomischen Preise sind die Geschäfte gut besucht, nicht nur von Neureichen, sondern von Leuten von der Straße. Ein Vergleich mit italienischen Verhältnissen liegt nahe. In die amtlichen Statistiken geht offenbar nur der Niedergang der russischen Staatsbetriebe ein, nicht aber die Erfolge, die die »kleine Marktwirtschaft« in Rußland bereits erzielt.

Berlin, Bonn, Frankfurt, 12. bis 19. August 1993
Besuch des Gouverneurs Jurij Wlassow und seines Vize Wladimir Weretennikow in Deutschland. Die Russen genießen das Gespräch mit Bundeswirtschaftsminister Günter Rexrodt, den freundlichen Empfang im Auswärtigen Amt und im Bundesfinanzministerium sowie die Ausblicke, die ihnen Werner Frank (Kreditanstalt für Wiederaufbau) und Heinrich Hornef (Treuhand Osteuropa Beratungsgesellschaft-TOB) auf unser künftiges, verstärktes Engagement in Wladimir geben. Das Pressegespräch in Berlin am Abend des 16. August geht über fast zwei Stunden und findet von der »Frankfurter Allgemeinen« bis zur »Ostsee-Zeitung« auch Resonanz.

Zu Beginn des Besuchs, am 13. August, sprechen wir in der Dresdner Bank in Frankfurt mit dem für Ostfragen zuständigen Vorstandsmitglied, Bernhard Walter, über ein Mittelstandskreditprogramm für Wladimir. Walter bietet Wlassow Hilfe bei der Schulung von Wladimirer Geschäftsbanken für die Vergabe von Mittelstandskrediten an. Mitarbeiter der Dresdner Bank werden mich bereits am 6. September auf meine zweite Wladimir-Exkursion begleiten. Eva Strube und Uwe Walter Hoffmann aus der Frankfurter Zentrale und der Niederlassung Leipzig, werden sich dann längere Zeit in Wladimir aufhalten.

Wegen der notwendigen zinsverbilligten Rubelkredite stehen Walter und ich mit dem russischen Wirtschaftsministerium im Kontakt. Die Russen haben 72 Milliarden Rubel für Mittelstandskredite an neue Unternehmen im laufenden Haushalt.

Nach den Überlegungen im russischen Wirtschaftsministerium, über die mich der zuständige Abteilungsleiter Martjanow am 3. August in Moskau unterrichtet, sollen die Mittel durch die jeweiligen regionalen Geschäftsbanken vergeben werden. Bisher hätten aber die regionalen Banken keinerlei Ahnung davon, wie man das mache. Hier will die Dresdner Bank in die Bresche springen, damit wir in Wladimir möglichst rasch ein Pilotprojekt realisieren können.

Ich sage den Russen immer wieder, daß sie mit Mittelstandskrediten westlicher Banken für den russischen Markt vorläufig nicht rechnen könnten. Dazu seien die Risiken zu groß, zumal es übertragbares Privateigentum und damit Sicherungsmöglichkeiten nicht gibt. Außerdem könnte man von russischen Mittelständlern oder auch von deutsch-russischen Gemeinschaftsunternehmen, die ja in Rußland nur Rubel einnähmen, kaum die Verzinsung und Ablösung von Valutakrediten erwarten.

Berlin, 25. August 1993

Der neue deutsche Botschafter in Rußland, Otto von der Gablentz, besucht mich in Berlin, um meine Eindrücke von der Lage in Rußland zu hören und sich über meine Arbeit in Moskau und Wladimir zu unterrichten. Sein Vater ist von 1947 bis 1950 mein Lehrer an der Deutschen Hochschule für Politik in Berlin gewesen. So schwelgen wir eine Weile in Erinnerungen und versprechen uns eine gute Zusammenarbeit in Rußland.

Die Vorbereitungen für die zweite Wladimir-Exkursion vom 6. bis 9. September laufen auf Hochtouren. Immer neue Interessenten kommen hinzu. Bemerkenswert ist, daß sich bisher keiner der Teilnehmer von den Tatarenmeldungen unserer Presse aus Moskau hat beeindrucken lassen.

Wladimir, 6. bis 9. September 1993
Zweite Wladimir-Exkursion mit 63 deutschen Mittelständlern aus 47 Unternehmen. Am 6. September um 15.30 Uhr starten wir, wie geplant, von Moskau aus mit zwei Bussen nach Wladimir. Zu meiner Unterstützung hatte ich Birgit Kusmak aus meinem Berliner Büro mitgenommen. Sie bleibt mit der Gruppe bis zum 9. September in Wladimir; ich muß schon am 8. zu Gesprächen nach Moskau zurückfahren. Mit von der Partie sind Eva Strube und Uwe Hoffmann von der Dresdner Bank, Klaus Joachim Maak von der deutschen Botschaft, Klaus Kemper von der »Frankfurter Allgemeinen« sowie ein Team des ZDF aus Moskau. Schon im Bus informiert Wadim Jegorow, Leiter der Außenwirtschaftsabteilung der Region Wladimir, über die Wladimirer Wirtschaft.

Zum Begrüßungsabend im Wladimirer Gasthof »Russisches Dorf« ist auch der Erzbischof von Wladimir und Susdal, Jewlogij, gekommen. Ihn erfreut eine Spende von rund eintausend Mark, die wir spontan für ihn einsammeln.

Jurij Wlassow, der Gouverneur, sagt, daß die erste Wladimir-Exkursion von Anfang Juni erfolgreich gewesen sei. Bisher hätten sich zehn dauerhafte Kontakte zwischen deutschen und russischen Partnern ergeben.

Die Administration hat wiederum gute Vorarbeit geleistet. Jeder Teilnehmer erhält von Jegorow bereits im Bus einen Terminplan mit dem Namen seines persönlichen russischen Ansprechpartners. Die beteiligten Deutschen und Russen werden am Morgen des 7. September im Großen Saal des Wladimirer Weißen Hauses zusammengeführt.

Schwierigkeiten gab es, für die vielen Besucher genügend Dolmetscher und Autos heranzuschaffen. Viel Improvisation, aber die Mittelständler sind motiviert, anpassungsfähig und zeigen keine Starallüren. Wie mir Weretennikow kürzlich sagte, sind rund 40 Teilnehmer aus beiden Exkursionen mit Projekten in Wladimir hängengeblieben. Was sie im einzelnen tun, erfahre ich nur, wenn ich zufällig einen von ihnen treffe und ausfrage. Es handelt sich bisher wohl fast immer um Lohnfertigung. Mittelständler reden nicht gern über ihre Geschäftskontakte. Einer sagte mir kürzlich ins Gesicht, daß er fürchte, ich würde ihm in Wladimir Konkurrenz auf den Hals schicken.

Wladimir, 8. September 1993

Gespräch mit Vizegouverneur Weretennikow und dem Oberbürgermeister der Stadt Wladimir, Igor Schamow, über Handelsprivatisierung. Anwesend sind Hermann Behrendt und Klaus Reimertz, die im Auftrag der Treuhand Osteuropa Beratungsgesellschaft (TOB) seit 1992 Handel und Gaststätten im Umland Moskaus privatisieren. Die Administration hatte um dieses Gespräch gebeten.

Wladimir hatte sich darauf eingelassen, Einzelhandelsgeschäfte nach der amerikanischen Methode an den jeweils Meistbietenden zu versteigern. Schamow legt dar, wozu dies geführt hat: Zwar sei der größte Teil des Einzelhandels inzwischen auf diese Weise privatisiert. Die neuen Besitzer seien Neureiche, teils aus Wladimir, teils von außerhalb. Ob sie aber als Einzelhändler qualifiziert seien, habe vorher niemand gewußt. Für die einzelnen Läden seien horrende Summen gezahlt worden. Manche Erwerber hätten kaum noch Geld für den Betrieb der Geschäfte übrigbehalten. Hier müsse die Stadt jetzt mit Krediten einspringen. Andere hätten Artikel, die für die Bevölkerung lebenswichtig seien, z. B. Brot, aus dem Sortiment geworfen; sie verkauften jetzt nur noch Gebäck, weil sie damit höhere Handelsspannen erzielen könnten. Die Administration habe keine Handhabe, dies zu verhindern. Überdies grassierten Händlerkartelle, die zu überhöhten Preisen führten. Hersteller gingen zunehmend zum werkseigenen Direktvertrieb über, um »mafiose« Einflüsse fernzuhalten.

Behrendt erläutert, daß die TOB aus diesen Gründen die Handelsprivatisierung im Oblast Moskau nicht nach quantitativen (Wer zahlt am meisten?), sondern nach qualitativen Gesichtspunkten betreibe. Eine erprobte Methode, Nachteile einer blinden Versteigerung zu vermeiden, sei die Ausschreibung. Bei einer Ausschreibung der Läden ließen sich auch qualitative Kriterien (z.B. die berufliche Qualifikation sowie die Verpflichtung zur Beibehaltung eines bestimmten Sortiments) vorgeben. Die TOB habe ein ganzheitliches Konzept entwickelt, bei dem Einzelhandel, Transportwesen und Großhandel im Zusammenhang privatisiert würden. Wichtig sei auch die Schulung der russischen Jungunternehmer. Preisabsprachen könne man dadurch erschweren, daß in der Region verschiedene Betriebsformen (z.B. Tante-Emma-Läden, Supermärkte, Cash-und-Carry-Betriebe) geschaffen würden. Die Preise unterschiedlicher Betriebsformen seien nicht ohne weiteres vergleichbar. Sie ließen sich daher auch nicht so leicht durch Kartelle gleichschalten.

Weretennikow und Schamow bitten Behrendt und die TOB inständig darum, Wladimir bei der anstehenden Postprivatisierung zu unterstützen. Wir sagen folgende Sofort-Maßnahmen zu:

- Behrendt und Reimertz beschäftigen ab Mitte Oktober je einen Mitarbeiter aus der Region und der Stadt Wladimir zu Ausbildungszwecken in ihrem Moskauer Team.
- Reimertz wird vom 27. bis 29. September nach Wladimir kommen, um mit Weretennikow (Region) und Schamow (Stadt) den Beratungsbedarf abzuklären. Treffpunkt: 27. September, 10.00 Uhr, im Weißen Haus in Wladimir.

So geschah es, eine Beratung aus Mitteln der Bundesregierung schloß sich an, und heute ist Schamow mit seinem Einzelhandel im reinen.

Moskau, 13. September 1993
Ich bin mit Gaidar verabredet. Wir sprechen über Wladimir und über Möglichkeiten, die deutsch-russische Zusammenarbeit zu verbessern. Gaidar sagt, daß die russische Seite der vielen Konferenzen, Tagungen und Reden, bei denen praktisch doch nichts herauskäme, allmählich müde sei. Wichtig sei, die an einer Zusammenarbeit interessierten Leute unmittelbar zusammenzubringen. Gaidar sichert mir Unterstützung für meinen deutsch-russischen Verein, genannt »Rußland-Stiftung«, zu.

Wenig später veranstalten wir gemeinsam ein Mittelstandstreffen in der Moskauer Finanzakademie, in der auch Gorbatschow residiert. Die Chefin der Akademie, Alla Grjaznowa, die sich an dem Treffen beteiligt, kannte ich bereits. Sie suchte Kontakte zu deutschen Hochschulen, wobei ich ihr behilflich war. Sie ist eine imposante, eloquente, kluge Frau und hat, wie sie betont, Zugang zu Präsident Jelzin. Obgleich Herrin über Hunderte von männlichen Mitarbeitern, gibt sie sich auf sehr sympathische Art weiblich. Ihr großes Arbeitszimmer ist ein Blumenmeer, Rosen, Nelken und auch exotische Blüten aus dem Süden, und zum Kaffee aus zierlichen Täßchen holt sie eine große Pralinenschachtel aus einer Schublade ihres Schreibtisches hervor.

Mehr als hundert Jungunternehmer aus allen Regionen Rußlands, überwiegend Mitglieder von Gaidars »Verband der privatisierten oder zu privatisierenden Unternehmen«, darunter einige ältere Kombinatschefs, nehmen an dem Mittelstandstreffen teil und bekunden ihr Interesse an besseren Kontakten zu westlichen Unternehmen. Sie suchen Investoren, nicht Berater. Ich frage ihre Wunschskala ab. Unter Punkt 3 kommt »Schutz vor westlichen Beratern«.

Moskau, 21. September 1993
Jelzin löst den Obersten Sowjet auf. Am 3. und 4. Oktober Sturm auf das Weiße Haus, am 12. Dezember das Referendum über die neue Verfassung und zugleich Wahlen für die Staatsduma und den Föderationsrat.

Marke Sisyphos

Moskau, 30. Dezember 1993
Bericht nach Bonn: Wie Jelzin mit dem neuen Parlament umgeht, werde sich zeigen. Die neue Verfassung verschaffe ihm zwar eine dominierende Position, er könne aber nicht ständig gegen ein widerspenstiges Parlament mit Dekreten regieren. Bleibe zu hoffen, daß sich in der Duma eine Mehrheit finde, die nicht nur auf Obstruktion aus sei.

Zu hoffen sei auch, daß Jelzin die nächsten zwei Jahre gesundheitlich durchhalte. Auch wenn Gaidar Wirtschaftsminister bleiben sollte, was der marktwirtschaftlichen Reputation Rußlands im Westen nützen würde, werde Tschernomyrdin als Ministerpräsident für einen weniger radikalen Reformkurs sorgen. Also: nicht nur Inflationsbekämpfung und Haushaltssanierung, koste es, was es wolle, sondern auch aktive Steuerpolitik zur Schaffung neuer Unternehmen und neuer Arbeitsplätze. Ohne soziales Netz, das Rußland so bald nicht haben werde, ließen sich die Kredite an die alten Staatsbetriebe nicht völlig streichen. Vor allem müßten westliche Kooperationspartner ins

Land, um die Konsumgüterproduktion in Schwung zu bringen. Dies setze aber ein investitionsfreundliches Steuerrecht und die Verfügbarkeit von Grund und Boden für ausländische Investoren voraus.

Moskau, 7. April 1994
Hoffnungsschimmer. Alexander Lifschitz, Chefberater des Präsidenten, nennt mir drei Ziele der Wirtschaftspolitik des Präsidenten:

1. Moderate Dämpfung der Inflation. Die Vorgaben der Weltbank würden Rußland strangulieren. Er sei froh, wenn die Inflation auf monatlich fünf Prozent sinke.

2. Vorbereitung auf mehr als zehn Millionen Arbeitslose im Laufe dieses Jahres. Die Bevölkerung werde es ertragen, so wie Rußland schon viel ertragen habe.

3. Förderung neuer Unternehmen, mehr Sicherheit für Investoren.

Leider werde die Duma für die Verabschiedung der vorgesehenen Gesetze längere Zeit brauchen. Der Präsident sei um ein gutes Verhältnis zur Duma bemüht. Notwendige Erlasse wolle er zuvor mit der Duma abstimmen.

Wladimir, 12. April 1994
Die Situation der Landwirtschaft ist schlecht, die neu entstandenen Privatbetriebe sind vielfach zu klein. Bei der Flächenzuteilung werden die privaten von den alten Betrieben benachteiligt. Es gibt aber auch schon

lebensfähige größere Privatbetriebe mit 40 bis 100 Hektar Fläche, die sich nach dem Muster unserer Raiffeisengenossenschaften zusammenschließen wollen.

Ich verspreche Weretennikow, den Deutschen Genossenschafts- und Raiffeisenverband für Wladimir zu interessieren.

Inzwischen hat Bonn Mittel bereitgestellt und durch die Kreditanstalt für Wiederaufbau ein Beratungsprogramm entwickeln lassen. Start in Wladimir: 12. September 1994.

Wladimir, 13. April 1994

Im letzten Winter, so Oberbürgermeister Schamow, sei in Wladimir keiner verhungert oder erfroren. Die Arbeitslosigkeit halte sich noch in Grenzen, weil nicht alle alten Betriebe Personal abbauten. Manche Betriebe schickten Arbeitnehmer in den Urlaub (»Kurzarbeit Null«) und zahlten dann zwei Drittel des bisherigen Lohnes. Andere Großbetriebe gliederten Beschäftigte in mittelständische Unternehmen aus. So sei der Betrieb VECTOR von 600 auf 100 Beschäftigte geschrumpft und habe mit dem übrigen Personal vier kleinere Betriebe gebildet. Auch die Fernsehfabrik in Alexandrow habe sich in kleinere Betriebe aufgelöst. Dies seien keine Einzelfälle.

Die Fernsehfabrik in Alexandrow hatte Erwin Braun, deutscher Senior-Experte, einen Monat lang »vor Ort« bei erbärmlichen Wohnverhältnissen beraten. Länger ließ er sich nicht festhalten, aber seine Arbeit war offenbar nicht umsonst.

Wer arbeitslos werde, so Schamow weiter, erhalte vom Arbeitsamt lediglich zwei Drittel des gesetzlichen Mindestlohnes von derzeit 14 800 Rubeln. Davon könne niemand leben. Um sich ein Zubrot zu verschaffen, versuchten Arbeitslose, in ihren Wohnungen Handwerk zu betreiben. Indessen häuften sich Beschwerden von Nachbarn über Lärmbelästigungen, so daß er die Miliz hinschicken müsse. Ihr Recht dazu entnähmen die Beschwerdeführer angeblich Berichten aus dem Westen.

Lebensfähige neue Unternehmen, die zusätzliche Arbeitsplätze schaffen könnten, gebe es noch zuwenig. Inzwischen hätten sich aber in Wladimir 15 Banken, darunter auch Filialen größerer Moskauer Institute, angesiedelt, und es liefen bereits die ersten Investitionen in das produzierende Gewerbe. Die Zinsen für Rubel-Kredite betrügen zur Zeit 230 Prozent, für Valuta-Kredite 20 Prozent.

Die Lebensmittelversorgung sei gesichert. Früher seien Lebensmittel Mangelware gewesen, heute herrsche Überfluß, obgleich die einheimische Produktion zurückgegangen sei. Der Grund für diese Entwicklung liege darin, daß geschäftstüchtige Händler Lebensmittel aus Moskau und Sankt Petersburg heranschafften, die besser verpackt (Vakuum) und daher appetitlicher und länger haltbar seien. Auch exotische Früchte, Erdbeeren aus Israel, Apfelsinen, Bananen würden importiert, daneben würde einheimisches Gemüse, auch aus Gewächshäusern, angeboten. 15 bis 20 Prozent der Stadtbevölkerung betrieben privaten Gemüseanbau.

Was der Preismechanismus bewirke, mache folgendes Beispiel deutlich: Im Jahr 1990 seien in Wladimir 20 000 Tonnen Kartoffeln produziert worden, 1993 nur noch 2000 Tonnen. Trotzdem gebe es in den Läden mehr Kartoffeln als früher, weil die Ware jetzt in den alten Silos sorgfältig gelagert und gepflegt werde.

Auch er, der Bürgermeister, verhalte sich marktgerecht. 1992 habe die Stadt Kartoffeln einlagern wollen. Die Wladimirer Betriebe hätten 20 Rubel/kg gefordert, was ihm zu teuer gewesen sei. Er habe die Kartoffeln 300 Kilometer weiter für 15 Rubel/kg eingekauft, der Transport habe 2 Rubel/kg gekostet, so daß die Stadt im Ergebnis 3 Rubel/kg gespart habe. Solche Geschäftstüchtigkeit habe er in einem Seminar der F.D.P. (er meinte wohl die Friedrich-Naumann-Stiftung) irgendwo am Bodensee gelernt. Dieser quirlige, kleine, stämmige Mann ist wahrlich ein marktwirtschaftliches Naturtalent, was ich ihm auch diesmal wieder sage.

Ein Problem für angemessene Verbraucherpreise, seien, so Schamow, die vielen Zwischenhändler. Die Bauern erhielten für den Liter Milch 100 Rubel, der Verbraucher zahle jedoch 250 bis 300 Rubel. (Ich mußte an die Schieberzeit in Berlin während der Jahre 1945 bis 1951 denken.) Die Bauern strebten daher Verarbeitung »vor Ort«, möglichst in eigenen Betrieben an. Ich sage, daß dies nur eine Übergangslösung bis zum Aufbau einer leistungsfähigen Verarbeitungsindustrie sein könne.

Im übrigen lobt Schamow unsere Mithilfe bei der Privatisierung in Wladimir. Der Handel mache ihm heute keine Sorgen mehr. Die Folgen der verfehlten Privatisierungspolitik nach amerikanischem Muster (Versteigerung der Geschäfte ohne Ansehen der Person des Käufers und ohne Vorgaben) habe man korrigiert: Manche Geschäfte hätte die Administration zurückgenommen und neu verkauft.

Schamow meint auch, daß neue Arbeitsplätze nur durch neue Unternehmen mit westlichem Know-how geschaffen werden könnten. Bis dahin weigere er sich, den Wohnungsbestand, die Kliniken und die sonstigen sozialen Einrichtungen der alten Staatsbetriebe in kommunale Obhut zu übernehmen. Er setze auf das Paket aus 15 Gesetzen, das der Staatsduma bereits vorliege oder noch vorgelegt werden solle, um auch für ausländische Anleger die Investitionsbedingungen zu verbessern.

Vor der Abreise aus Wladimir sehe ich mir drei Lebensmittelgeschäfte an. Es gibt an Frischwaren Brot, Butter, Käse, Eier, Schweinefleisch, Geflügel, Apfelsinen, Bananen, einheimische Äpfel und Gemüse, frische Treibhausgurken (eine Wladimirer Spezialität), frische Karpfen, dazu Salzheringe und an Räucherwaren Lachs, Makrelen, Sprotten, Heringe und einheimischen Weißfisch (Bleie).

Die Läden sind um die Mittagszeit ziemlich leer. Wie die Geschäfte gingen, frage ich. »Nicht sehr gut, es gibt zu viele Läden«, sagt die Geschäftsführerin. Ob man untereinander die Preise abspreche: »Nein, es gibt Unterschiede.« Mir lacht das Herz.

Im letzten Laden nehme ich das derzeitige Arbeitslosengeld in Höhe von zwei Dritteln des staatlich garantierten monatlichen Mindestlohnes von 14800 Rubel, also 10000 Rubel, in die Hand und frage, was ich dafür bekäme (siehe dazu auch S. 339 f.). Es wären 25 halbpfündige Brote aus Weizenschrot gewesen, also nicht einmal für jeden Tag eines. Ein Brot nehme ich mit nach Berlin und esse es mit meiner Frau.

Moskau, 11. Mai 1994
Die Duma verabschiedet die Regierungsvorlage für den Haushalt 1994 in erster Lesung mit großer Mehrheit. Gaidar und seine Anhänger sind gegen den Entwurf, weil die Annahme eines Haushaltsdefizits von nur 9,5 Prozent des geschätzten Bruttosozialprodukts unrealistisch sei. Die Kommunisten akzeptieren den Entwurf nach dem Motto: »Besser ein schlechter als gar kein Haushalt«. Tschernomyrdin wertet den Abstimmungserfolg als Zeichen beginnender konstruktiver Beziehungen zwischen Regierung und Parlament.

Moskau, 15. Mai 1994
In der Duma zeichnet sich eine Übereinstimmung zwischen den Führern der Kommunisten im Zentrum, den gemäßigt Liberalen um Jawlinskij sowie den stockkonservativen Agrariern und den Schirinowskij-Leuten ab, zumindest nicht offen gegen die Regierung zu arbeiten. Diese Gruppen, voran die Kommunisten, fühlen sich bereits als Sieger der nächsten Wahlen im Dezember 1995. Dagegen scheint Gaidar mit seinem liberalen Marktwirtschaftskurs ins Abseits zu geraten.

Moskau, 16. Mai 1994
Treffen mit Wladimir Gussjew, dem Vorsitzenden des Ausschusses für Industrie, Bau und Verkehr in der Duma. Er ist Professor der Naturwissenschaften, Biochemiker, ordentliches Mitglied der Akademie, wurde in der alten Zeit von Ministerpräsident Kossygin gefördert und hatte damals schon die Erlaubnis, ins westliche Ausland zu reisen. In der Ära Gorbatschow war er einer der Stellvertreter von Ministerpräsident Ryschkow. In die Duma ist Gussjew über die Liste der LDPR (Schirinowskij) gelangt, bemerkt aber gleich zu Beginn unseres Gesprächs, daß er nicht Mitglied dieser Partei sei. Er nimmt mit Befriedigung zur Kenntnis, daß auch ich Professor bin; Professoren seien in der Politik die besten Leute. Ich äußere Zweifel an dieser Ansicht; Professoren seien vorwiegend Analytiker, die Politik brauche Synthetiker. Zustimmung dazu finde ich bei ihm nicht.

Moskau, 17. Mai 1994
Die amtliche russische Statistik läßt die wuchernden grauen Märkte außer Betracht. So ist, bei weiterem Rückgang der Industrieproduktion, der private Verbrauch im ersten Quartal 1994 gegenüber 1993 nach Berechnungen westlicher Berater in Moskau um mehr als 20 Prozent gestiegen.

Moskau, 18. Mai 1994
Michail Kopejkin, Hauptabteilungsleiter für die Wirtschaftsreform im russischen Wirtschaftsministerium

als Nachfolger Burshteins, klagt darüber, daß die Ministerien mit ihren Gesetzentwürfen zur Wirtschaftsreform in Verzug geraten seien. Tschernomyrdin habe kürzlich im Kabinett auf den Tisch gehauen. Dringlich sei das Thema »Auslandsinvestitionen«.

Einen Durchbruch gibt es vielleicht beim Erbbaurecht. Das russische Kabinett hat einen Entwurf beschlossen, der in den Grundzügen dem deutschen Erbbaurecht entspricht und folgendes vorsieht: Kein Grundstücksverkauf an Ausländer, damit spekulative Aufkäufe in der Inflationszeit ausgeschlossen werden. Aber: langfristige Pacht bis zu 99 Jahren.

Allerdings ist der Entwurf in seiner Ausgestaltung eine Katastrophe. Wieder einmal überwiegt die Sorge vor Mißbrauch, so daß der Bürokratie das Recht eingeräumt wird, aus nichtigem Anlaß (z. B. wegen angeblicher Steuerschulden) das Besitzrecht zu widerrufen. Keine Bank würde ein derartiges Besitzrecht zum Pfand für das Investitionsdarlehen nehmen. Ich verfasse zwei kurze Denkschriften, die Jefuni im Präsidentenapparat, bei Tschernomyrdin, im Wirtschaftsministerium und in der Duma verteilt. Hoffentlich hilft es.

Moskau, 19. Mai 1994

Gespräche mit den Spitzen der russischen Autobahn- und Eisenbahnverwaltung über das Projekt einer schnellen Autobahn- und Eisenbahnverbindung zwischen Moskau und Berlin. Die Russen wissen inzwischen: Wenn sie es nicht selbst nachhaltig fordern, kriegen sie das Stück zwischen Moskau und Warschau nicht. Schochin hatte Jelzin »angespitzt«, bei seinem Besuch in Deutschland Mitte Mai dieses Thema auf den Tisch zu legen.

Eine moderne Verkehrsinfrastruktur ist Voraussetzung dafür, daß die russische und die europäische Wirtschaft aufeinander zugehen können. Die Europäische Union würde die Verlängerung der Verkehrswege über Warschau hinaus durch weitere »Wirtschaftlichkeitsstudien« eher verzögern. Natürlich wären eine neue, teurere Autobahn und Eisenbahn nach Moskau zur Zeit nicht »wirtschaftlich«. Dafür brauchen wir keine neuen Studien. Aber ein zunehmender Wirtschaftsverkehr würde sich einstellen, wenn die jetzt völlig unzureichenden Verkehrsverbindungen zunächst verbessert und dann erneuert werden könnten.

Die Planung sollte sofort beginnen, bis zur Fertigstellung vergehen ohnehin viele Jahre. Und die Russen hätten Aussicht auf ein riesiges Arbeitsbeschaffungsprogramm.

Moskau, 19. Mai 1994

Parlamentspräsident Iwan Rybkin antwortet auf meine Frage, was ein Abgeordneter monatlich verdiene: 500 000 Rubel, soviel wie ein Minister. Um in Moskau einigermaßen anständig leben zu können, braucht man eine bis eineinhalb Millionen Rubel. Vielleicht erhalten die Politiker zusätzlich Sachleistungen (Wohnung, Lebensmittel, Auto). Der anläßlich der Putschisten-Amnestie zurückgetretene Generalstaatsanwalt behauptet in der »Moscow Times«, daß auch der Regierungsapparat durch und durch korrupt sei. Es gibt Gerüchte, daß sogar Duma-Abgeordnete bestechlich seien. Ob es stimmt, weiß ich nicht.

Was die russische »Mafia« anbetrifft, so ist bisher kein westlicher Ausländer an Leib und Leben beschädigt worden. Allerdings hat es in Moskau einen Fall gegeben, in dem der Repräsentant eines deutschen Handelsunternehmens mit dem Tode bedroht wurde. Auf diesen Fall kommt unsere Presse immer wieder zurück.

Viele Geschäftsleute scheinen aber Schutzgelder zu zahlen. Auf eine Umfrage der deutschen Botschaft nach Mafia-Kontakten sollen die meisten der deutschen Geschäftsleute gar nicht geantwortet haben. Man arrangiert sich offenbar, wie woanders ja auch.

Moskau, 19. Mai 1994

Gespräch mit Oleg Baguirow, dem geschäftsführenden Vizepräsidenten der TOKO-Bank. Ich sage: Sie verlangen von uns, daß wir unser Geld nach Rußland tragen. Und Sie, die russischen Banken selbst, investieren ihr Geld in lukrative und sichere Handelsgeschäfte, aber nicht in die Güterproduktion. Andere bringen das Geld in die Schweiz. Baguirow erwidert, er investiere »in Energie und Computer«. Alles sichere und einträgliche Engagements, sage ich, die der Masse der Bürger unmittelbar nichts bringen.

»Wer aber finanziert die Wurstfabrik in Wladimir? Wenn Sie nicht mitmachen, gehe ich nacheinander zu allen Moskauer Banken, aber dann wird nicht die TOKO-Bank die Nase vorn haben.« Ich werde mit Respekt verabschiedet. Jefuni, meinem Dolmetscher, stehen Schweißperlen auf der Stirn.

Moskau, 21. Juni 1994

Pressekonferenz mit 25 russischen und westlichen Journalisten. Das Thema, mit dem ich bei allen Gesprächspartnern gut ankomme, ist immer das gleiche: »Wir Deutschen sind euch räumlich und auch sonst am nächsten. Ihr wollt die soziale Marktwirtschaft, wir haben in zwei Inflationen und jetzt beim Aufbau in den neuen Bundesländern Erfahrungen gesammelt. Wir wollen helfen, weil es uns auf Dauer nur dann gutgehen kann, wenn es auch Rußland gutgeht. Außerdem reizt uns der riesige Markt, der nach zivilen Gütern hungert.«

Gute Resonanz in der Moskauer Presse.

Moskau, 23. Juni 1994

Ministeriale klagen darüber, daß die Reformen innerhalb der Regierung nicht vorankämen. Ihre Vorlagen würden »oben« oft ins Gegenteil verkehrt.

Mein Eindruck nach Dutzenden von Gesprächen: Ein großes Problem für die Reformen scheinen gegenwärtig der Präsidentenapparat und die Regierung zu sein. Richtungskämpfe werden auch in der

Duma ausgetragen. Aber Präsidentenapparat und Regierung, die die Reformen vorantreiben müßten, lassen jegliche klare Linie vermissen. Und niemand scheint zu wissen, wo die Hemmschuhe sitzen. Die auffällige Arroganz der Exekutive gegenüber dem Parlament ist wohl auch darauf zurückzuführen, daß man die demokratische Teilung der Macht noch nicht verinnerlicht hat.

Boris Solutuchin, den Stellvertreter Gaidars in der Fraktion »Demokratische Wahl Rußlands«, frage ich, weshalb die liberalen Kräfte in der Duma sich nicht zusammenschlössen, um ihren Einfluß zu steigern. Seine Antwort: In der Duma gebe es noch zu wenige professionelle Politiker.

Moskau, 24. Juni 1994

Mit Jewgenij Jasin, dem Vertrauten Jelzins, und seinem Chefökonomen, Igor Lipsits, bin ich in Gesprächen über eine russische Version des deutschen Erbbaurechts. Echtes Privateigentum an Grund und Boden für Ausländer läßt sich gegenwärtig in Rußland nicht durchsetzen. Westliche Investoren brauchen aber einen gesetzlich geregelten Zugriff auf Grund und Boden, damit Bankkredite abgesichert werden können. Jasin interessiert jetzt besonders die Frage, wie die Wertsteigerung des verpachteten Grund und Bodens in der Inflation durch laufende Erhöhungen des Erbbauzinses aufgefangen werden könnte. Bei uns wird dieses Problem durch Gutachterausschüsse gelöst, die in regelmäßigen Abständen die

Wertsteigerungen erfassen, was sich dann auf den Pachtzins auswirkt.

Ich leite Jasin von Berlin aus eine entsprechende Stellungnahme zu, bei deren Abfassung mich eine Frankfurter Anwaltskanzlei – kostenlos – unterstützt hatte. Bei solchen Papieren geht es vor allem darum, daß sie rasch kommen. Wenn wir laufende Überlegungen bei den russischen Partnern beeinflussen wollen, müssen unsere Papiere – einschließlich mundgerechter Übersetzung ins Russische – binnen weniger Tage vorliegen. So höre ich es z. B. auch im russischen Wirtschaftsministerium immer wieder.

Moskau, 9. Oktober 1994

Goldener Oktober in Moskau. Sonnenschein! Die Farben wirken intensiver als sonst. Die Temperaturen liegen höher als in Berlin.

Die Duma hat begonnen. Treffen mit meinem »Pfadfinder« in der Duma, Alexej Tschumitschow. Drei wichtige Reformvorhaben stehen in der Duma zur Beratung an: ein neues Steuerrecht, das neue Kreditwesengesetz sowie der erste Teil des Bürgerlichen Gesetzbuches, das auch Grundansätze für ein neues Bodenrecht enthält (Privateigentum, Nießbrauch, langfristige Pacht).

Moskau, 10. Oktober 1994

In die Reform des russischen Steuerrechts scheint Bewegung zu kommen. Zwei Konzepte liegen der

Duma vor: eines aus dem russischen Finanzministerium, das nach dem Motto »möglichst viele und möglichst hohe Steuern« fiskalistisch ausgerichtet ist, sowie ein liberaleres Modell aus der Duma.

In der Duma wurde eine »Gruppe Steuern« gebildet, in der aus dem Präsidentenapparat Alexander Lifschitz, aus dem Finanzministerium ein Stellvertreter des inzwischen gefeuerten Finanzministers Dubinin, Alexaschenko, sowie zwei Abgeordnete aus der Duma, Potschinok und Kuschnar, sitzen.

Der Vorsitzende des Finanzausschusses der Duma, Sadornow, gibt sich optimistisch. Die Spareinlagen der Bevölkerung wüchsen, und es sammele sich auf diese Weise privates Investitionskapital an. Auch der Staat wolle im Haushalt 1995 die Ausgaben für Investitionen erhöhen. Der Kapitaltransfer ins Ausland habe sich in der letzten Zeit vermindert; die russischen Banken rüsteten sich für Investitionen im Inland. Vordringlich sei daher die Verabschiedung eines investitionsfreundlichen Steuerrechts, des Kreditwesengesetzes, eines Sparer-Schutzgesetzes, eines Gesetzes zur Errichtung eines Einlagensicherungsfonds sowie zur Regulierung des Wertpapiermarktes.

In Rußland dauere alles länger. Das Land sei riesengroß, und dementsprechend sei auch die Trägheit groß. Im Augenblick sei jeder mit sich selbst beschäftigt, viele wollten schnell reich werden oder wenigstens überleben. Die Japaner sagten, in Rußland herrsche eine »Wirtschaft der natürlichen Personen«. Die Politik sei noch zu wenig professionell, als daß es gelingen könnte, die unterschiedlichen Interessen auszugleichen, um so zu einer wirtschaftspolitischen Linie zu kommen. Der Kampf um die marktwirtschaftlichen Startpositionen dauere noch an.

Die Inflation steige wieder an, weil sich jetzt die Beträge auswirkten, die ab Mai an die Landwirtschaft und an das Militär gezahlt worden seien. Davon abgesehen, sei die Finanzpolitik in den letzten Monaten in Ordnung gewesen. Ungesicherte Kredite an marode Staatsbetriebe seien nicht mehr vergeben worden. Gleichwohl halte sich die Arbeitslosigkeit in Grenzen. Viele Betriebe hätten noch finanzielle Polster, außerdem gebe es für jeden, der arbeiten wolle, genügend Betätigungsfelder. Die Leute werkelten, allein oder in Grüppchen, in ihren alten Betrieben an neuen Produkten. Die Schattenwirtschaft habe einen enormen Umfang erreicht, und es sei erfreulich, wie rasch der Markt sich in den Köpfen der Leute durchgesetzt habe.

Sadornow, noch jung, zupackend, gehört in der Duma zur gemäßigt liberalen Gruppe um Jawlinskij und hat drei Stellvertreter: Potschinok (Demokratische Wahl Rußlands), Kulig (Agrarpartei), Schuk (Schirinowskij-Liste). Die Vorsitzenden der sieben Unterausschüsse des Finanzausschusses, darunter meine Freunde Kuschnar und Medwedjew, seien nicht nach dem politischen Proporz, sondern nach ihren fachlichen Qualitäten bestellt worden.

Abends treffe ich Alexej Sebenzow, den Ersten Stellvertretenden Vorsitzenden des Regierungsapparates, Partner aus meinen ersten Tagen in Moskau. Er nennt als die wichtigsten Gesetzesvorhaben das neue

Steuerrecht, das Bürgerliche Gesetzbuch sowie das neue Gesetz über das Kreditwesen. An all diesen Vorhaben sind deutsche Berater beteiligt. Einen Musterentwurf für ein modernes Steuerrecht hat das Bundesfinanzministerium durch Professor Lang, Leiter des Steuerinstituts an der Universität Köln, ausarbeiten lassen. Am Bürgerlichen Gesetzbuch haben, wie ich von Professor Bergmann von der Deutschen Stiftung für Internationale Rechtliche Zusammenarbeit weiß, zeitweise bis zu acht deutsche Experten mitgewirkt. Am Entwurf des russischen Bankengesetzes hat Wolfgang Kuntze, ehemaliger Präsident des Bundesaufsichtsamtes für das Kreditwesen, mitgearbeitet.

Sebenzow meint, daß in der Regierung kaum jemand eine Steuerreform wirklich wolle. Die Not der öffentlichen Kassen sei zu groß. Die Einnahmen blieben weit hinter den Ansätzen zurück, und immer wieder werde die Ausgabenseite durch neue Zahlungen belastet. Intellektuell sei sich die Regierung darüber im klaren, daß Steuersenkungen nötig wären, um Investoren zu ermuntern. Sie habe jedoch nicht die finanzielle Luft, um auch nur vorübergehende Steuereinbußen in Kauf zu nehmen. Dieser Teufelskreis sei gegenwärtig nicht zu durchbrechen. Die Duma, in der viele für die Staatsfinanzen keine Verantwortung empfänden, werde vielleicht Steuersenkungen beschließen und sich womöglich zugleich für höhere Sozialausgaben aussprechen. Aber solange die Exekutive, in deren Hand die Vollziehung der Gesetze liege, nicht mitspiele, werde es eine klare neue Linie nicht geben.

Im Grunde sei es der Reichtum Rußlands, seien es die unerschöpflichen natürlichen Ressourcen des Landes, die diese Wirtschaftspolitik möglich machten. Die russische Wirtschaft könne so noch jahrelang dahindümpeln. Anders stehe es zum Beispiel um Japan, das über keinerlei natürliche Ressourcen verfüge und sich deshalb ein wirtschaftspolitisches Laisser-faire nicht leisten könnte. Ich pflichte ihm bei: Auch im Westen ließen sich wirkliche Reformen erfahrungsgemäß immer erst dann durchsetzen, wenn eine Staatspleite drohe.

In der Steuerfrage mache ich wiederum unsere Auffassung geltend, daß Steuersenkungen zu höheren Investitionen und dadurch alsbald auch zu höheren Steuereinnahmen führen würden. Auch könne ein solches Signal das Vertrauen in die russische Wirtschaftspolitik schlagartig stärken und, wenn etwa eine Reform des Bodenrechts und eine Neuordnung des Bankwesens hinzuträten, einen steigenden Zufluß in- und ausländischen Kapitals in Gang setzen.

Sebenzow ermuntert mich, diese Gedanken weiterhin in Moskau auszustreuen. Inzwischen sprach ich mit einem Weggefährten Ludwig Erhards, dem früheren Staatssekretär im Bundeswirtschaftsministerium, Wolfram Langer, und mit einem alten Bekannten aus dem Bundesfinanzministerium. Wir suchen nach knackigen Beispielen aus den Anfängen der Bundesrepublik Deutschland, die die These belegen, daß Steuersenkungen alsbald zu höheren Steuereinnahmen führen. Langer hatte, als ich ihn anrief, nur die Sektsteuer parat.

Moskau, 11. Oktober 1994
»Schwarzer Dienstag«, der Kurs des Rubels gegenüber dem Dollar fällt um fast 30 Prozent. Ich halte mich zufällig in den Räumen der Kommunistischen Partei Rußlands in der Duma auf. Walentin Alexandrowitsch Kupzow, der Fraktionsführer der Kommunisten, ist sichtlich entsetzt, als die Nachrichten über den Absturz des Rubels eintrudeln. Er meint, daß es eine Staatskrise geben werde.

Mittags empfängt mich Gennadij Sjuganow, der Vorsitzende der Kommunistischen Partei Rußlands, in seinem Büro in der Duma. Er zeigt sich gelassen. Über die aktuellen Turbulenzen sprechen wir kaum. Gerade auch die Kommunisten hatten für den Haushalt 1994 höhere Staatsausgaben für die Landwirtschaft und das Militär gefordert.

Natürlich sagt auch Sjuganow, daß hinter dem Verfall des Rubelkurses die russische Zentralbank stünde. Diese Ansicht ist überall in Moskau zu hören, zumal eine Aufwertung des Dollars den Schuldendienst der Bank erleichtert und die Situation der russischen Exportwirtschaft stärkt.

Spürbar betroffen sind an diesem Tag in Moskau nur die Verbraucher westlicher Produkte. So werden zum Beispiel die Preise für Marlboro-Zigaretten, Snickers und Orangensaft bis zu dreimal erhöht.

Als ich am folgenden Tag in Wladimir bin, hat man dort den Kursverfall des Rubels kaum zur Kenntnis genommen. Die Wladimirer Bevölkerung fragt relativ wenig nach Westware. Allerdings sollen Ladenbesitzer die Gelegenheit genutzt haben, die Preise generell zu erhöhen. Solche »Mitnahmeeffekte« kennen auch wir im Westen.

Nachdem der Rubelkurs sich im Laufe der Woche wieder stabilisiert hat, sagen mir meine Fahrer in Moskau, sie sparten ihr Geld natürlich in Dollar, hätten am »Schwarzen Dienstag« Dollars im Verhältnis 1 : 4000 in Rubel umgetauscht, am nächsten Tag den Dollar für 3000 Rubel zurückgekauft und so ein Geschäft gemacht.

Sjuganow betont, daß er an einer Staatskrise nicht interessiert sei. Das Land brauche jetzt Ruhe. Gegen den Strich gingen ihm das Elend der kleinen Leute, der Zerfall des alten Sowjetreiches, die Unordnung im Lande und die Schamlosigkeit, mit der viele sich bereicherten.

Er fragt, wie ich die Entwicklung der russischen Wirtschaft einschätzte und welche Empfehlungen ich für seine Partei bereithielte.

Wir sind uns im Gespräch rasch einig, daß ein Zurück zur Staatswirtschaft nicht in Betracht kommt. Wenn Rußland, so sage ich ihm, seine Stellung in der Welt als Großmacht behalten wolle, dürfe die Wirtschaftspolitik nicht an antiquierten sozialistischen Vorstellungen hängen. Die russischen Kommunisten müßten einen breiten Privatsektor akzeptieren. Da ich spüre, daß Sjuganow ein offenes Wort schätzt, sage ich ihm auch, daß ja die Kommunistische Partei den Niedergang der russischen Wirtschaft zu verantworten habe und daß sie sich jetzt etwas Neues einfallen lassen müsse. Ich gebe zu, daß ich zum gegenwärtigen Zeitpunkt eine Privatisierung der Stahlindustrie und der Öl- und Gasindustrie für verfrüht, auch daß ich den »Kapitalismus pur« amerikanischer Berater für übertrieben hielte und daß ich Rußland zu einer sozialen Marktwirtschaft nach kontinentalem Muster riete.

Vor allem aber sollten die Kommunisten sich von Schirinowskij und auch von den Faschisten fernhalten und, wenn sie in der Duma Alternativen bilden wollten, einen Mitte-Links-Block unter Einschluß der gemäßigt Liberalen um Glasjew und Jawlinskij anstreben. Und als Gegenkandidaten zu Jelzin sollten sie nicht auf ausgewiesene Verlierer zurückgreifen, sondern sich einen Mann suchen, der von allen Gruppierungen im Parlament respektiert würde. Als deutsches Beispiel für eine solche Persönlichkeit nenne ich, weil er für Sjuganow ein Begriff ist, unseren früheren Bundespräsidenten Richard von Weizsäcker.

Es wird ein langes Gespräch, das Sjuganow immer wieder aufnimmt. Wie schon früher bei Kupzow, habe ich auch bei ihm den Eindruck, daß er konzeptionell nicht festgefahren und für neue Ideen und Anregungen offen ist. Am Schluß überreicht er mir sein gerade erschienenes Buch. Dabei beklagt er sich darüber, daß er in Deutschland nicht zur Kenntnis genommen werde. In den USA, wo er sich öfter aufhalte, fänden seine Vorstellungen überall Beachtung. Ich sage ihm dazu, daß die deutschen Kommunisten sich stets gegen die Demokratie gestellt und sie bekämpft hätten. Ein Kommunist sei für uns immer noch einer, der ein bluttriefendes Messer quer zwischen den Zähnen halte. Sjuganow lacht.

Sjuganow gibt sich wie sein Fraktionsführer Kupzow als – sozusagen – »liberaler« Kommunist. Draußen haue er stärker auf die Pauke, um seine Schäfchen zusammenzuhalten.

Ich halte Sjuganow nicht für destruktiv, und angesichts der wirtschaftlichen Situation Rußlands und des schleppenden Fortgangs der Reformen ist es nicht ausgeschlossen, daß die Kommunistische Partei in Zukunft eine Rolle spielen wird. Wir sollten daher die Kommunisten nicht ausgrenzen. Jedenfalls werde ich auch weiterhin im Gespräch mit ihnen bleiben.

Wladimir, 12. Oktober 1994

Gespräch mit der Gesetzgebenden Versammlung, dem Regionalparlament von Wladimir. Das Landesparlament hat 20 Mitglieder, großenteils Kommunisten. Den Vorsitzenden der Gesetzgebenden Versammlung Nikolaj Winogradow hatte ich im September bei einer Präsentation Wladimirs in Bonn kennengelernt und diesen Besuch mit ihm verabredet.

Zwischen der Administration von Wladimir und der Gesetzgebenden Versammlung gab es immer wieder Reibereien. Gouverneur Wlassow und Vizegouverneur Weretennikow sind daher froh, daß ich einen Vermittlungsversuch unternehmen will.

Das Gespräch findet im Sitzungssaal der Gesetzgebenden Versammlung im obersten Stockwerk des Weißen Hauses von Wladimir statt. Der Vorsitzende Winogradow, sein Stellvertreter Jewgenij Iljuschkin sowie sämtliche Ausschußvorsitzenden und fast alle

Abgeordneten sind anwesend. Auch Gouverneur Wlassow sowie einige Dutzend Zuhörer nehmen an der Sitzung teil.

Nach der Begrüßung erteilt mir der Vorsitzende das Wort. Da ich in den Gesichtern viel Zurückhaltung und Skepsis sehe, steige ich sehr vorsichtig ein. »Deutschland und dem Westen Europas kann es nicht gutgehen, wenn es nicht auch Rußland gutgeht« und »Rußland braucht seine eigene Marktwirtschaft, die mit seiner Geschichte und seinen Traditionen übereinstimmt«, sind meine ersten Sätze. Da werden die Gesichter schon freundlicher, und nach meinem etwa halbstündigen Vortrag hagelt es Fragen, obgleich Winogradow mir vorher gesagt hat, ich solle mich nicht wundern, wenn die Versammlung schweigend verharren würde.

Schon die ersten Diskussionsbeiträge zeigen, daß in der Versammlung viel Mißtrauen gegenüber einem westlichen Engagement in Wladimir vorhanden ist. Von »Ausverkauf« ist die Rede, vom Ruin der einheimischen Betriebe durch westliche Konkurrenz sowie davon, ob deutsche Investoren die Wladimirer Betriebe nicht wieder verlassen würden, wenn ihnen die Administration (!) nicht die benötigten Vormaterialien und Ersatzteile zur Verfügung stellen könne. Ich setze diesen Ängsten den Gedanken eines »Einkaufs« von Arbeitsplätzen und Wohlstand entgegen.

Nachdem das Eis gebrochen ist und Winogradow und Wlassow neben mir spürbar aufgeatmet haben, ergibt sich ein angeregtes Frage- und Antwortspiel, das der Vorsitzende schließlich unterbrechen muß, weil draußen die Wladimirer Presse wartet. Zum Schluß das Abschiedsessen mit Wlassow, Weretennikow, Winogradow und seinem Stellvertreter Iljuschkin. Alle halten Tischreden und betonen die deutsch-russische Freundschaft. Ich verspreche, in Zukunft auch der Gesetzgebenden Versammlung regelmäßig zu Gesprächen zur Verfügung zu stehen. Winogradow und Iljuschkin stellen in Aussicht, daß die Gesetzgebende Versammlung alsbald ein Paket von Investitionserleichterungen für Wladimir verabschieden werde.

Moskau, 31. Oktober 1994

Langes Gespräch mit Gennadij Sjuganow. Der Mißerfolg des Mißtrauensvotums gegen die Regierung am 27. Oktober scheint ihn nicht sonderlich zu treffen. Die Kommunisten haben kein Konzept außer ihren Klagen über den schlechten Zustand der russischen Wirtschaft.

Wir sprechen wiederum über einen Mitte-Links-Block, über das Fehlen einer großen »Sozialdemokratischen Partei« Rußlands. Sjuganow nennt einige Namen, vorwiegend Chefs von ehemaligen russischen Staatsbetrieben, die in der politischen Szene Moskaus unbekannt sind. Ich rate ihm nochmals, auf neue, unverbrauchte Leute zu setzen. Er fragt mich nach Namen, aber ich lasse mir nichts aus der Nase ziehen. Als Außenseiter weiß ich auch gar nicht, wer als hoffnungsvoller Kandidat für eine neue Mitte-Links-Gruppierung in Betracht kommen könnte.

Moskau, 1. November 1994

Jewgenij Jasin, laut Visitenkarte jetzt Chefökonom des Präsidenten, inzwischen Wirtschaftsminister, empfängt mich sehr freundschaftlich in seinem neuen Büro. Wir sprechen über den Sparkurs, den die Regierung im Haushalt 1995 fahren will. Auch über Alexander Solschenizyn sprechen wir.

Solschenizyns Rede in der Duma wurde ja bei uns in Deutschland, soweit sie überhaupt Beachtung fand, eher als das weltfremde Gefasel eines alternden Literaten abgetan. So wie wenn einer mitten in der Woche im Plenum des Bundestages Moral predigen wollte.

Ich suchte die Unterhaltung mit Jasin über Solschenizyn. Am Montagabend hatte ich in Moskau den »Spiegel« mit dem Solschenizyn-Gespräch gekauft. Jetzt wollte ich hören, wie Jasin, den ich als klugen Gesprächspartner mit abgewogenem Urteil kennengelernt habe, zu diesem Mann steht.

Jasin sagt, es koste Zeit, in Rußland Demokratie zu verwirklichen. Die Leute hätten – wie schon ihre Väter und Großväter – nie gelernt, für sich selber einzustehen. Das Land brauche – so Jasin – Persönlichkeiten wie Solschenizyn. Männer wie Solschenizyn seien dazu berufen, eine neue Moral in Rußland zu prägen.

Moskau, 11. Dezember 1994

Es ist Sonntag. Mittags Ankunft aus Berlin auf dem schon verschneiten Moskauer Flughafen. Die Lufthansa-Maschine ist jetzt immer gut besetzt, nachdem die Konkurrenz-Linie Aeroflot ihre Preise auf westliches Niveau angehoben hat.

Tschumitschow wartet schon im Hotel, um Termine zu besprechen. Bereits am Nachmittag zwei Interviews, das eine mit der Zeitung »Kommerssant Daily« über meine Bemühungen um den Bau einer schnellen Autobahn- und Eisenbahnverbindung zwischen Moskau und Berlin, das andere mit dem zweiten russischen Fernsehen über Wirtschaftspolitik.

Moskau, 12. Dezember 1994
Morgens höre ich mir die Klagen eines deutschen Mittelständlers in Moskau, Rolf Niemann, über die Sturheit der deutschen Banken an. Trotz seines florierenden Geschäfts erhalte er keinen Kredit für Erweiterungsinvestitionen. Er übergibt mir folgenden Bericht über seine Erfahrungen in Rußland:

UMGANG MIT DEN BÜRGERN

Positives

In der Regel sehr gastfreundliche und warmherzige Aufnahme bis in den Familienkreis. Die Zuneigung insbesondere zu Deutschen ist in vielen Menschen tief verwurzelt.

Die politischen Altlasten sind zwar im Bewußtsein der Leute noch vorhanden, werden jedoch sehr differenziert gesehen und nicht verallgemeinert. Hier ist im Gegensatz zu meinen Erfahrungen in Frankreich, Holland und anderen westlichen Ländern eine größere Objektivität zu verzeichnen. Der Kontakt und die Freundschaft mit der Bevölkerung sind eine große Bereicherung. Viele Deutsche könnten die Nähe zu ihren Mitmenschen wiederfinden, die in unserer Gesellschaft teilweise verlorengegangen ist. Das kulturelle Wissen und die Allgemeinbildung sind besser als bei uns.

Negatives

Niedriger Lebensstandard, schlechte Versorgung der Bevölkerung, schlechte Telekommunikation, Alkoholprobleme, teilweise mangelhafte medizinische Versorgung und menschenunwürdige Verhältnisse in den Kliniken, die Altersversorgung deckt nicht die Bedürfnisse und steht nicht im Einklang mit den explodierenden Kosten im Kommunalbereich, mangelnde Hygiene im Sanitärbereich, schlechte Straßen, mangelhafte Technik in den Fabriken und daher schlechte Atemluft und schlechtes Trinkwasser.

Stellungnahme zum Geschäftsbereich

Positives

Großer Bedarf in allen Bereichen und Branchen. Besonders zu erwähnen ist der Agrarbereich, der Leichtbaubereich (Fertigungsmaschinen aller Art), Autoindustrie, Öl verarbeitende Industrie, Logistik und Servicebereich. Gastronomie, Veredelung von Produkten, Reparaturen von Autos und Maschinen aller Art. Sehr interessant ist der Gebrauchtmarkt für Maschinen.

Negatives

Ständige Gesetzesänderungen und immer neue Verordnungen. Keine Expansionsmöglichkeiten für kleine, finanzschwache Unternehmen wegen mangelhafter Unterstützung durch westliche Banken (Länderrisiko, Nichtanerkennung der in Rußland befindlichen Vermögensgegenstände). Kleinere Firmen können die Aufbauphase von mindestens zwei Jahren finanziell nicht durchstehen.

Vormittags bei Beljaew, dem Chef der russischen Konkursagentur. Für ihn habe ich zwei erfreuliche Nachrichten:

Erstens: Die Bewilligung der von ihm beantragten TACIS-Mittel für die Ausbildung russischer Konkursverwalter kommt in Brüssel voran.

Zweitens: Der Bericht des Leipziger Rechtsanwaltes und Konkursverwalters Michael Frege über die Vermögensverhältnisse und Sanierungsaussichten des russischen Betriebes »ELVAX« ist fertiggestellt. Beljaew hat die Unterlagen inzwischen per Fax erhalten.

Michael Frege ist im Auftrag des deutschen Beirats der russischen Konkursagentur tätig geworden. Beljaew hatte sich diesen Beirat aus Konkursverwaltern und Sanierungsexperten, die in den neuen Bundesländern Erfahrung gesammelt haben, gewünscht. Das Bundesfinanzministerium hatte im Rahmen unserer technischen Hilfe Finanzierung zugesagt.

Volker Grub und Jobst Wellensiek, zwei der bekanntesten deutschen Konkursverwalter und Sanierer, hatten sich bereit erklärt zu helfen und kooptierten einige weitere Experten, darunter Michael Frege, hinzu. Frege war nach der deutsch-deutschen Wende als junger Rechtsanwalt mit Frau und Kindern vom Rhein nach Leipzig gegangen und ist dort auch als Konkursverwalter tätig.

Wir ließen Beljaew den ersten zu untersuchenden Betrieb selbst auswählen, um bei Mißerfolg nicht ins Obligo zu geraten. Die russische Konkursagentur hat Tausende von Betrieben »auf Lager«, die sie für zahlungsunfähig erklärt hat und die der Sanierung oder der Auflösung harren.

Frege und ein Mitarbeiter haben »ELVAX« im November 1994 eine Woche lang auf Herz und Nieren geprüft und darüber nach allen Regeln der Kunst einen vierzigseitigen Bericht mit einem dicken Anlagenband angefertigt. Für Beljaew und seine Mitarbeiter ist das eine große praktische Hilfe. Sie können jetzt sehen, wie man es macht.

Mittags in der Duma. Gespräch mit Boris Solutjuchin, dem Stellvertreter Gaidars. Sorge bereitet der heraufziehende Tschetschenien-Konflikt. Die Meinungen darüber, ob Präsident Jelzin gut daran getan hat, das Militär in Marsch zu setzten, sind geteilt. Gaidar hat sich gegen den Präsidenten gestellt, Fjodorow aber, auch ein liberaler Reformer, schlug sich auf die Seite Schirinowskijs, der für die Militäraktion ist.

Nachmittags Besuch bei der Menatep-Bank, einer der großen und angesehenen Moskauer Banken. Der

Gründer und Chairman of the Board, Michail Hodorkowskij, ein sympathischer, dynamischer Dreißiger, sagt, daß er für die neue russische Unternehmergeneration fast schon zu alt sei. Wer über Vierzig sei, schaffe die Wende im Kopf nicht mehr. So seien es die Älteren, die ihr Geld in den Westen brächten, weil sie keinen Mut zum Risiko hätten. Bei den Banken komme es darauf an, wie alt die Spitzenmanager seien. Er verachte diese Leute, ebenso die Monetarismus-Fetischisten, die nicht sehen wollten, daß sie dem Ausverkauf Rußlands Vorschub leisteten. Auch seine Bank habe einiges Geld auf westlichen Konten, aber nur so viel, wie nötig sei, um westlichen Geschäftspartnern bei Bedarf Sicherheiten bieten zu können. Rußland brauche neue Unternehmen und ein investitionsfreundliches Steuer- und Bodenrecht. Seine Bank habe unter anderem eine Niederlassung in Wladimir gegründet und investiere dort in die Produktion. Der Engpaß sei nicht etwa der Kapitalmangel, sondern die Managementkapazität. Er könnte mehr investieren, wenn er mehr geeignete Projektmanager hätte. Wir sprachen über die neuen Bundesländer, wo dieser Engpaß sich ebenfalls gezeigt hat.

Am nächsten Morgen wollte ich Hodorkowskij mit Vizegouverneur Weretennikow zusammenbringen, der mir seinen und Wlassows Besuch für 9 Uhr angekündigt hatte. Hodorkowskij erschien pünktlich im Hotel, aber Wlassow und Weretennikow waren auf der Fahrt von Wladimir nach Moskau im Schnee steckengeblieben.

Abends besucht mich Dieter Feuerstein, Beauftragter der Bundesregierung für humanitäre Hilfe. Er sucht deutsche Investoren für russische Müll-Recycling-Anlagen.

Zwischendurch Besprechung mit Kurt-Dieter Wagner, Abteilungsleiter im Bundesfinanzministerium a. D., der den Kontakt zu den Steuerrechtlern in der Duma pflegen soll. Wagner entwickelt die gute Idee, mit unserer Beratungshilfe vor allem bei der Ausbildung der russischen Steuerbeamten anzusetzen. In der Durchführung der Steuergesetze liegt in der Tat das Hauptproblem für westliche Investoren. Erfreulicherweise kümmern die Bonner Ministerien sich jetzt mehr um die Abgeordneten der Duma und nicht nur um ihre Kollegen in den Moskauer Ministerien.

Moskau, 13. Dezember 1994

Vom Morgen bis zum Nachmittag in der Duma. Gespräche mit Kuschnar über die Steuerreform, mit Starikow über das Bodengesetz, mit Jurij Rodjonow (Neue Regionalpolitik) über die allgemeine Lage und mit Kupzow und seinem Vordenker Saweljew über das Programm der Kommunistischen Partei, das auf dem Parteitag im Januar verabschiedet werden soll.

Fazit der Gespräche in der Duma: Die Reformprozesse kommen nur langsam voran. Das Zivilgesetzbuch hat der Föderationsrat gestoppt, das neue Steuerrecht soll im Mai 1995 in der Duma behandelt werden. Inzwischen liegen drei Entwürfe vor, die mir Kuschnar mitgibt und die ich an Wagner weiterreiche. Das Bodengesetz ist ebenfalls ins Stocken geraten.

Auch der Haushalt 1995 soll erst im neuen Jahr abschließend behandelt werden.

Nachmittags eine Stunde Interview mit dem Ersten russischen Fernsehen. Man wolle daraus, so der Interviewer, mehrere Sendungen zusammenschneiden. Abends besuche ich Krasawtschenko, meinen ältesten Freund in Moskau. Ich bitte ihn, eine arabische Investorengruppe zu empfangen, die sich an mich gewandt hat, sowie um die Vermittlung von Kontakten in puncto Autobahn und Eisenbahn Moskau–Berlin.

Abendessen – besser: Nachtessen – mit einem russischen Jungunternehmer, Alexej Schulus, dessen Ausbildung in Deutschland, wie er erzählt, der Rotary-Club in Wuppertal organisiert hat, sowie zwei jungen Wissenschaftlern aus der Moskauer Finanzakademie und dem Institut für Weltwirtschaft, Andrej Judanow und Wladimir Gutnik. Auch Tschumitschow, mein Pfadfinder, ist dabei. Thema: Was ließe sich für die Intensivierung der deutsch-russischen Wirtschaftsbeziehungen noch tun? Wir wollen uns im Januar wieder treffen.

Moskau, 14. Dezember 1994

Ein deutscher Mittelständler, der im Juni 1993 an meiner ersten Wladimir-Exkursion teilgenommen hatte und inzwischen ein Verkaufsbüro in Wladimir unterhält, hat bei einem Wladimirer Handelshaus 100 000 Dollar Außenstände, die nicht bezahlt werden. Er fragt, was er tun soll. Jefuni rät ihm, mit Unterstützung eines Wladimirer Rechtsanwalts den Rechtsweg zu beschreiten.

Mittags in der deutschen Botschaft. Das Gespräch mit Georg Boomgaarden, dem Wirtschaftsgesandten, ist – wie immer – ein Gewinn. Wir tauschen fast jedesmal, wenn ich in Moskau bin, Informationen und Bewertungen aus. Manchmal frage ich mich, warum man uns Rufer in der Wüste am Rhein so schlecht hört.

DER REFORMPROZESS IST UNUMKEHRBAR

Private Investitionen

Rußland ist ein riesiger, für zivile Produkte noch völlig unerschlossener Markt, der direkt vor unserer Tür liegt. Die Arbeitskräfte sind technisch gut ausgebildet und, wenn sie eine Perspektive erkennen, hoch motiviert. Überdies sind die Löhne noch niedrig. Wer sich jetzt ein Standbein in Rußland sichert, hat die Nase vorn, wenn die russische Binnenwirtschaft anspringt.

Westliche Unternehmen beklagen den Devisenmangel der Partner, die politische und wirtschaftliche Instabilität, Rechtsunsicherheit, unklare Kompetenzen und Eigentumsverhältnisse, die fortschreitende Inflation, eine schlechte Zahlungsmoral und Vertragstreue der Geschäftspartner sowie Mängel im Transportwesen und in der Kommunikation. Die westlichen Direktinvestitionen in Rußland sind daher immer noch »Peanuts«, verglichen mit dem Kapital, das in anderen Teilen Osteuropas investiert wurde. Allerdings sind die amtlichen Zahlen mit Vorsicht zu genießen. Ich weiß von einem soliden deutschen Mittelständler, der allein 1993 in Rußland mehr investiert hat, als die Statistik für die gesamte deutsche Wirtschaft ausweist (zehn Millionen Mark).

Meine Tätigkeit in Moskau ist vor allem darauf ausgerichtet, den Beamten und Politikern klarzumachen, daß sie die Rahmenbedingungen für in- und ausländische Investoren verbessern müssen. Dabei geht es ja nicht nur darum, Investoren aus dem Westen zu gewinnen, sondern auch um die Aktivierung der Milliarden Dollar russischen Kapitals, das auf westlichen Konten liegt oder innerhalb Rußlands im Sparstrumpf steckt. Dieses Geld wartet darauf, in Rußland lohnende und sichere Investitionen zu finden.

Für den zupackenden Unternehmer ist Rußland das Land der unbegrenzten Möglichkeiten. In zahlreichen Regionen gibt es reformfreudige Gouverneure. Viel Sorgfalt muß man allerdings auf die Auswahl des Partners verwenden. Auch rechtzeitige Rechtsberatung, am besten durch einheimische Praktiker, ist wichtig: Wer in Rußland als Unternehmer tätig werden will, muß eine Vielzahl von föderalen und regionalen Rechtsnormen beachten, die oft nicht in den Gesetzen stehen, sondern in teilweise widersprüchlichen Erlassen, Verordnungen oder Verwaltungsanweisungen verstreut sind. Die Behörden wenden diese Normen rigide an, über eine vernünftige Anwendung verhandeln kann man mit ihnen kaum.

Als Grundlektüre seien folgende Gesetze empfohlen, über die es deutschsprachige Fachliteratur bereits zu kaufen gibt:

- das Eigentumsgesetz vom 24. 12. 1990,
- das Unternehmensgesetz vom 25. 12. 1990,

– die Aktienordnung vom 25. 12. 1990,
– das Privatisierungsgesetz vom 4. 7. 1991,
– das Auslandsinvestitionsgesetz vom 4. 7. 1991.

Das Auslandsinvestitionsgesetz läßt neben der Gründung von Gemeinschaftsunternehmen auch die Gründung von Unternehmen zu, die zu hundert Prozent dem ausländischen Investor gehören.

Grundeigentum für Ausländer gibt es nicht, wohl aber lassen sich langfristige Pachtrechte aushandeln. Kreditsicherung ist dadurch zu erreichen, daß das langfristige Pachtrecht in eine Aktiengesellschaft eingebracht wird und der Kreditgeber sich die Aktien übertragen läßt. Langfristige Pachtrechte sind zwar immer zweckgebunden (z. B. Errichtung eines Geschäftshauses), aber das ist ja auch bei unserem gesetzlichen Erbbaurecht so.

In der Duma steht die Verabschiedung eines Bodengesetzes an, das erstmalig eine gesetzliche Grundlage für eine langfristige Pacht, voraussichtlich nach Art unserer Erbpacht, schaffen wird.

Kompliziert ist auch das russische Steuerrecht. Näheres dazu findet sich im Abschnitt »Steuern« (S. 178 ff.) und im Anhang. Immerhin gibt es seit einiger Zeit einen fünfjährigen Verlustvortrag, und sogar die Besteuerung des ins Ausland transferierten Gewinns in Höhe von gegenwärtig 20 Prozent läßt sich vermeiden.

Überdies zeigen lokale und regionale Administrationen ein starkes Eigeninteresse an der Ansiedlung westlicher Unternehmen, dem sie durch Sondervergünstigungen Ausdruck geben.

Tröstlich ist, daß Rußlands Weg in die Marktwirtschaft mittlerweile unumkehrbar ist. Zu viele, nicht nur Gauner, profitieren bereits von den neuen Freiheiten. Die Bauern in der Provinz Wladimir wollen die Mehreinnahmen für das Gemüse aus ihren improvisierten Frühbeeten nicht mehr missen. Die Bäuerin auf dem Altenteil erhält jetzt Pachtzins für das Stück Land, das ihr nach der Privatisierung der Kolchose zusteht. Der Sohn meines Hilfsdolmetschers konnte sich nach Abschluß der Ausbildung seine Arbeitsstelle selbst aussuchen. Alle genießen die Meinungs- und Pressefreiheit sowie das bunte Bild der aufkeimenden Marktwirtschaft in den Geschäften, auch wenn sich nicht jeder sofort alles kaufen kann.

Bevorzugte Regionen für Investoren sind Sankt Petersburg, Umland Moskau, Stadt Moskau, Kaliningrad, Nowgorod, Nischnij Nowgorod, Karelien, Wladiwostok, Nowosibirsk, Krasnojarsk. Die Provinz Wladimir gehört zum Wirtschaftsgebiet Nischnij Nowgorod, früher Gorkij, der drittgrößten Stadt Westrußlands außer Moskau und St. Petersburg.

Die asiatischen Regionen jenseits des Ural sind für Energie- und Rohstoffkonzerne interessant. Wladiwostok ist das Einfallstor für Japaner, Koreaner und Chinesen.

Für Mittelständler eignen sich am besten die westrussischen Regionen. Sie sind

- rasch zu erreichen,
- verfügen zwar nicht über wertvolle Rohstoffe, haben aber eine vielfältige, fast mittelständische Industriestruktur,

- die regionalen Administrationen sind nicht von einigen wenigen Großkombinaten abhängig,
- und die Mentalität der Menschen ist unserer am nächsten.

Für den westlichen Investor ist es das schwierigste Stück Arbeit, ein lohnendes Projekt auszumachen und das Vertrauen eines Partners zu gewinnen. Wie nach der Wende in den neuen Bundesländern stellt sich auch hier zunächst einmal die Frage: Soll ich als Investor auf vorhandenen Anlagen aufbauen, oder soll ich auf der grünen Wiese anfangen? Schriftlich kann man Verträge nicht vorbereiten. Nach 70 Jahren Kommunismus haben die meisten Russen zu niemandem und nichts Vertrauen. Man muß immer wieder hinfahren. Fünf bis zehn Treffen sind erfahrungsgemäß nötig, bis das Projekt steht.

Immer wieder stoße ich auf Kooperationen, die bereits erfolgversprechend laufen. Die meisten haben folgendes Grundmuster: Der westliche Partner stellt beim Kooperationspartner gebrauchte, abgeschriebene, aber noch gute Maschinen auf, mit denen sich bessere Produkte für den russischen Markt produzieren lassen; ein Teil der Produktion geht als Lohnfertigung in den Westen. Auch pure Lohnfertigung ist möglich, wobei der Vorteil für den russischen Partner darin liegt, daß er westliches Know-how erwirbt und seinen Umsatz steigert. Begehrte Konsumgüter erzielen in den Ballungsgebieten so gute Preise, daß selbst dann, wenn man nur Rubel einnimmt und sie in Valuta umtauscht, noch erkleckliche Gewinne übrigbleiben.

Westliche Banken halten sich bei der Kreditierung von Investitionen in Rußland zurück, es sei denn, der westliche Partner sichert das Risiko ab. Manche russische Banken haben zwar viel Geld, sind aber auf den schnellen Rubel oder Dollar aus. Sie finanzieren lieber lukrative Handels- und Spekulationsgeschäfte, bei Investitionen bevorzugen sie die Erdöl- und die Computerindustrie.

Die im Westen für die Rußlandhilfe zuständigen staatlichen Institute, zum Beispiel die Europäische Bank für Wiederaufbau und Entwicklung (EBRD), die International Finance Corporation (IFC), eine Tochter der Weltbank, und die Deutsche Investitions- und Entwicklungsgesellschaft mbH (DEG) kommen nur schwer in Gang. Sie versprechen immer wieder, Mittelständlern helfen zu wollen, aber letztlich sind namenlose Unternehmer ohne Chance. Deshalb versuche ich, bisher leider vergeblich, deutsche Banken dazu zu überreden, sich mittelständischer Investitionsvorhaben in Rußland anzunehmen, möglichst unter Beteiligung Moskauer Banken.

Wenn das Reglement vorsieht, daß der Kreditnehmer einen gewichtigen Eigenanteil selbst übernehmen muß, sorgt allein dies für größtmögliche Sicherheit, daß das Projekt auch Sinn hat. Mit einer großen Bank hinter dem Mittelständler ließe sich leichter Geld bei den genannten öffentlichen Instituten lockermachen. Wenn beispielsweise der Mittelständler 30 Prozent des Investitionskapitals selbst aufbringen müßte und eine große deutsche und eine russische Bank je 20 Prozent übernähmen, könnte man sich die restlichen 30 Prozent bei der DEG, der EBRD oder der IFC holen. Aber es fehlt bei den deutschen Banken offensichtlich noch an der Lust auf Rußland.

Die russische Regierung hat einen Mittelstandsfonds gegründet. Solche Rubelkredite setzen allerdings voraus, daß die regionale Administration sich an dem Kredit beteiligt. Zur Zeit sind aber die Kassen in Moskau und in den Provinzen leer.

Im Augenblick – und wahrscheinlich nicht mehr lange – sind die Chancen gut, preiswert Anteile an privatisierten Staatsunternehmen zu erwerben. Die neuen Eigentümer, die russischen Investmentfonds, die die Anteile bei den Auktionen gegen Vouchers übernommen haben, verfügen selbst weder über Kapital noch über Know-how im Management. Die Betriebe sind überschuldet, so daß einer, der ihnen Kapital und Know-how für einen neuen Anfang bietet, mit größtem Entgegenkommen bei den Übernahmekonditionen rechnen kann. Abspecken des Personals, neues Management, all dies läßt sich in der gegenwärtigen Situation durchsetzen. Und die zuständigen Provinzverwaltungen würden sich, wie ich schätze, zusätzliche staatliche Unterstützung bis hin zum Erlaß von Landes- und Kommunalsteuern abhandeln lassen.

Erfahrungen mit der Duma

Am 12. Dezember 1993 war Wahltag in Rußland. Jelzins neue Verfassung wurde, wenn auch nur knapp, angenommen. Zugleich wurden der neue Föderationsrat (Erste Kammer) und die neue Staatsduma (Zweite Kammer) gewählt.

Die Duma hat 450 Mitglieder. Die eine Hälfte der Abgeordneten wurde in den einzelnen Wahlbezirken durch Mehrheitswahl ermittelt, die andere Hälfte kam über die Wahllisten ins neue Parlament.

Die Duma residiert, anders als der frühere Oberste Sowjet, nicht im Weißen Haus. Das Weiße Haus trägt jetzt in goldenen Lettern die Inschrift »Regierung der Russischen Föderation«. Zunächst war die Duma im alten RGW-Hochhaus in der Nähe des Weißen Hauses sehr beengt untergebracht. Die Räume waren winzig klein, aber es wimmelte überall von Parlamentariern und ihren Gehilfen, und es herrschte offensichtlich Aufbruchstimmung. Inzwischen ist die Duma in das alte GOSPLAN-Gebäude in der Innenstadt umgezogen. Dort hat sie mehr Platz. Dafür mußte das russische Wirtschaftsministerium weichen.

Um das Weiße Haus verlief seit der Renovierung nach dem Putsch eine häßliche Mauer aus Betonplatten, die inzwischen durch einen dekorativen Eisenzaun ersetzt worden ist. Wie der Regierungssitz wird auch die Duma scharf bewacht, nachdem zwei Abgeordnete, wenngleich außerhalb, umgebracht worden sind – wie es heißt, von der Mafia.

Durchorganisierte Parteien, von den Kommunisten und den Agrarien abgesehen, gibt es jedoch bisher nicht, auch keine festgefügten Koalitionen. Alles ist noch im Fluß, die Mehrheiten wechseln bis hin zur Unkalkulierbarkeit.

Boris Solutjuchin, Stellvertretender Vorsitzender der Gaidar-Partei »Demokratische Wahl Rußlands«, brachte mich bei meinem ersten Besuch in der Duma im April 1994 mit etwa 20 Abgeordneten aus seiner Fraktion, der Gruppe »Neue Regionalpolitik«, der »Union 12. Dezember« und der Agrarpartei zusammen. Alle waren freundlich, dankten mir für mein Interesse und gaben sich sehr interessiert. Man sagte mir, daß es auch unter den liberal-demokratischen Abgeordneten viele gebe, mit denen man vernünftig reden könne.

Der stellvertretende Vorsitzende der Gruppe »Neue Regionalpolitik« leitete das Gespräch. Er stellte mir zunächst die Abgeordneten vor und bat mich dann um eine Einführung. Danach gab er allen Abgeordneten der Reihe nach Gelegenheit zu Fragen. Alles verlief sehr diszipliniert.

Die Gruppe »Neue Regionalpolitik« ist die zweitstärkste der Duma. Es handelt sich um unabhängige Wahlkreisabgeordnete, also um direkt gewählte Volksvertreter aus allen Regionen Rußlands. Dementsprechend richtete sich das Hauptinteresse auf das Verhältnis von Bund, Ländern und Gemeinden in Deutschland, insbesondere auf den Finanzausgleich. Die Begriffe »horizontaler« und »vertikaler Finanzausgleich« waren den Abgeordneten bereits geläufig. Alle baten mich um Papiere, aus denen die deutschen Regelungen hervorgingen.

Ich mußte an den Parlamentarischen Rat und an die ersten Gehversuche des Deutschen Bundestages denken. Auch bei uns drehte sich zunächst einmal alles um die Frage, wer – Bund, Länder, Gemeinden – welches Geld bekommt. Ich erzählte das jungen russischen Abgeordneten, und sie freuten sich, daß sie es richtig machten.

Das einzige weibliche Mitglied der Gruppe »Neue Regionalpolitik«, Tamara Schepasowa, die sich für den Verbraucherschutz interessiert, bat mich um Kontakte zur deutschen Arbeitsgemeinschaft der Verbraucher.

Die zwei anwesenden Mitglieder der Agrarpartei fragten, wie Subventionen in Deutschland und Europa gehandhabt würden. Wie sie einander doch gleichen! Von der Lage der russischen Landwirtschaft zeichneten sie ein düsteres Bild. Viele der alten Kolchosen und Sowchosen verrotteten, Ersatzteile und Saatgut fehlten, die kleinen privatisierten Betriebe seien nicht lebensfähig. Als ich von einem mir bekannten deutschen Landwirt sprach, der in Rußland sein Glück versuchen wolle, reagierten die Agrarier eher abweisend. Der Agrarausschuß der Duma plädiert dafür, die Überlassung landwirtschaftlicher Nutzflächen an Ausländer im neuen »Bodengesetz« zu verbieten.

Die »Union 12. Dezember« (Datum der Parlamentswahlen von 1993) heißt jetzt »Liberal-Demokratische Union 12. Dezember«. Vorsitzender ist der frühere Finanzminister Fjodorow. Diese Gruppe steht den Gruppierungen um Gaidar, Jawlinskij und Schachraj (»Partei der Russischen Einheit und Eintracht«) nahe. Sie sind demokratisch geprägt und treten für eine Liberalisierung der Wirtschaft ein.

Seitdem arbeite ich viel und gern in der Duma. Sie ist noch nicht verholzt. Und gerade Chaos kann sehr kreativ sein.

Die rasche Belieferung der Abgeordneten mit Stellungnahmen zu Gesetzentwürfen, die Vermittlung von Kontakten zu Fachberatern, Expertisen zu bestimmten Fragen oder mit »Denkschriften«, wenn ich selbst Themen auf den Tisch bringen will, sehe ich, neben den vielen Gesprächen, als meine Hauptaufgabe an.

Bin ich nicht in Moskau, so haben mein Dolmetscher und Partner Sergej Jefuni sowie Alexej Tschumitschow, ein junger, in der Duma gut bekannter Mitarbeiter aus dem Moskauer Antimonopolkomitee, ihre Ohren auf der Schiene. Sie wissen, was läuft, und bieten Unterstützung an. So bin ich eigentlich stets präsent.

Nicht immer ist es leicht, die deutschen Experten zu finden, die innerhalb von Tagen die gewünschten Ausarbeitungen zur Verfügung stellen. Die Ministerien in Bonn sind oft überlastet. Gute Partner sind pensionierte Staatsdiener, die noch nicht zu lange aus dem Geschäft sind. »Honig saugen« läßt sich auch bei den von Bonn geförderten wirtschaftswissenschaftlichen Instituten, bei Universitätsinstituten, Professoren und spezialisierten Anwaltskanzleien. Wenn es um wertende Stellungnahmen geht, beschaffe ich nach Möglichkeit zu jedem Thema zwei oder drei verschiedene Papiere, beispielsweise vom Ministerium, einem Institut oder Hochschullehrer und zusätzlich noch von einem Praktiker.

Mir kommt zugute, daß ich aus meiner Zeit im Bundeswirtschaftsministerium und im Bundeskartellamt viele Leute kenne. In einer Zeitung stand einmal: Wen Kartte nicht kennt, den gibt es nicht. Das gilt heute leider noch weniger als damals, weil viele inzwischen pensioniert oder gar schon gestorben sind. Aber zumindest weiß ich, wo ich nachfragen kann.

Das wichtigste ist, daß es schnell geht. Und die Zeit, die nötig ist, um das Papier vom Deutschen ins Russische zu übersetzen, muß auch noch einkalkuliert werden. In Rußland läuft nichts in ruhigen Bahnen. Ideen, Wünsche, Vorstellungen purzeln übereinander. Wer hier helfen will, muß stets präsent sein. Dabei wird ihm manches abgefordert, was sich morgen schon als »Fehlinvestition« herausstellen mag.

Bei meinem ersten Besuch in der Duma lernte ich Pawel Medwedjew kennen, Mitglied der Gaidar-Fraktion »Demokratische Wahl Rußlands« und Vorsitzender des Unterausschusses für Banken. Medwedjew arbeitet an dem Entwurf eines russischen Kreditwesengesetzes und bat mich um rasche Hilfe. Ich erinnerte mich an einen alten Bekannten, den gerade pensionierten Präsidenten des Bundesaufsichtsamtes für das Kreditwesen in Berlin, Wolfgang Kuntze. Ich rief ihn noch von Moskau aus an und brauchte nicht lange zu reden: Kuntze war sofort bereit; die Kreditanstalt für Wiederaufbau als Mandatarin des Bundeswirtschaftsministeriums für die Rußlandhilfe bewilligte erfrischend unbürokratisch die Reisekosten, und der deutsche Berater war bereits wenig später in Moskau. Wolfgang Kuntze fuhr zweimal für jeweils drei Tage hin und formulierte mit Medwedjew einen neuen Entwurf. Kurze Zeit darauf teilte mir Medwedjew freudestrahlend mit, daß sein Entwurf die erste Lesung in der Duma passiert habe.

Ein anderes Beispiel: Alexander Kuschnar, ebenfalls von der »Demokratischen Wahl Rußlands«, leitet den Ausschuß für Wirtschaftsprüfer. Auch er suchte Kontakt mit deutschen Fachleuten. Ich sorgte dafür, daß ihn alsbald eine Einladung der Deutschen Wirtschaftsprüferkammer zu einem Besuch in Düsseldorf erreichte. Inzwischen war Kuschnar in Düsseldorf, und die Kammer hat mit ihm die fachliche Unterstützung seiner Arbeit besprochen.

Sicher ist richtig, daß unsere russischen Freunde an Expertenhilfe manches fordern, was sie am nächsten

Tag schon vergessen haben. Richtig ist auch, daß sie dazu neigen, mehrere ausländische Berater in derselben Sache anzusprechen, ohne dies gegenüber den anderen Beteiligten offenzulegen. Auch gibt es im Verhältnis zwischen Präsidentenapparat, Regierung und Parlament keine festen Zuständigkeiten. Als Berater weiß man nie genau, wer gerade am Drücker ist. Das Ganze ist Chaosmanagement. Mit der Zeit entwickelt man jedoch ein Gefühl dafür, wo es sich lohnen könnte, mitzuspielen. Das bedeutet viel Leerlauf, aber ohne Präsenz und spontane Reaktion kann man gar nichts ausrichten.

Die Amerikaner waren von Anfang an in Moskau allgegenwärtig und sind es immer noch. Inzwischen will man, selbst in liberalen Gruppierungen der Duma, von »Kapitalismus pur« nichts mehr wissen. Die Russen, bis hin zu den Kommunisten, wollen die »soziale Marktwirtschaft«, was immer sie darunter verstehen. Ich pflege es ihnen, in Anlehnung an die deutsche Marktwirtschaftswirklichkeit, so zu erklären:

»Die soziale Marktwirtschaft ist die gemütliche Marktwirtschaft.«

»Was ist gemütliche Marktwirtschaft?«

»Gemütliche Marktwirtschaft ist, wenn man am Montag nicht ins Büro oder in die Fabrik geht und trotzdem sein Geld bekommt.«

Damit habe ich bis jetzt fast jeden meiner Gesprächspartner glücklich gemacht.

Eine sehr farbige Figur ist Walentin Alexandrowitsch Kupzow, ein blonder Hüne, Erster Stellvertreter des Vorsitzenden der Kommunistischen Partei der Russischen Föderation und Fraktionsgeschäftsführer der Kommunisten in der Duma. Der gelernte Metallarbeiter hat alle Stufen der Hierarchie bis zum Ersten Sekretär der alten Russischen Kommunistischen Partei durchlaufen. Im Prozeß vor dem russischen Verfassungsgericht fungierte er als Hauptverteidiger der russischen Kommunistischen Partei.

Kupzow beklagte den desolaten Zustand der Großbetriebe und – wie sollte es anders sein – kritisierte die Ratschläge des Westens. Immerhin befürwortete er für die Zukunft ein »gemischtwirtschaftliches« System, und ich konnte ihn zu dem Schwur veranlassen, einen privaten Mittelstand zu akzeptieren.

Die Bemerkung, daß der heutige Zustand der russischen Wirtschaft auch sein Werk sei, konnte ich mir nicht verkneifen. Er lachte und sagte, daß er immer für mich zu sprechen sei. Ich besuche ihn, wenn es paßt, jedesmal wenn ich in Moskau bin.

Kupzow, sein Adlatus und Haushaltsexperte Saweljew sowie der Parteichef Sjuganow selbst, mit denen ich inzwischen stundenlang über Wirtschafts- und Gesellschaftspolitik diskutiert habe, wollen, wie sie betonen, nicht zum alten Kommunismus sowjetischer Prägung zurück. Natürlich sind sie für mehr Staat in der Wirtschaft und beklagen die – wie wir sagen würden – frühkapitalistischen Auswüchse, die jetzt auch Rußland auf dem Weg von der Staats- in die Marktwirtschaft nicht erspart bleiben.

Ich versuche dann immer wieder klarzumachen, daß auch alle westlichen Länder zu Beginn diese Probleme hatten. Jetzt müßten alle Parteien in der Duma mit dem Präsidenten und der Regierung zusammenarbeiten, um Stück für Stück ein sozial gerechtes und marktwirtschaftlich orientiertes Staatswesen aufzubauen.

Ich habe den Eindruck, daß meine Gesprächspartner aus der Kommunistischen Partei wirklich an diesem Meinungsaustausch interessiert und auch offen für neue Gedanken sind. In Rußland hat gegenwärtig niemand ein Patentrezept. Die »Kapitalisten« sind out, und nun sucht man überall nach einem tragfähigen Mittelweg.

Kupzow betonte in diesem Zusammenhang, daß die Kommunistische Partei in der Duma dem Regierungsentwurf für den Haushalt 1994 zugestimmt habe. Ohne Haushalt wäre das Chaos noch größer geworden. Der Haushalt sei zwar unrealistisch, aber man wolle die Regierung im Herbst darauf festnageln. Der Zusammenbruch der Staatsbetriebe werde unweigerlich zu hoher Arbeitslosigkeit führen.

Ich erwiderte, daß nach einem Gespräch, das ich mit Jelzin-Berater Alexander Lifschitz gehabt hätte, auch auf seiten der Regierung rechne man für das Jahr 1994 mit einer hohen Arbeitslosigkeit. Lifschitz habe aber verneint, daß es deshalb in Rußland zu Unruhen kommen werde. Kupzow ließ diese Frage offen. Er gab zu, daß die russische Bevölkerung gegenwärtig mit sich selbst beschäftigt sei; jeder versuche, irgendwie durchzukommen. Unruhen wolle niemand, und auch die

Führung der Kommunistischen Partei habe ihre Kader auf dem flachen Land angewiesen, stillzuhalten.

Im Herbst, wenn die Leute von ihren Datschen nach Hause kämen und das ganze Elend sie wieder umfange, werde es jedoch zu einem Umschwung kommen. Kupzow schmunzelte und sagte: »Sie haben dann in mir den richtigen Partner.«

Tatsächlich hat es Turbulenzen gegeben, doch ist der von den Kommunisten mitgetragene Mißtrauensantrag gegen die Regierung am 27. Oktober in der Duma gescheitert. Zuvor hatte Präsident Jelzin bereits den »Schwarzen Dienstag« (11. Oktober), an dem der Rubelkurs um fast 30 Prozent fiel, ohne große Probleme weggesteckt und nur einige kosmetische Operationen an der Regierung vorgenommen. Jetzt warten die Kommunisten auf die nächste Gelegenheit.

Bei meinen Gesprächen in der Duma gewinne ich immer wieder den Eindruck, daß es im russischen Parlament viele Kräfte gibt, die aus der puren Obstruktion gegenüber der Regierung heraus wollen. Dazu gehört anscheinend auch der Präsident der Duma, Iwan Rybkin. Rybkin, Mitglied der Agrarpartei, ein agiler Mann mittleren Alters, empfing mich in seinem freundlich eingerichteten Eckzimmer. Wir sprachen über die Situation und die Perspektiven der russischen Wirtschaft, auch der Landwirtschaft. Dieses Thema interessierte ihn besonders.

Über die sture Haltung mancher Betonköpfe in den

Kolchosen und Sowchosen waren wir uns einig, auch über die Bedeutung der neuen, obgleich vielfach zu kleinen Privatbetriebe für die Versorgung der Bevölkerung in der gegenwärtigen Krisenzeit. Das nächste Mal, so Rybkin, wolle er mit mir über Ludwig Erhard sprechen und darüber, wie dieser die Währungsreform von 1948 gemeistert habe.

Rybkin wird angeblich in seiner eigenen Partei gescholten, weil er zur Regierung auf »Schmusekurs« gehe. Mag sein, daß Rybkin, vielleicht auch Sjuganow, mir kein reales Bild der Mitgliedschaft ihrer Parteien vermittelt haben. Immerhin finde ich es erfreulich, daß für die Agrarier und die Kommunisten Leute wie Rybkin und Sjuganow in führenden Positionen in der Duma sitzen.

Ähnlich gestrickt ist übrigens Nikolaj Winogradow, Vorsitzender des Landesparlaments in Wladimir und ebenfalls Kommunist. Er sagte mir, »niemand« von seinen Leuten leugne, daß Marktwirtschaft für Rußland notwendig sei.

Kennzeichnend für die Stimmung in der Duma vor der Sommerpause 1994 war ein Gespräch, das ich mit dem 33 Jahre jungen Vorsitzenden des Wirtschaftsausschusses, Sergej Glasjew, hatte. Ich fand ihn deprimiert vor. Sein Büro war damals noch, wie die meisten anderen auch, in einem erbarmungswürdigen Zustand. Die Duma hatte zu dieser Zeit den Umzug vom RGW-Hochhaus in das alte GOSPLAN-Gebäude noch nicht bewältigt. Glasjew klagte, wobei er Präsident Jelzin selbst heraushielt, über die Willkür, mit der Präsidentenapparat und Regierung sich immer wieder über die Verfassung hinwegsetzten, über die zahlreichen mit der Duma nicht abgestimmten Präsidentenerlasse, über die Nichtachtung, mit der die Duma behandelt werde, sowie über den schleppenden Fortgang der Reformen.

In jenen Tagen klagten viele in der Duma über den auch in der westlichen Presse beachteten Erlaß des Präsidenten zur Bekämpfung der Kriminalität. In diesem Ukas wurde die Dauer der Polizeihaft ohne Richterspruch, entgegen dem geltenden Strafrecht, von drei auf dreißig Tage verlängert. Kupzow meinte, nach außen hin könne die Kommunistische Partei dagegen nichts sagen, weil die Bevölkerung die Verschärfungen begrüße. Eine Passage des Erlasses stimme aber mit einem Dekret Stalins aus den dreißiger Jahren überein, durch das damals die Ausschaltung der Opposition eingeleitet worden sei. Dies gebe seiner Partei zu denken.

Einige meiner Partner aus den Präsidenten- und Regierungsbüros fragte ich, was sie dazu zu sagen hätten. Sie alle zuckten gleichsam mit den Schultern und erwiderten, daß sie damit nichts zu tun hätten. »Der Präsident« sei nicht nur eine Person, an den Erlassen wirkten viele mit. Ich erwiderte, daß Rußland einen »Spiegel«, »Stern« oder »Focus« brauche. Bei manchen meiner Gesprächspartner hatte ich den Eindruck, daß sie sich dies ebenfalls wünschten.

Leider ist es wahr, daß in dem Dreieck Präsident – Regierung – Duma viel Sand im Getriebe ist. Die

Reformen leiden darunter, die Duma ist frustriert, weil ihr dem Präsidenten und der Regierung gegenüber nicht die vollen parlamentarischen Rechte nach westlichem Muster zustehen. Ich denke dann an das Europäische Parlament, das ja ähnliche Probleme hat.

Im Präsidentenapparat und bei Regierungsbeamten vermisse ich Respekt vor dem Parlament. Als Beispiel eine kleine, aber bezeichnende Szene: Ich begleite einen Duma-Abgeordneten, Vorsitzenden eines Unterausschusses, in das entsprechende Fachministerium, wo wir einen Abteilungsleiter besuchen wollen. Man läßt uns über eine Viertelstunde in einem zugigen Gang warten. Während wir herumstehen, erzähle ich meinem Partner, wie deutsche Beamte mit ihren Abgeordneten umgingen. Schließlich sei der Abgeordnete Repräsentant der Ersten Gewalt im Staate. Als ehemaliger Beamter und als guter Demokrat, der den Respekt vor dem Parlament im Blut hätte, könnte ich zum Beispiel gar nicht vor einem Abgeordneten durch die Tür gehen. Noch weniger könnte ich ihn in einem zugigen Gang auf mich warten lassen. Mein russischer Freund gab sich bescheiden. Er sei das gewöhnt.

Dieser und ähnliche Vorfälle ließen mir keine Ruhe, und ich suchte darüber Gespräche mit meinen Partnern im Präsidenten- und Regierungsbereich. Mich überraschte, daß ich offene Ohren fand. Einer meiner hochrangigen Partner gab zu, daß seine Kollegen und auch er selbst das rechte Verhältnis zum Parlament noch nicht gefunden hätten. Es sei schwer, sich an die Teilung der Macht à la Montesquieu zu gewöhnen. Er bat mich im Ernst, eine Art Vermittlerrolle zwischen Duma und Regierung zu übernehmen.

So versuche ich, in meinem, wenn auch kleinen Wirkungskreis die Kommunikation zu fördern. Bei meinen Rundgängen durch die Moskauer Amtsstuben informiere ich jeden über alles, was ich mit den anderen besprochen habe. Oft wundere ich mich, wie wenig manche Akteure, die parallel zu anderen über dem gleichen Thema brüten, voneinander wissen.

Nun neigen ja auch bei uns schwache Naturen dazu, sogenanntes Herrschaftswissen vor Kollegen und Mitarbeitern zurückzuhalten. Insofern fallen auch diese Moskauer Erlebnisse unter meine große Rubrik »So ist das Leben«. In Rußland spielt zusätzlich mangelnde Demokratieerfahrung eine Rolle. Insofern lohnt es sich, mit gutem Beispiel Zeichen zu setzen.

Natürlich habe ich den Russen erzählt, daß wir derartige Probleme auch im Westen haben und daß mangelnder Informationsfluß, Nachlässigkeiten und unfaire Methoden jeder Verwaltung immanent sind. Bequemlichkeit, eingefahrene Gleise, Charakterfehler, Machtgelüste, mangelndes Selbstvertrauen und schiere Unfähigkeit seien die Hauptursachen.

Ich versuche den Russen bei allen sich bietenden Gelegenheiten deutlich zu machen, daß sie mit ihren Schwächen nicht allein dastehen. Erstens stimmt es, und zweitens ist es die richtige Psychologie, wenn man ihnen Mut machen will.

Privatisierung

Erste Ansätze einer Privatisierung gab es in Rußland bereits in der zweiten Hälfte der achtziger Jahre, als es zuerst Familienbetrieben und danach Beschäftigten im staatlichen Einzelhandel erlaubt wurde, ihre Läden als »Kooperativen« zu übernehmen. Die »große« Privatisierung begann am 1. Oktober 1992. Durch Präsidentenerlaß wurden die Staatsbetriebe in offene Aktiengesellschaften umgewandelt. Jeder russische Staatsbürger erhielt unentgeltlich einen Anteilschein (Voucher) im Nennwert von 10 000 Rubeln als seinen Anteil am Staatsvermögen. Die Bürger sollten auf diese Weise die Möglichkeit haben, privatisiertes Staatsvermögen wie Aktien, Wohnungen oder Grundstücke zu erwerben. Der Anteilschein durfte unbegrenzt verkauft, getauscht, verschenkt oder an den Wertpapierbörsen gehandelt werden. Die Anteilscheine konnten auch von Investmentfonds aufgekauft werden. Nur bestimmte Bereiche waren von der Privatisierung ausgenommen, so Bodenschätze, Anlagen zur Energieerzeugung, die Luft- und Raumfahrt und die Atomindustrie.

Auch Ausländer dürfen seither Staatseigentum erwerben. Interessant waren für sie zunächst Betriebe des Handels- und Dienstleistungsbereichs sowie unvollendete Investitionsobjekte, die, unabhängig von ihrer Größe, für die Privatisierung freigegeben wurden.

Besondere Vergünstigungen erhielten die Belegschaften der Staatsbetriebe. Im wesentlichen standen ihnen folgende Möglichkeiten offen:

Variante I: Die Belegschaft entscheidet sich für eine offene Aktiengesellschaft und erhält zu Vorzugspreisen insgesamt 25 Prozent der Anteile als nicht stimmberechtigte sowie 15 Prozent als normale, stimmberechtigte Aktien. Diese Variante läßt Platz für Investoren und ist das, was Anatolij Tschubais, der Chef des russischen Privatisierungskomitees, eigentlich wollte.

Variante II: Die Belegschaft sichert sich 51 Prozent der Aktien. Diese Variante war ein von den Radikalreformern ungeliebtes Zugeständnis an die mächtige Riege der alten Kombinatschefs.

An das Hin und Her in den Ausschüssen des Obersten Sowjet, damals ständiges Rumpfparlament des Volksdeputiertenkongresses in Moskau, im Frühjahr 1992 erinnere ich mich noch genau. Auf der einen Seite die Radikalreformer, die die Staatsbetriebe vom alten Management leerfegen wollten, auf der anderen Seite gemäßigte Reformer, die meinten, ohne die mächtigen alten Kombinatschefs ließe sich eine Privatisierung überhaupt nicht durchsetzen.

Der Vorsitzende des zuständigen Unterausschusses des Obersten Sowjet erwog eine Zeitlang, den Zugriff der alten Chefs und der Belegschaft auf die zu privatisierenden Betriebe im Aktiengesetz zu regeln: Er fragte mich: »Gibt es im deutschen Aktienrecht die Möglichkeit zu Sacheinlagen?«

Ich sagte ja.

»Könnte man auch den Kopf des Chefs und die Belegschaft als Sacheinlage vorsehen, und zwar so, daß ihnen zusammen die Mehrheit der Aktien zusteht?«

Ich war damals noch neu und dachte, ich sei in einem Irrenhaus. Ich schluckte und antwortete: »Die Bewertung von Sacheinlagen nehmen bei uns neutrale Gutachter nach objektiven Kriterien vor. Chefköpfe und die Beschäftigten gehen bei uns als Sacheinlagen nicht durch.« Außerdem möge er, der Vorsitzende, bedenken, daß sich an einer solchen Gesellschaft kein vernünftiger Investor beteiligen würde.

Man hat es dann auch nicht im Aktiengesetz geregelt, sondern über die Variante II des Privatisierungsprogramms.

Viele Betriebe haben die Variante II gewählt. Die Mitarbeiter samt ihren Familienangehörigen gaben ihre Anteilscheine beim Kombinatschef ab, der auf diese Weise »seinen« Betrieb vor fremden Eindringlingen schützte. Für die anschließende Versteigerung des Betriebes standen dann nur noch Minderheitsanteile zur Verfügung.

Die Privatisierung erfolgt durch den Verkauf von Aktien, durch Auktionen oder durch Ausschreibungen. Sehr viele Anteilscheine wurden von Investmentfonds aufgekauft, die zu Hunderten aus dem Boden schossen und bei den Auktionen als Bieter auftreten. Versteigerungsprospekte werden in überregionalen und fremdsprachigen Blättern annonciert. Ein Beispiel dafür findet sich auf den folgenden Seiten (nach: »The Moscow Times« vom 15. Juni 1994). Die erste Phase der Privatisierung, die Versteigerung von Betrieben gegen Voucher, endete am 30. Juni 1994.

Zur Privatisierung gehört übrigens auch, daß jeder Bürger den von ihm gemieteten Wohnraum als Eigentum erwerben kann. Er kann dann über diesen Wohnraum frei verfügen, ihn vermieten oder auch verkaufen. Davon profitieren Ausländer in Moskau, die solche Wohnungen mieten oder kaufen, wenn auch die Mieten und Kaufpreise horrende Summen erreichen.

Die Voucher-Privatisierung ist in Rußland umstritten. Die Fonds haben weder Kapital noch Know-how, das sie in die Betriebe investieren könnten. Außerdem waren die vom Komitee angebotenen und schließlich ersteigerten Kapitalanteile oft so gering, daß sie dem Käufer keinerlei bestimmenden Einfluß auf den Betrieb verschafften. Das Interesse westlicher Investoren war bisher gering, zumal viele Staatsbetriebe, und nicht immer die schlechtesten, nach Variante II privatisiert wurden und sich zu 51 Prozent im Besitz der Belegschaft befinden.

Indessen kommt Anatolij Tschubais, dem engagierten jungen Chef des Privatisierungskomitees und jet-

UPCOMING PRIVATIZATION AUCTIONS

BIDDING DATE	REGIONAL FUND*	FIRM
24.01.–15.06.	Chelyabinsk	Metallurgichesky Kombinat
23.05.–20.06.	St. Petersburg	Vodtranspribor
23.05.–20.06.	St. Petersburg	Volna
23.05.–20.06.	St. Petersburg	Elektronavto
23.05.–20.06.	St. Petersburg	Kombinat Khleboproduktov
23.05.–20.06.	St. Petersburg	Krasnv Oktvabr
23.05.–20.06.	St. Petersburg	Vostok
23.05.–20.06.	St. Petersburg	Ferropribor
23.05.–20.06.	St. Petersburg	Iceberg
23.05.–20.06.	St. Petersburg	Mezon
23.05.–20.06.	St. Petersburg	Morion
23.05.–20.06.	St. Petersburg	Priboi
23.05.–20.06.	St. Petersburg	Proyektservis
23.05.–20.06.	St. Petersburg	Supertel
23.05.–20.06.	Saratov	Kreking
23.05.–20-06.	Tula	Shchekinazot
30.05.–30.06.	Perm	Permskiye Motori
23.05.–20.06.	Nizhny Novgorod	Nizhegorodsky Mahinostroitelny Zavod
23.05.–20.06.	Yuzno-Sakhalinsk	Sakhalinmorneftegaz
23.05.–20.06.	Khanti-Mansiisk	Variyeganneftegaz
23.05.–20.06.	Khanti-Mansiisk	Nizhnevartovskneftestroiremont
23.05.–20.06.	Khanti-Mansiisk	Upravleniye Tekhnologicheskogo Transp
23.05.–20.06.	Khanti-Mansiisk	Samotlorneft
30.05.–30.06.	Moscow	Vnukovskiye Avialiny
30.05.–30.06.	Moscow	Serp i Molot
30.05.–30.06.	Nizhny Novgorod	Volzhskoye Rechnoye Parakhodstvo
30.05.–30.06.	Moscow	Vertoliotny Zavod Imeni Milya
30.05.–30.06.	Tula	Tulski Orozheini Zavod
30.05.–30.06.	Moscow	Zavod Imeni Zverieva
30.05.–30.06.	Moscow	Presnensky Mashinostroitelny Zavod
30.05.–30.06.	Orenburg	Orenburgneft
06.06.–30.06.	Krasnodar	Krasnodarneftegaz
13.06.–30.06.	Krasnoyarsk	Achinsky Glinozemny Kombinat
13.06.–30.06.	Krasnoyarsk	Yeniseiskoye Rechnoye Parokhodstvo
13.06.–30.06.	Nizhny Novgorod	Krasnoye Sormogo Zabod
13.06.–30.06.	Murmansk	Apatit
13.06.–30.06.	Khanti-Mansiisk	Priobneft
13.06.–30.06.	Khanti-Mansiisk	Nizhnevartovskneft
13.06.–30.06.	Khanti-Mansiisk	Belozerneft
16.06.–30.06.	Khanti-Mansiisk	Megionneftegaz
16.06.–30.06.	Khanti-Mansiisk	Nizhnevartovskneftegaz
16.06.–30.06.	Norilsk	Norilsk Nickel
16.06.–30.06.	Moscow	Moskovski Neftepererabativayushy Zavc

* Shares can be purchased at interregional auctions (Moscow Interregional Auction
CHARTER CAP: Firm's charter capital (x 1000 rubles); **WORKERS** employed by
ant chosen by workers at closed subscription stage of privatization process: **Variant 1,** wor

AIN ACTIVITY	CHARTER CAP	WORKERS	% SHARE	PV
ke, cast iron, steel, ferrous metals	8,858,518	108,526	29	1
vigation, medical equipmet	78,655	3,500	30	1
evision, radio parts	173,146	2,500	29	1
o cargo transportation	4,524	299	29	2
ır, grain trade	596,207	600	29	2
ation equipment, military engines	194,737	7,000	29	1
nsportation services	11,272	62	24	2
gnetic gears	41,285	2,034	29	2
ign works	7,179	539	11	1
ndensers	157,000	2,425	29	1
ctronics	25,300	1,945	29	2
chinery	22,105	1,096	29	2
nstruction feasibility studies	3,837	212	29	2
er optic equipment	3,131	144	29	1
refining, oil products	997,349	2,000	18.25	1
micals	271,515	5,000	10	2
ation engines, equipment	835,657	35,000	2.15	2
chinery	692,025	–	22	–
gas mining	3,249,647	–	18.36	–
gas	2,302,261	–	21.61	–
equipment repair	833,394	–	18.25	–
nsportation	822,484	–	18.3	–
mining	1,801,416	–	18.25	–
transportation	289,352	–	29	–
el	207,645	–	39	–
er transport	964,212	–	34.5	–
icopters	104,273	–	29	–
ıs and weaponry	406,867	–	30.05	–
	537,206	–	12	–
chinery	20,568	–	44	–
mining	3,513,350	–	18.58	–
gas mining	1,111,387	–	22	–
mics	1,396,177	–	29	–
er transport	411,223	–	33.34	–
	1,497,802	–	24.5	–
ing	2,079,017	–	30	–
mining	1,470,257	–	18.4	–
nining	2,382,171	–	18.61	–
nining	1,574,678	–	18.5	–
gas mining	6,610,456	–	18.25	–
gas mining	18,217,283	–	22.4	–
el	31,499,979	–	12	–
efining	807,004	–	34	–

5-6086/-6084); **REGIONAL FUND:** Branch of the State Property Fund holding the auction; RE: Percentage of shares in company to be auctioned on these dates; **PV:** Privatization vari-f stock as non-voting shares and 15% of ordinary shares; **Variant 2** workers get 51% of shares.

zigen Ersten Vizepremier, samt seinen Mannen das Verdienst zu, den Russen einen Crashkurs in kapitalistischer Rationalität und ein Gefühl für Privatbesitz verschafft zu haben. Die sichtbaren Erfolge sind aber zu gering, und die Masse der Wähler fühlt sich nicht als Nutznießer. So gewannen diejenigen an Boden, die von »Verschleuderung des Staatseigentums« sprechen oder mindestens für eine langsamere Gangart der Privatisierung eintraten. Zu letzteren gehörten auch Abgeordnete der Gaidar-Partei, die ich in der Staatsduma sprach. Die Pleite eines der größten Investmentfonds, der im russischen Fernsehen mit unsinnigen Renditeversprechungen geworben hatte, bewirkte ein übriges.

Ein prominenter Verfechter der Voucher-Privatisierung sagte mir dazu: Die Ausgabe der Voucher sei psychologisch richtig gewesen. Die Anteilscheine seien ein Vehikel, um den Staat aus den Betrieben hinauszukriegen. Gründer und Betreiber der Investmentfonds mögen zwar vielfach dubiose Gestalten sein, aber ihnen sei auch gar nicht die Aufgabe zugedacht, in die Betriebe zu investieren. Von ihnen erwarte man lediglich, daß sie sich durch – wenn auch zeitraubende – weitere Schritte, einzeln oder gemeinsam, Mehrheiten an dem einen oder anderen Betrieb verschafften. Durch die Weiterveräußerung solcher Mehrheitsbeteiligungen an interessierte russische oder westliche Investoren würden sie schließlich ihr Geschäft machen und die Betriebe zu ihrem Kapital kommen. Dies sei der wirkliche Hintergrund des Tschubaisschen Privatisierungskonzepts.

Das klang in meinen Ohren nicht schlecht. Wird aber die Masse der Bevölkerung, die mit ihren Vouchern Anteile an den Fonds erworben hat, sich auf den Sankt-Nimmerleins-Tag vertrösten lassen?

In der zweiten Phase der Privatisierung, in der Staatsbetriebe gegen Bargeld versteigert werden, sollen auch Betriebe der Grundstoffindustrie privatisiert werden. Dagegen hatte sich Widerstand aufgebaut. Tschubais wird aber von Präsident Jelzin gestützt.

Als Alternative zu dieser Art von Privatisierung regt sich jetzt in Moskau eine bereits Ende 1993 von der Regierung und dem Tschubais-Komitee gegründete Agentur, die eigentlich zur Durchführung des russischen Konkursgesetzes geschaffen wurde. Diese Agentur soll anscheinend dazu dienen, via Konkursverfahren zu einem »structural rebuilding«, zu einer Sanierung der Staatsbetriebe, zu gelangen. Ich bin in gutem Kontakt mit Sergej Beljaew, dem Generaldirektor der »Federal Agency on Insolvency«, sowie mit Walerij Serebrennij, dem Vorsitzenden des Beirats. Beljaew, 40 Jahre alt, Techniker und von 1991 bis 1993 Vizebürgermeister und Privatisierungsbeauftragter von St. Petersburg, war bis zur Beförderung Tschubais' zum Vizepremier zugleich Erster Stellvertreter von Tschubais als Chef des Staatlichen Vermögenskomitees und baut offensichtlich mit dessen Segen diese neue Position auf.

Das russische Konkursgesetz von 1993, an dessen Zustandekommen deutsche Experten mitwirkten, sieht, ebenso wie das amerikanische und unser neues Konkursrecht, ein obligatorisches Sanierungsverfahren vor. Ich habe Beljaew mit Hinweis auf unsere Erfahrungen in der ehemaligen DDR davor gewarnt, allzu optimistisch auf die Verwertbarkeit der verbliebenen Substanz der Staatsbetriebe zu setzen.

Wir erinnern uns: Modrow, erster Ministerpräsident der DDR nach der Wende, hatte angeblich dem Bundeskanzler erzählt, daß die Wirtschaft der alten DDR eine Billion 300 Milliarden Deutsche Mark wert sei. De Maizière hatte diese Schätzung später auf 600 Milliarden Deutsche Mark reduziert.

Von dieser Zahl ging auch Rohwedder als Chef der Treuhandanstalt noch aus, wenngleich ihm bald Zweifel kamen. Ich saß in dieser Zeit manchmal abends mit ihm am Alexanderplatz zusammen, dem damaligen Domizil der Treuhandanstalt. Wir kannten uns aus dem Bundeswirtschaftsministerium, und das Bundeskartellamt war ja eine der – nicht immer von allen geliebte – Kontrollinstanzen der Treuhandanstalt. Wenn die Treuhandanstalt einen ostdeutschen Betrieb an einen bedeutenden westlichen Investor oder, was man oft zu spät erkannte, »Plattmacher« verkaufen wollte, brauchte sie unseren kartellrechtlichen Segen. Wir im Kartellamt waren meistens froh, wenn ein potentes ausländisches Unternehmen kam. Die waren vielfach eher darauf aus, in den neuen Markt einzusteigen und dort eigene Kapazitäten aufzubauen. Verrückt war, daß die ostdeutschen Betriebsräte sich regelmäßig vor den Karren des großen deutschen, oft nur vermeintlichen Retters spannten und uns im Kartellamt die Bude einrannten, wenn wir aus wettbewerblichen Gründen einem Ausländer den Vorzug gaben.

Schließlich, so wissen wir heute, hat die Treuhandanstalt unter dem Strich aus den Betriebsveräußerungen gar nichts erlöst; sie mußte – im Gegenteil – mehrere hundert Milliarden DM aufwenden, um über negative Kaufpreise und dergleichen, das heißt durch Zuzahlung, überhaupt Käufer zu finden. Und die Kosten für die Beseitigung der Bodenvergiftung und dergleichen sind noch völlig offen.

Ausländische Investoren mit frischem Kapital werde man, so sagte ich Beljaew angesichts dieser Erfahrungen, nur in Einzelfällen gewinnen können.

Beljaew weiß aber, daß die schwierige Lage der ostdeutschen Industrie auch auf das Hereinbrechen des westlichen Wettbewerbs zurückzuführen war. Rußland werde für eine Übergangszeit seine Märkte vor dem westlichen Wettbewerb schützen, um zunächst einmal eine wettbewerbsfähige Binnenwirtschaft entwickeln zu können und Investoren anzulocken.

Beljaew ist ein kluger Mann, der den Punkt genau erfaßt hat. Ich habe meine russischen Gesprächspartner von Anfang an immer wieder auf den deutschen Nationalökonomen Friedrich List (1789 bis 1846) und seine Lehre vom »Erziehungszoll« hingewiesen. List trat mit seinem »Deutschen Handels- und Gewerbeverein« für die Abschaffung der Zölle innerhalb Deutschlands ein, forderte aber, im Gegensatz zu der liberalen Freihandelslehre, daß Deutschland im ganzen sich zunächst vor Importen schützen müsse, um eine eigene Industrie aufbauen zu können.

Bismarck, so sagt die Fama, habe immer seinen Friedrich List auf dem Nachttisch liegen gehabt. Damals war es England, das den Kontinent mit seinen Industrieprodukten, vor allem Stahl und Textilien, überschwemmte.

Rußland hat keinen reichen Bruder, wie unsere neuen Bundesländern ihn in der alten Bundesrepublik haben. Eine Abschottung der neuen Bundesländer vom westlichen Wettbewerb, um sie langsam an den scharfen Wind der Marktwirtschaft zu gewöhnen, war aus vielerlei Gründen nicht möglich und wäre auch falsch gewesen. Wir verfügten über die Mittel zu einem raschen Kapital- und Know-how-Transfer. Ostdeutschland ist, räumlich gesehen, auch nur ein winziger Teil des europäischen Marktes.

Der riesige russische Markt, elf Zeitzonen breit, ist demgegenüber nur schwer zu durchdringen und zieht westliche Investoren im Augenblick ohnehin nicht an. Natürlich versucht der Westen an die wertvollen Rohstoffe heranzukommen. Auch tummeln sich westliche Händler, die mit Lebensmitteln, Konsumgütern, Ersatzteilen, die in Rußland begehrt sind, eine schnelle Mark oder einen schnellen Dollar machen wollen. Aber noch hat Rußland die Möglichkeit, echten Investoren, die dort produzieren und Arbeitsplätze schaffen wollen, für eine gewisse Zeit Importschutz zu gewähren.

Wie wichtig der sein kann, habe ich schon in meiner

Kartellamtszeit gelernt. Automobilhersteller, die in der damaligen Tschechoslowakischen Republik Investitionen planten, verlangten als eine Art Gegenleistung den Schutz vor Importen.

Ich sage den Russen immer wieder: Laßt gerade so viel westliche Konkurrenzware herein, daß euren Produzenten Feuer unter dem Hintern gemacht wird, aber laßt eure Fabriken nicht gleich »plattmachen«. Versucht, mit westlicher Hilfe eine eigene Konsumgüterindustrie zu entwickeln. Für eine verbesserte Versorgung eurer Verbraucher ist es gar nicht nötig, daß überall sofort westliche Qualitäts- und Produktivitätsstandards erreicht werden.

Mir ist klar, daß eine solche Politik nicht ungefährlich ist. Importbeschränkungen lassen sich nur schwer wieder aufheben. Im Bundeswirtschaftsministerium hatten wir in den sechziger Jahren gegenüber japanischen Billig-Einfuhren folgendes Modell entwickelt: Die Dauer der Einfuhrbeschränkung wurde von vornherein auf drei Jahre begrenzt. Zugleich wurde ein Zeitplan festgelegt, wonach während der Geltungsdauer dieser sogenannten »Selbstbeschränkungsabkommen« die Einfuhrmengen kontinuierlich anstiegen und die Einfuhrpreise kontinuierlich fielen. So war der Charakter einer Anpassungs- und Übergangsregelung für die betroffenen inländischen Branchen gewahrt.

Grund und Boden

Eines der schlimmsten Investitionshindernisse in Rußland besteht darin, daß es eine klare, eindeutige, rechtssichere Regelung der Verfügung über Grund und Boden noch nicht gibt. Ein alteingesessener deutscher Anwalt in Moskau, der stets positiv denkt und den ich deswegen schätze, pflegt indessen zu sagen: »Meckern gilt nicht. In Rußland kann man alles machen. Man muß nur Mut haben und dazu bereit sein, sein Recht auch durchzusetzen.«

In der Tat kann man in Moskau eine Wohnung »kaufen«. Die Administration von Wladimir hat neulich ein Hotel an einen ausländischen Investor »verkauft«, welche Rechtsstellung die Erwerber dadurch auch erlangt haben mögen.

Wenn ein Investor verbrieftes Eigentum an seinem Betriebsgrundstück haben will, so geht es ihm ja nicht um das schöne Gefühl, Eigentümer zu sein. In der Regel braucht er Bankkredite, um seinen Betrieb einrichten und führen zu können. Und ebenso regelmäßig ist es das Betriebsgrundstück, das sich der Kreditgeber als Sicherheit für das gewährte Darlehen verpfänden läßt. Ohne Eigentum am Betriebsgrundstück also kein Kredit!

Privateigentum an Grund und Boden, zumal für Ausländer, hat es in Rußland nie gegeben. Die Vorstellung, daß Mütterchen Erde in die Hände ausländischer Okkupanten und Spekulanten übergehen könnte, schreckt die meisten Russen. Und ich bin ziemlich sicher, daß das kleine Häuflein der russischen Wirtschaftsliberalen, das die freie Veräußerlichkeit von Grund und Boden fordert, sich vorerst nicht durchsetzen wird.

Das Beispiel der Volksrepublik China vor Augen, in der es bis heute und bei aller Liebe zum Kapitalismus auch nur das langfristige Pachtrecht als Eigentumssurrogat gibt, habe ich von Anfang an auch den Russen das deutsche Erbbaurecht zur Nachahmung empfohlen. Das Erbbaurecht läßt sich, wie Eigentum, als Kreditsicherheit verpfänden, erfüllt also wirtschaftlich die Funktion, auf die es dem Investor ankommt.

Seit zwei Jahren bin ich dabei, meinen russischen Partnern die deutsche Regelung schmackhaft zu machen. Das deutsche Erbbaurecht entstand 1919, in der Inflationszeit nach dem Ersten Weltkrieg. Der Staat wollte den Wohnungsbau ankurbeln, ohne Gefahr zu laufen, bei der Veräußerung des dafür erforderlichen Baulandes an Spekulanten zu geraten, die mit schlechtem Inflationsgeld bezahlen und dann die Grundstücke liegenlassen würden, um sie später teuer zu verkaufen.

Das Erbbaurecht »klebt« gewissermaßen am Bauwerk. Ohne daß man ein Gebäude errichtet, kriegt man auch das Grundstück nicht. In unzähligen Denkschriften habe ich meinen russischen Freunden die Vorteile einer dem deutschen Erbbaurecht nachempfundenen Regelung deutlich gemacht:

- Der Staat bleibt Eigentümer des Grund und Bodens;
- das Erbbaurecht ist veräußerbar und vererbbar, wodurch die Investitionsbereitschaft des Erwerbers eines solchen Rechts gefördert wird;
- das Erbbaurecht kann wie ein Grundstück mit Hypotheken belastet werden, kann also als Kreditsicherheit für die Banken dienen;
- da das Entgelt für das Erbbaurecht nicht als fester Preis angesetzt werden muß, sondern auch in jährlichen Raten als sogenannter Erbbauzins entrichtet werden kann, kommen auch Personen mit geringem Eigenkapital als Bewerber in Betracht;
- der Erbbauzins kann der Höhe nach laufenden Wertsteigerungen des Grundstücks angepaßt werden;
- durch die Vereinbarung einer angemessenen Laufzeit des Erbbaurechts, je nachdem, wie kostspielig die Investition ist, lassen sich unterschiedliche Amortisationsfristen berücksichtigen.

Alle Stellen in Moskau, die sich – soviel ich weiß – mit der Neugestaltung des russischen Bodenrechts befassen, haben mein ständiges Bohren immer wieder begrüßt und mit Sympathie begleitet.

Inzwischen liegt der Entwurf für den Allgemeinen Teil des neuen russischen Zivilgesetzbuches vor, den die Duma bereits abschließend beraten hat. In Kapitel 17, Artikel 260, heißt es, daß »Grund und Boden sich in Privat-, Staats- oder Munizipaleigentum befinden (darf)«. Artikel 261 bestimmt, daß der Eigentümer berechtigt ist, das Grundstück zu verkaufen, zu verschenken, zu verpfänden oder zu verpachten sowie auf sonstige Weise darüber zu verfügen.

Privateigentum an Grund und Boden ist danach in Zukunft möglich. Das Nähere soll ein »Bodengesetz« regeln. Im federführenden Agrarausschuß der Duma, dem mehrere Entwürfe für das Bodengesetz vorliegen, erfuhr ich, daß Privateigentum an Grund und Boden für Ausländer keinesfalls vorgesehen werden solle. Für Ausländer komme nur eine langfristige Pacht in Betracht. Für meinen Vorschlag, eine Erbpacht nach deutschem Muster einzuführen, habe er, so sagte mir der stellvertretende Vorsitzende des Agrarausschusses Iwan Starikow, im Ausschuß nur zwei Stimmen erhalten.

Das ist schade. Ein gewöhnliches Pachtrecht hat für den Kreditgeber nicht die Qualität einer dem Eigentum ähnlichen Erbpacht. Wie Starikow mir sagte, soll die Gemeinde, in der der Investor sich niederlassen will, frei über die Pachtzeit entscheiden können. Da jeder Bürgermeister an Investitionen und Arbeitsplätzen interessiert ist, wird es wenigstens hinsichtlich einer ausreichenden Pachtzeit keine Probleme geben.

Steuern

Die Russen haben sich bisher in der Steuerpolitik als Fiskalisten reinster Prägung erwiesen. Hauptsache, die Kasse stimmt, egal welche Investitionen auf der Strecke bleiben. Mich selbst und meine einsichtigen russischen Partner tröste ich immer mit der Erinnerung an Fritz Schäffer, unseren ersten Bundesfinanzminister von 1949 bis 1957, der ebenfalls noch Fiskalist war und bekanntlich den Juliusturm hortete. Selbst Ludwig Erhard, damals Bundeswirtschaftsminister, konnte seinem Kollegen im Finanzministerium nur mühsam nahebringen, daß Steuerpolitik auch Wirtschaftspolitik, ja vielleicht sogar der wichtigste Zweig der Wirtschaftspolitik ist. Die Erfahrung zeigt es, und jeder weiß es, daß der beste Investitionsanreiz niedrige Steuern sind.

In vielen Diskussionen über Steuerfragen bekunden mir die russischen Partner immer wieder Einsicht und Verständnis. Geschehen ist jedoch nichts. Die Erklärung liegt wohl darin, daß die staatlichen Kassen in Rußland leer sind und daß man sich das Geld holen muß, wo man es kriegt. Von russischen Experten ist dieses Argument immer wieder zu hören. Geredet wird auch davon, daß es in der russischen Finanzverwaltung ständig Streit zwischen den Fiskalisten und den Wirtschaftspolitikern darüber gebe, welche Steuerpolitik richtig sei.

Entsetzt hat mich die Einstellung eines der führenden Privatisierungsexperten in Moskau, dessen sehr bekannten Namen ich hier nicht nennen will. Seiner Ansicht nach, so sagte er, hätten die Steuern überhaupt keinen Einfluß auf die Investitionstätigkeit. Er habe sich bei Unternehmern umgehört. Meine Entgegnung, er sei wohl bei Moskauer Jungunternehmern gelandet, die ohnehin keine Steuern zahlten, und daß jedenfalls ausländische Investoren sich gesetzestreu verhalten müßten, wollte er nicht hören.

Warten wir also weiter auf die immer wieder angekündigte russische Steuerreform. Um nicht ungerecht zu sein: Es gibt einen Erlaß des Präsidenten, wonach ausländische Investoren drei Jahre lang von Steuererhöhungen verschont bleiben sollen. Die Fiskalisten in Moskau argumentieren jedoch bei Steuerverschärfungen mit dem altrömischen Rechtsgrundsatz, daß neues Recht das ältere verdränge.

Seit Anfang 1994 spielt die russische Steuerverwaltung regelrecht verrückt, erfindet immer neue Belastungen für ausländische Investoren, zum Teil gestützt auf bisher nicht bekannte Präsidentenerlasse. Unter der Hand hört man, daß von russischen Betrieben kaum noch etwas hereinkommt und daß die im Haushaltsgesetz veranschlagten Steuereinnahmen nur noch auf dem Papier stünden. Daher müsse wohl oder übel die Belastbarkeit der ausländischen Geschäftsleute getestet werden. Unter dem Strich wird zwar manches nicht immer so heiß gegessen, wie es gekocht wird. Aber die häufigen Änderungen belasten das Klima und schütten den Miesepetern in Deutschland, die vor Investitionen in Rußland warnen, Wasser auf die Mühle.

Die Crux des russischen Steuerrechts besteht darin, daß es nicht aus einem Guß, sondern aus alten sowjetischen Normen und neueren Vorschriften zusammengestoppelt ist. Und es wird ständig verändert, auch um Schlupflöcher, welche die in diesem Bereich geübten Geschäftsleute entdecken, immer wieder zu stopfen.

Die russische Bürokratie wird sehr stark von dem Bestreben geleitet, Mißbräuche von Gesetzen zu verhindern. Wenn wir zum Beispiel im Ministerium über Regelungen zur Investitionsförderung sprechen, geht es alsbald auch darum, wie Mißbräuche vermieden werden können. Ihrer Natur nach vorübergehende, aber unvermeidliche Fehlentwicklungen, wie sie sich bei der Umstellung von Plan auf Markt auch im Westen immer wieder zeigten, nämlich schwarze und graue Märkte, Steuerhinterziehung, unsympathische Zeitgenossen als erfolgreiche Geschäftsleute, große Unterschiede zwischen Arm und Reich, interessieren oft mehr als die Frage, wie durch eine strukturelle Umgestaltung der Gesetze solchen Unzuträglichkeiten der Boden entzogen und so der Wohlstand aller Bürger gefördert werden könnte.

In letzter Zeit haben drei Änderungen die Gemüter erhitzt:

1. Damit die Löhne, die neue, gut verdienende Unternehmen zahlen, dem normalen Lohnniveau nicht davonlaufen, ist seit Anfang 1994 der steuerlich abzugsfähige Lohnaufwand auf das Sechsfache des gesetzlichen Mindestlohnes begrenzt. Dies wirkt sich als Investitionsbremse aus, da gerade ausländische Investoren vielfach besonders hochwertige Arbeitsplätze schaffen und ihre Mitarbeiter anständig bezahlen wollen.

2. Die Hingabe eines Darlehens war bislang, wie überall in der Welt, nicht mehrwertsteuerpflichtig. Schlaumeier, die Steuern sparen wollten, hatten aber eine Möglichkeit gefunden, Teile von Verkaufserlösen bei der Steuerbehörde als Darlehen zu deklarieren. Dadurch wollten sie die zwanzigprozentige Mehrwertsteuer und die daran geknüpfte Sondersteuer von drei Prozent vermeiden. Dieses Schlupfloch schloß die Steuerverwaltung in einer Weise, die zum Beispiel auch Weltbankdarlehen sowie Darlehen, die ausländische Muttergesellschaften an ihre russischen Tochtergesellschaften geben, mehrwertsteuerpflichtig macht. Später schob die Behörde eine Klarstellung nach, die aber den vergrätzten westlichen Investoren nicht ausreichte.

3. Die Vermögenssteuer betrug 0,5 Prozent auf das Anlagevermögen. Inzwischen wurde sie auf 1,5 Prozent erhöht. Das wäre nicht so schlimm, wenn die Steuerverwaltung nicht zugleich die bisherige Bemessungsgrundlage der Vermögenssteuer in Frage gestellt

hätte. Bei Gemeinschaftsunternehmen galt bisher als Anlagevermögen des westlichen Partners der nominelle Wert der Beteiligung. Jetzt geht die Steuerverwaltung daran, den wahren, »inneren« Wert der Beteiligungen zu ermitteln, und schreibt für die verschiedenen Vermögensbestandteile (etwa Grundstücke, EDV-Geräte) zweistellige Multiplikatoren vor. Dadurch kann die Vermögenssteuer sich auf ein Vielfaches erhöhen.

Die russischen Steuerbeamten kommen sich bei ihrem ständigen Anpassen und Löcherstopfen womöglich besonders schlau vor. Auch eine Bildungssteuer und eine Transportsteuer haben sie inzwischen erfunden. Demgegenüber zitiere ich immer wieder Ludwig Erhard, der gesagt hat, daß die wichtigste Rahmenbedingung für Investoren die Konstanz der bestehenden Rahmenbedingungen ist. Die meisten meiner Gesprächspartner stimmen mir zu, so daß ich die Hoffnung auf Besserung nicht fahrenlasse.

Das Schlimme an der russischen Steuerpraxis ist nicht einmal die Höhe der Steuern – der Spitzensteuersatz bei der Körperschaftssteuer beträgt 38 Prozent. Es geht vielmehr um die Unübersichtlichkeit, die ständigen Änderungen, die barbarischen Gepflogenheiten der Steuerinspektion (Steuerfahndung) sowie den fehlenden Rechtsschutz. Bei einem angeblichen Steuerrückstand, gelegentlich mit nicht veröffentlichten Erlassen begründet, sperrt die Steuerverwaltung sofort die Konten des Unternehmens, ja, sie darf sogar das Guthaben einziehen. Das Gericht kann der Delinquent nicht anrufen, weil die zuvor fälligen Gerichtskosten nur durch Überweisung vom Konto gezahlt werden dürfen. Im »Unterwerfungsverfahren« kommen irrsinnige Nachzahlungen heraus, weil die Steuerverwaltung ein Mehrfaches der angeblichen Steuerschuld einfordert.

Solche Horrorgeschichten höre ich immer wieder, auch, daß westliche Unternehmer bereits das Handtuch geworfen haben.

Die folgende Aufstellung hat mir ein westliches Hotel in Moskau überlassen:

Steuervergleich 1993/1994 (Stand 31. 10. 1994)

	1993	1994	
Mehrwertsteuer	20 %	20 %	vom Umsatz Hotelleistungen und Getränke
	10 %	10%	vom Umsatz Speisen
Sondersteuer	–	3 %	vom Gesamtumsatz
Autobahnsteuer	0,03 %	0,06 %	vom Umsatz Speisen und Getränke
	0,4 %	0,8 %	vom Umsatz Hotelleistungen

	1993	1994	
Vermögenssteuer	0,5 %	1,5 %	auf alle Aktiva außer Bank/Kasse Umbewertung des Anlagevermögens
Transportsteuer	–	1 %	auf Lohnkosten inkl. Nebenkosten
Bildungssteuer	–	1 %	auf Lohnkosten inkl. Nebenkosten
Zusätzliche Lohnsteuer*			Differenz zw. Summe von 6fachem
auf die vierfache Überschreitung	32 %	35 %	Mindestlohn (20 500 Rubel) und tatsächlich gezahlter Lohn
auf die achtfache Überschreitung	50 %	38 %	ab 2. Quartal 1994
Registrierungssteuer	–	1 USD	je registrierter Ausländer
Steuer Instandhaltung Wohnraum	–	1,5 %	auf Gesamteinnahmen
Zollgebühren	1 %	1 %	Speisen
	20–100 %	40–180 %	Getränke
	25 %	25 %	Non Food/andere Versorgungsgüter

*Bei diesen Lohnkosten handelt es sich um nicht abzugsfähige Betriebsausgaben.

Landwirtschaft

Geschnitzte Köpfe«, wie man hier sagt, haben die Agrarier in der Duma. Iwan Starikow, der stellvertretende Vorsitzende des Agrarausschusses und einzige Mann Gaidars in diesem Ausschuß, hatte mich zu einem gemeinschaftlichen Hearing der Duma und des Föderationsrates, also beider Kammern des russischen Parlaments, über die anstehende Gesetzgebung zum Bodenrecht eingeladen. Starikow wollte, daß ich in diesem Hearing, an dem einige hundert Abgeordnete teilnahmen, ein Statement zum deutschen Bodenrecht und zur Privatisierung der Landwirtschaft in den neuen Bundesländern abgebe.

Ich fand gerade noch die Zeit, mich telefonisch im Bonner Landwirtschaftsministerium schlau zu machen und mir das notwendige Zahlenmaterial zu beschaffen. Als Starikow gegen Ende der sehr hitzigen Debatte um Zustimmung zu meinem Auftritt bat, wurde er ausgebuht. Der Vorsitzende, Alexander Nasartschuk, beeilte sich zu betonen, daß dies nicht gegen den deutschen Professor gerichtet sei; es sei nur so, daß noch 17 Wortmeldungen von Abgeordneten vorlägen. Der Vorsitzende sagte, der Landwirtschaftsausschuß der Duma werde mich am folgenden Tag anhören.

So kam es dann auch. Wie immer bei meinen Besuchen in der Duma, ging es sehr diszipliniert zu. Der Saal war voll, und ich erhielt 15 Minuten für den Vortrag. Dann kamen die Fragen.

Zuerst wollten die Abgeordneten wissen, wieviel Geld die Europäische Union und die deutsche Bundesregierung jedes Jahr für die Landwirtschaft ausgäben. Diejenigen Abgeordneten, die Kolchos- oder Sowchos-Direktoren waren und die ich schon an ihrer Statur zu erkennen glaubte, interessierte, was aus ihren Kollegen in den Landwirtschaftlichen Produktionsgenossenschaften in der alten DDR geworden sei. Ich sagte, viele von ihnen seien so tüchtig, daß sie heute wieder gleichwertige oder sogar noch bessere Positionen in der Privatwirtschaft einnähmen.

Die Äuglein glitzerten, und Starikow sagte mir später, daß dies ein sehr gelungener Auftritt gewesen sei. Viele aus der alten Garde denken nämlich darüber nach, ob sie in einem privatwirtschaftlich geführten Betrieb nicht besser daständen.

Für mich ist es immer eine Freude zu erkennen, wie der Markt, auch nach Solschenizyn die menschlichste aller Wirtschaftsordnungen, schließlich jeden, der etwas leisten will, auf seine Seite zieht. Und manche Unverbesserliche im Westen, die immer noch gegen den Markt zu Felde ziehen, nähren sich aus der Speckschicht, die sie dank der Marktwirtschaft angesetzt haben.

Viele der alten Kolchosen und Sowchosen stecken in großen Schwierigkeiten. Ersatzteile und Saatgut fehlen, und da nach dem Gesetz jeder das Recht hat, sich ein eigenes Stück Land zuteilen zu lassen, um privat weiterzuwirtschaften, wird die Position der alten Chefs immer mehr angekratzt.

Mittlerweile gibt es viele kleine Privatbetriebe, die jetzt, solange die Leute blutarm sind, ein oder zwei Familien mit dem Nötigsten versorgen können, die aber als Erwerbsbetriebe auf Dauer nicht lebensfähig sind. Nur wenige haben es bisher geschafft, durch Privatisierung und Dazupachtung ausreichende Flächen zusammenzubekommen. Ihr Problem liegt darin, daß sie von der alten Garde scheel angesehen werden, häufig abgelegene oder wenig fruchtbare Flurstücke zugeteilt erhalten und in puncto Maschinenpark und Saatgut besonders schlecht dran sind. Oft haben privatisierungswillige Landarbeiter auch nur ein »Zertifikat« erhalten, das ihnen einen Anteil an einer Kooperative in Form einer Aktiengesellschaft verbrieft.

Vor allem die auf Dauer lebensfähigen Privatbetriebe brauchen rasche Hilfe. Was die Region Wladimir anbetrifft, so haben wir mit finanzieller Unterstützung der Bundesregierung den deutschen Genossenschafts- und Raiffeisenverband gebeten, diese neuen Privatbetriebe an die Hand zu nehmen. Als Landwirtschaftsberater in Rußland sind nach meiner Erfahrung Leute aus den früheren Landwirtschaftlichen Produktionsgenossenschaften in Ostdeutschland, die es nach der Wende geschafft haben, ihre Betriebe erfolgreich auf

Westniveau umzustellen, am besten geeignet. Die Nutzflächen sind in Rußland – wie in der früheren DDR – größer als im Westen. Auch in Rußland geht es darum, die riesigen Kolchosen und Sowchosen zunächst einmal sinnvoll in die einzelnen Profit-Centers zu zerlegen (Ackerbau, Viehzucht, Molkerei usw.), zugleich aber auch die gewachsenen Größenstrukturen zu berücksichtigen.

Oft wird es gar nicht möglich sein, schon im ersten Anlauf das bewährte deutsche Genossenschaftsmodell zu etablieren. Die Genossenschaft ist eine Basisdemokratie. Jeder Genosse muß reif und auch finanziell dazu in der Lage sein, Verantwortung für seinen Betrieb und das Ganze zu übernehmen. Einem nackten Mann kann man aber bekanntlich nicht in die Tasche fassen.

Ich frage mich auch, ob es unter den russischen Landarbeitern bereits genügend Leute mit dem Willen zur Selbständigkeit gibt. So müssen wir auch in Wladimir offen dafür sein, zunächst hierarchische Kooperationsstrukturen ins Auge zu fassen. Im Klartext: Man sucht sich einen von der alten Garde aus, der das Zeug zum Umdenken bewiesen hat, und hilft ihm dabei, den alten Agrarbetrieb nach westlichen Mustern in Schuß zu bringen. So ist es auch in den neuen Bundesländern weithin gelaufen.

Deutsche Berater stoßen bei russischen Agrariern häufig auf Unverständnis, weil man in Bonn oder Brüssel zwar Mittel für technische Hilfe, das heißt auf neudeutsch: für Consulting, lockermachen kann, daß aber kein einziger Pfennig für noch so geringe Ausgaben für Produktionsmittel, wie z. B. Ersatzteile für landwirtschaftliche Maschinen oder Saatgut, zur Verfügung steht. Ich begreife sehr wohl, daß daraus ein Faß ohne Boden werden könnte. Gleichwohl sollten wir uns überlegen, ob nicht bis zu bestimmten Grenzen und unter Anrechnung auf die für die technische Hilfe vorgesehenen Mittel auch solche Ausgaben möglich werden sollten. Seminare, so hört man immer wieder, haben wir genug, jetzt wollen wir »Butter bei die Fische«.

Wettbewerb

Eine Wirtschaft, die sich im Umbruch vom Staat zum Markt befindet, ist für Kartelle und Monopole besonders anfällig. Monopole sind für die Inhaber sehr lukrativ und daher auch zählebig. Ein Privater, der ein Staatsmonopol übernimmt, versucht natürlich, dieses Monopol aufrechtzuerhalten. Und wenn eine staatlich regulierte Branche, die mehrere Betriebe umfaßt, in private Hände übergeht, so versuchen die neuen Eigentümer, durch Absprachen die Macht über die Preise zu konservieren. Nur der Wettbewerb sorgt für verbraucherfreundliche Preise und – wie Friedrich von Hayek es formuliert hat – als »Entdeckungsverfahren« für die bestmögliche Ausnutzung der Ressourcen.

Wie zählebig Wettbewerbsbeschränkungen sind, haben wir in Deutschland nach dem Zweiten Weltkrieg am eigenen Leib erfahren. Die Nazis hatten die deutsche Wirtschaft mit einem Netz von Zwangskartellen überzogen; Stahlindustrie, Chemie, ja, alle Basisindustrien waren monopolistisch organisiert. Eine Dummheit machten die Nazis allerdings nicht, nämlich die Wirtschaft zu verstaatlichen. Die bisherigen Eigentümer und Manager, die ja die Zukunft ihrer Unternehmen sichern wollten, arbeiteten viel effizienter als staatliche Funktionäre. Auch die jüdischen Betriebe wurden nicht verstaatlicht, sondern privaten Unternehmern übergeben. Und das staatlich verordnete Monopol oder Kartell gefiel den meisten ganz gut. Nach dem Krieg machte uns dies, freilich nur in Westdeutschland, die Rückkehr zur Marktwirtschaft leichter.

Als aber zunächst die Alliierten im Potsdamer Abkommen und durch eigene besatzungsrechtliche Kartellgesetze darangingen, die Kartelle und Monopole zu beseitigen, war das Geschrei über den befürchteten »ruinösen« Wettbewerb groß. Bei den Besatzungsmächten herrschte teils der Gedanke vor, die deutsche Kriegswirtschaft zu zerschlagen, teils aber auch, jedenfalls bei den Amerikanern, die wohlmeinende Absicht, die Deutschen zur Marktwirtschaft zu bringen.

Ludwig Erhard, der das spätere deutsche Gesetz gegen Wettbewerbsbeschränkungen schon 1947, vor der Gründung der Bundesrepublik Deutschland, in Angriff nahm, hatte schwer zu kämpfen, um ein allgemeines Kartellverbot, das Kernstück eines jeden Wettbewerbsgesetzes, durchzusetzen. Selbst Konrad Adenauer hielt seinen Eifer für übertrieben. Und so bedurfte es eines fast zehnjährigen Kampfes im Deutschen Bundestag, bis das Gesetz am 1. Januar 1958 in Kraft treten konnte. Der Entwurf wurde in den parlamentarischen Beratungen arg gerupft. Feste Preise bei

Markenartikeln gab es bis Anfang der siebziger Jahre, unsere Fusionskontrolle wurde erst 1973 eingeführt.

Die Reformstaaten im Osten baten das Bundeskartellamt schon sehr frühzeitig um Beratung in Kartell- und Monopolfragen. Manchem Frust im eigenen Land ausgesetzt, waren wir sehr glücklich darüber, daß diese Länder so rasch auf den Schutz des Wettbewerbs bedacht waren. So schwärmten wir nach Budapest, Warschau, Moskau, Prag und in die baltischen Staaten aus, um unsere Kollegen dort mit unseren Gesetzen und unseren Erfahrungen bekanntzumachen. Ausgesandt und mit Reisekosten versehen wurden wir zuerst von unseren politischen Stiftungen, die in den Reformländern bereits tätig waren und Verbindungen geknüpft hatten.

In den meisten dieser Länder gab es Wissenschaftler, Juristen und Ökonomen, Akademiemitglieder, die es in den Jahren der Zwangswirtschaft verstanden hatten, sich durch vielfältige Kontakte über die westlichen Entwicklungen auf dem laufenden zu halten. So ging es mit den Kartellgesetzen in diesen Ländern verhältnismäßig rasch voran. Ungarn und Polen verabschiedeten ihre Kartellgesetze bereits 1990, Rußland, die damalige Tschechoslowakei und Bulgarien im darauffolgenden Jahr.

Keiner wollte vom anderen abschreiben. Gleichwohl entsprechen alle Gesetze den europäischen Regelungen und dem amerikanischen Anti-Trust-Recht, die ihrerseits untereinander weitgehend übereinstimmen. Auch die Gesetze in den Reformländern enthalten jeweils ein mehr oder weniger scharfes Kartellverbot, eine Fusionskontrolle sowie eine Mißbrauchsaufsicht über marktbeherrschende Unternehmen.

Meine Ratschläge gingen dahin, sich an das Brüsseler Kartellrecht zu halten; denn alle diese Länder waren ja bestrebt, sich möglichst bald an die Europäische Gemeinschaft, wie sie damals noch hieß, anzuschließen.

Das russische Kartellverbot ist insofern etwas milder als die meisten westlichen Regelungen, als es sich nur an marktbeherrschende Kartelle richtet. Dahinter steht der Gedanke, daß sich neben den alten Staatsmonopolen, wenn auch privatisiert, zunächst einmal wettbewerbliche Strukturen, eine Vielfalt selbständiger Unternehmen, herausbilden müssen. Diesen Selbständigen wollte man nicht von vornherein Kooperationsmöglichkeiten abschneiden.

Die Mißbrauchsaufsicht des russischen Kartellrechts ist in puncto Preisaufsicht schärfer gefaßt. Das ist aus der Situation heraus verständlich. So ist die russische Kartellbehörde, die im ganzen Land Außenstellen mit über zweitausend Beschäftigten unterhält, gegenwärtig hauptsächlich damit befaßt, den fortbestehenden Monopolen bei den Preisen auf die Finger zu sehen und diese Monopole nach Möglichkeit auch daran zu hindern, aufkeimenden Wettbewerb zu beeinträchtigen.

Relativ scharf, wenn auch gegenwärtig nur auf dem

Papier, ist die Fusionskontrolle. Die russische Kartellbehörde hat nämlich auch die Befugnis, marktbeherrschende Unternehmen zu entflechten. Andererseits gibt es Klauseln, die auch dann, wenn ein Zusammenschluß zur Marktbeherrschung führt, industriepolitische Gesichtspunkte einfließen lassen. So ist es in der Praxis ja auch im Brüsseler Kartellrecht.

Das russische Kartellgesetz regelt zugleich, wie auch die Gesetze Ungarns und Bulgariens, das Recht des unlauteren Wettbewerbs. Für eine Übergangszeit halte ich dies für vertretbar. In den westlichen Ländern ist die Abwehr unlauteren Wettbewerbs den Zivilgerichten überlassen. Kläger sind die von einem solchen Wettbewerb betroffenen Konkurrenten oder Verbände.

Das »Staatskomitee für Antimonopolpolitik und die Förderung neuer ökonomischer Strukturen« ist nicht so unabhängig wie das Bundeskartellamt. Auch insofern schließt sich Moskau an Brüssel an. Gegenüber den Kartellen und im Bereich der Fusionskontrolle treten die Mitarbeiter des Komitees im Augenblick noch auf der Stelle. Ich mache ihnen immer Mut und sage ihnen, daß ihre Zeit noch kommen werde. Auch in der Bundesrepublik Deutschland hätten die Unternehmen zunächst zehn Jahre lang schalten und walten können, bevor das Kartellrecht im Jahre 1958 zugeschlagen habe. Sie sollten die Zwangspause nutzen, um sich fit zu machen. Der Gedankenaustausch, gelegentlich auch ein Personalaustausch, mit dem Bundeskartellamt und anderen westlichen Kartellbehörden klappt ganz gut.

Eine russische Fallpraxis hat sich bereits bei der Mißbrauchsaufsicht über marktbeherrschende Unternehmen entwickelt. Marktbeherrscher bei den Preisen im Zaum zu halten ist bei Politikern stets beliebt, weil es verbraucherfreundlich ist und die zugrundeliegenden Monopolstrukturen, die oft politisch erwünscht sind, unberührt läßt. Ein deutsches Beispiel sind die Energieversorgungsmonopole unserer Städte und Gemeinden, die den chronisch defizitären Personennahverkehr und die öffentlichen Schwimmbäder über relativ hohe Energiepreise mitfinanzieren. Deshalb werden diese Monopole nicht abgeschafft, aber man erwartet von der Kartellbehörde, daß sie immer wieder die Trommel der Mißbrauchsaufsicht rührt, zumeist ohne durchschlagenden Erfolg.

Leonid Botschin, der Chef des Staatskomitees für Antimonopolpolitik und die Förderung neuer ökonomischer Strukturen, ist aktiv, weltläufig, allerdings wohl auch vorsichtiger als sein ungestümer und vermutlich deshalb geschaßter Amtsvorgänger Tschernogorodskij. Man kann mit ihm über alle Fragen, auch über Entwicklungen im Westen, professionell diskutieren. Er hat eine Reihe von Änderungen des russischen Kartellrechts angeregt, deren Schicksal aber noch ungewiß ist. Botschin tummelt sich auch in der Mittelstandsförderung, für die er, wie der Name seiner Behörde sagt, neben anderen ebenfalls zuständig ist.

Ein Erlebnis hat mich besonders beeindruckt: Als ich, damals noch Kartellamtspräsident, in Moskau,

Budapest, Prag und Tallin unterwegs war, fragte ich meine Partner immer, warum sie es mit dem Kartellgesetz so eilig hätten. Ich wunderte mich darüber, weil diese Länder zu jener Zeit, wie ich meinte, andere Sorgen hatten. Überall kam heraus, was schon Ludwig Erhard gesagt hatte: Das Kartellgesetz ist das Grundgesetz der Marktwirtschaft.

In den Reformländern wurde mir das folgendermaßen erklärt: In den Parlamenten und auch sonst gebe es noch viele, die an der Planwirtschaft hingen. Die müsse man auf die Marktwirtschaft festlegen. Ein Kartellgesetz beschreibe, was in der Marktwirtschaft nicht sein dürfe. Spiegelbildlich gebe es also wieder, was Marktwirtschaft ist. Die möglichst rasche Verabschiedung eines Kartellgesetzes bedeute mithin auch die alsbaldige Festlegung der Politik auf diese Maximen und sichere so die Fortentwicklung des zarten Pflänzchens Marktwirtschaft.

Sicherlich wäre es besser, wenn Rußland die Wettbewerbspolitik schon jetzt ernster nähme. Alte, wenn auch jetzt privatisierte Staatsbetriebe, die sich an den angestammten Pfründen festkrallen, würden dann rascher in Bewegung kommen. Aber der politische Wille dazu ist derzeit nicht vorhanden.

SO WEIT DER RUBEL ROLLT

Westliche Hilfe in der Krise

In der politischen Klasse Rußlands hat sich nicht nur gegenüber Ratschlägen der Amerikaner, sondern auch gegenüber der gesamten westlichen Rußlandhilfe Skepsis breitgemacht. Ein Berater Jelzins sagte mir vor kurzem: »Was hat uns die westliche Hilfe gebracht? Alle Milliarden-Dollar-Zusagen auf den Gipfeltreffen in München und Tokio, selbst wenn wir sie ernst nähmen, liegen weit unterhalb derjenigen Beträge russischen Kapitals, die in Rußland selbst und im westlichen Ausland gehortet und damit der russischen Volkswirtschaft entzogen werden.«

Bekanntlich entzieht sich ein großer Teil des russischen Sparkapitals und der Exporterlöse dadurch der Inflation und den schlechten Investitionsbedingungen in Rußland, daß diese Gelder entweder in Dollar in russischen Sparstrümpfen stecken oder auf westlichen Konten geparkt sind. Die Schätzungen schwanken zwischen 30 und 50 Milliarden Dollar.

Vernünftige russische Reformer sagen: »Erspart euch eure Milliarden-Dollar-Versprechungen! Solches Geld würde doch nur in die falschen Kanäle fließen und die Agonie Rußlands verlängern. Viel wichtiger ist, daß ihr uns eure Märkte öffnet.«

Im Augenblick behandelt der Westen Rußland fast wie ein Entwicklungsland. Westliche Energie- und Rohstoffkonzerne versuchen, sich die Ausbeutung der reichen russischen Bodenschätze zu sichern; die besten russischen Wissenschaftler werden herausgekauft. Westliche Händler machen sich den Hunger der Bevölkerung nach westlichen Ge- und Verbrauchsgütern zunutze und liefern, mit deftigen Gewinnspannen, Fertigwaren nach Rußland. Verfallsdaten bei Lebensmitteln und Medikamenten werden nicht selten unkenntlich gemacht, was man in Moskau auch von dort wohnenden Verbrauchern aus westlichen Ländern hören kann.

Doch Rußland ist kein Entwicklungsland, das wir nach dem sattsam bekannten Muster: »Rohstoffe billig raus! Fertigwaren teuer rein!«, aussaugen können. Rußland als neuer Partner des Westens braucht jetzt dringend neue Unternehmen, neue Arbeitsplätze. Wir müssen helfen, die Güterproduktion innerhalb des Landes anzukurbeln. Nur so läßt sich die Masse der Bürger davon überzeugen, daß Marktwirtschaft besser ist als Planwirtschaft. Nur so kann die Inflation gestoppt und eine wirkliche Privatisierung der russischen Wirtschaft gefördert werden.

Die Europäische Union und Deutschland geben jährlich insgesamt weit über eine Milliarde Mark für technische Hilfe (Beratung) in Osteuropa aus. In Rußland war und ist solche Hilfe wichtig, aber nachdem viele Betriebe ihre Situation begriffen haben und sich immer mehr Unternehmertalente zeigen, steigt das Bedürfnis nach Investitionskapital.

Ein wenig könnten wir durch »teilweises Umfunktionieren« unserer technischen Hilfe erreichen. Wir Deutschen wissen, was wir den mittelständischen Unternehmern in unserem Land zu verdanken haben: beim Wiederaufbau nach dem Krieg und jetzt wieder beim Aufbau Ost. Im aufblühenden russischen Handwerk und Kleingewerbe würden oft nur geringe Beträge ausreichen, um eine Erstausstattung mit Arbeitsgerät zu ermöglichen.

Im Augenblick helfen wir der Administration der Provinz Wladimir beim Aufbau eines – auf neudeutsch – »Business Center«. Bei uns in Deutschland sind das die Wirtschaftsförderungsgesellschaften, die alle Bundesländer und viele Städte unterhalten, die auf Wirtschaftsansiedlung aus sind.

Bei dieser Arbeit stoßen wir immer wieder auf Jungunternehmer und auf Leute, die sich aus den früheren Staatsbetrieben heraus selbständig machen wollen. Die erwachenden Märkte, z. B. für Baustoffe, Küchenmöbel, Fenster und manches andere, auch im Handwerk, eröffnen vielerlei Chancen. Unseren Beratern sollte es möglich sein, in Fällen, in denen es um verhältnismäßig kleine Beträge für eine einmalige Anschubfinanzierung geht, neben der Beratung auch Investitionshilfe durch Geld- oder Sachleistungen anzubieten. Die Regierung in Moskau und auch die Provinzregierungen haben zwar bereits oder planen eigene Mittelstandsprogramme. Gegenwärtig sind aber die Kassen leer. Deutsche und Brüsseler Hilfe, die hier und da Mühlen zum Mahlen, Sägen zum Kreischen und Abluftanlagen zum Summen brächte, wäre ein großer Erfolg; auch psychologisch.

Am grünen Tisch geplante Seminare mit russischen Spitzenbeamten oder deutsch-russische Diskussionsveranstaltungen allgemeiner Art mögen dem gegenseitigen Kennenlernen dienen, bringen aber darüber hinaus nach zehn Jahren Glasnost und Perestroika nichts mehr. Die meisten russischen Politiker, Spitzenbeamten und Spitzenfunktionäre haben inzwischen die ganze Welt bereist und sind intellektuell mit allen wirtschaftspolitischen Konzepten und Problemen vertraut.

Nachholbedarf an Westreisen haben noch Duma-Abgeordnete, die brav in ihren Ausschüssen und Unterausschüssen arbeiten und gern mit Ministerien, Verbänden und Organisationen in Deutschland speziellen fachlichen Kontakt aufnehmen würden. Hier könnten wir etwas tun, beispielsweise aus Mitteln unserer technischen Hilfe die Kostenübernahme für Kurzreisen (zwei Reisetage, drei Arbeitstage, z. B. in Bonn und in einem Bundesland) anbieten. Mit Begleiter, also für zwei Personen, kostet das je Reise etwa 6000 Mark. Die Europäische Union bietet solche Reisen an, das Bewilligungsverfahren ist aber ziemlich umständlich. Sehr aktiv sind auch hier unsere amerikanischen Freunde, die Amerika-Reisen großzügig gewähren.

Beratung durch Consultants sollte betriebsbezogen in Rußland, am besten mit potentiellen Investoren im Rücken, durchgeführt werden. Die Russen brauchen jetzt investitionsnahe Beratung, nicht mehr allgemein gehaltene Studien, die doch niemand liest. »Unsere Schwächen habt ihr uns zur Genüge gezeigt«, sagen die Leute in Wladimir, »jetzt kommt und zeigt uns, wie man's macht!«

Die deutsche Beratungshilfe in Mittel- und Osteuropa ist besser koordiniert, seitdem die Bundesregierung im Juli 1993 Walter Kittel, früher Staatssekretär im Bundeslandwirtschaftsministerium und auch in Brüssel erfahren, zum Beauftragten für die Beratung in Osteuropa bestellt hat. Zuvor hatte der Haushaltsausschuß des Bundestages dafür gesorgt, daß von 1994 an die Osteuropahilfe auf acht Bundesministerien konzentriert ist. Bis dahin hatten alle 18 Ressorts solche Titel.

Nach wie vor beanspruchen die beteiligten Ressorts bei der Osteuropahilfe ihr Eigenleben, was den Ideenreichtum fördert. Kittel sorgt aber dafür, daß nicht Scharen von Ministerialen aus den verschiedenen Ressorts in Osteuropa herumreisen und jeder sein eigenes Süppchen kocht.

Walter Kittel, der seine Karriere im Bundeswirtschaftsministerium begann, und ich kennen uns seit vielen Jahren, und wir waren beide eine Zeitlang auf der Ministeretage in Bonn-Duisdorf als persönliche Referenten. Wir trafen uns im Januar 1993 in Berlin wieder und sprachen darüber, ob er sich nicht für die Reformländer im Osten engagieren sollte. So kommen wir, er als der Stratege mit dem Geldbeutel für elf mittel- und osteuropäische Länder in Bonn, ich als das »Trüffelschwein« vor Ort in Moskau und Wladimir, gut miteinander aus.

1994 hatte die Bundesregierung für die technische Hilfe in den mittel- und osteuropäischen Reformländern 300 Millionen DM zur Verfügung. Davon wurden 75 Millionen in Rußland verbraucht. Es gab vier Schwerpunktregionen:

- Umland Moskau
- St. Petersburg
- Tjumen
- Wladimir

Auch 1995 wollen wir in Wladimir weitermachen. Alle acht Bundesministerien, die Rußland-Titel verwalten, haben sich in Wladimir engagiert. Die Wladimirer begrüßen diese Hilfe, warten aber darauf, daß endlich auch Investitionen deutscher Unternehmen folgen. Hier fehlt bisher ein durchschlagender Erfolg, wenngleich eine Reihe von Projekten ventiliert wird und manches bereits läuft.

Enttäuschte Erwartungen müssen die Länder im Osten im Verhältnis zur Europäischen Union ertragen. Um ihre Fertigwaren und landwirtschaftlichen Produkte auf den Märkten der Europäischen Union anbieten zu können, bemühten sich die neuen Staaten im Osten sehr frühzeitig um eine möglichst enge Anlehnung an die Union. Mit der UdSSR schloß Brüssel bereits Ende 1989 ein Handels- und Kooperationsabkommen, das die Meistbegünstigung, den Abbau mengenmäßiger Beschränkungen im gegenseitigen Warenaustausch und die Bildung einer gemeinsamen Kommission vorsah. Sechs mittel- und osteuropäische Länder, darunter die Tschechische Republik, Ungarn und Polen, haben inzwischen die höhere Stufe von Assoziierungsabkommen mit der Europäischen Union erreicht, was auch Rußland anstrebt. Polen und Ungarn haben sogar schon Beitrittsanträge zur Union gestellt.

Aus den Handelsabkommen holten die Länder der Europäischen Union bisher mehr heraus als die Transformationsländer. Dies zeigt die Entwicklung der Handelsbilanzen. Nun ist es nur natürlich, daß der Nachholbedarf in diesen Ländern ihre Handelsbilanzdefizite hochtreibt. Die Europäische Union tut aber ein übriges, um einseitig für sich Vorteile zu ziehen.

Vertrauensschäden in den neuen Ländern im Osten hat die Brüsseler Praxis verursacht, trotz der bestehenden Handelsvereinbarungen immer wieder unbequeme Importe aus diesen Ländern mit Hilfe von einseitig festgesetzten Importkontingenten zu blockieren, beispielsweise bei Stahl, Zement, Textilien und Obst.

Ein Damoklesschwert, das über den Reformländern schwebt und jederzeit niedersausen kann, ist das Anti-Dumping-Verfahren, ein sogenanntes »sekundäres« Schutzinstrument, das Brüssel über die Kontingentierung hinaus zur Abwehr von Niedrigpreisimporten zur Verfügung steht. Dumping liegt vor, wenn das Exportland seine Preise künstlich verbilligt und dadurch schwere Schäden für die betroffenen Branchen in EU-Ländern drohen. Brüssel setzt in solchen Fällen Anti-Dumping-Zölle fest, durch die die Einfuhren entsprechend verteuert werden. Auch dieses Instrument wurde bereits angewendet, obgleich beispielsweise die Stahl- und Zementimporte aus dem Osten nur minimale Mengen des EU-Verbrauchs ausmachen.

Selbstverständlich tut es unseren Unternehmen in der Europäischen Union weh, wenn Niedrigpreisimporte aus den Reformländern, die niedrige Lohnkosten haben, unser Preisgefüge durcheinanderbringen. Daß es uns möglich sein muß, in wirklichen Härtefällen, wo bei uns ganze Branchen auf dem Spiel stehen, Druck auszuüben, sieht jeder ein. Solche Fälle sind selten. Aber Brüssel nutzt die Kontingentierung und das Anti-Dumping-Verfahren anscheinend in einer Weise, die den Reformländern jede Chance nimmt, sogenannte komparative Kostenvorteile bei den Lohnkosten zu nutzen. Doch wie, wenn nicht dadurch, sollen diese Länder je auf die Beine kommen? Außerdem wird auf diese Weise oft heilsamer Wettbewerb ausgeschaltet, und letztlich zahlen unsere Verbraucher die Zeche.

Mir ist wohl klar, daß in einer Zeit, in der die Erhaltung von Arbeitsplätzen oberste Priorität hat, der Freihandel Federn lassen muß. Dauert die Arbeitslosigkeit in Europa an, halte ich es für zweifelhaft, ob der Freihandel als tragendes Weltwirtschaftsprinzip überhaupt noch Zukunft hat. Der jahrelange Kampf um das GATT zeigte es bereits, und gerade auch die

Amerikaner, die sich beispielsweise als Berater in Rußland so freihändlerisch geben, sind – soweit es um die Abschottung ihrer eigenen Märkte geht – ausgesprochene Protektionisten geworden.

Da verfängt auch nicht das Argument, daß Importbeschränkungen auf eine Zementierung ökonomisch nicht oder nicht mehr sinnvoller Strukturen in den geschützten Ländern auf Kosten der Allgemeinheit hinauslaufen. Jeder ist sich selbst der Nächste, und kaum einer hat noch den Mut, auf diese Zusammenhänge hinzuweisen. Einer der südlichen Mitgliedstaaten der Europäischen Union hat sich seine Zustimmung zum Abschluß der Assoziierungsabkommen mit ehemaligen Ostblockländern mit einigen hundert Millionen Ecu »abkaufen« lassen, die Brüssel zahlen mußte.

Betroffene europäische Hersteller stehen in Brüssel sofort auf der Matte, wenn ihnen unbequeme Importe aus den Reformländern Konkurrenz machen. »Die Brüsseler Kommission kann nicht besser sein als die Mitgliedsländer«, sagte mir einer der europäischen Oberhirten.

Im Agrarbereich hat die Europäische Union, um ihre Agrarüberschüsse loszuwerden und ihre Läger zu räumen, nach Abschluß der Handelsverträge regelrechte Exportoffensiven in die Transformationsländer gestartet. Deren Anteil am Agrarimport in die Union ging zurück, während die EU-Exporte in diese Länder explodierten – alles subventionierte, künstlich verbilligte Agrarerzeugnisse, die die konkurrenzfähigen einheimischen Produkte verdrängten. Und den Transformationsländern selbst sind die Hände gebunden. In den Assoziierungsabkommen mußten sie auf Gegenwehr verzichten.

Die neuen Demokratien in Mittel- und Osteuropa brauchen den unbehinderten Zugang zu unseren Märkten nicht nur deswegen, weil sie ohne ausreichenden Export die steigenden Importe nicht finanzieren können. Sie brauchen ihn auch als Ventil, um dem wachsenden protektionistischen Druck standhalten zu können, der in diesen Ländern von den Verlierern der Transformationsprozesse, von den Opfern eines unfairen Wettbewerbs aus EU-Ländern sowie von ausländischen Investoren, die nach Importschutz rufen, ausgeht.

Wenn das Brüsseler Europa hier nicht über seinen Schatten springt, riskieren wir bei unseren neuen Partnern im Osten, wie der Bundeswirtschaftsminister und andere besonnene Leute aus beiden Lagern immer wieder mahnen, Europa-Müdigkeit, Ausländerfeindlichkeit, wirtschaftliche Stagnation und letztlich politische Instabilität.

Wir müssen die Lasten der Transformation mit den Reformländern teilen. Das liegt in unserem ureigenen Interesse, damit dort Ruhe einkehrt und die Zahl der Wirtschaftsflüchtlinge sich in Grenzen hält. Vorteile für uns liegen in zusätzlichen Exportmärkten und in der Möglichkeit, durch Produktionsverlagerung das noch bestehende Lohngefälle auszunutzen. Wir sollten uns davon freimachen, solche Entscheidungen unserer Unternehmen als unerwünschten Export von Arbeitsplätzen zu verteufeln. Ein ausgewogener Mix, Kooperationen unserer Unternehmen mit östlichen Partnern, kann beim deutschen Partner die Gesamtkosten senken und dadurch Arbeitsplätze in Deutschland retten, die sonst verloren wären.

Wenn Frankreich und andere Mitgliedstaaten der Europäischen Union sagen, die Reformländer im Osten sollten zunächst ihre Wirtschaft in Ordnung bringen und so »europawürdig« werden, bevor sie bei uns Anschluß finden können, so bedeutet dies eine gefährliche Freizeichnung von einer Verantwortung, die wir mit den Europäern im Osten gemeinsam tragen und die wir mitübernehmen müssen, wenn uns der Frieden lieb ist. Richtig ist, daß es Sache der Reformländer ist, die Inflation zu bekämpfen und investitionsfreundliche Rahmenbedingungen zu schaffen. An uns ist es, ihnen unsere Märkte zu öffnen.

All dies verhallt ungehört. Im Gegenteil! Brüssel droht damit, nur noch solche Länder mit ihren Waren hineinzulassen, die selbst Mindeststandards bei den Menschenrechten, in der Sozialpolitik und beim Umweltschutz erfüllen. Damit könnte man Niedriglohnländer eliminieren.

Das wäre aber reiner Zynismus; denn Menschenrechte, erträgliche Sozialstandards und Umweltschutz hängen davon ab, daß ein gewisses Wohlstandsniveau vorhanden ist. Um ein solches Niveau zu erreichen, brauchen diese Länder aber Absatzmärkte.

Setzt diese Linie sich in Brüssel durch, die in bezug auf den Osten – gegen den Widerstand Deutschlands – von Frankreich, Italien und Spanien befürwortet wird, so würde dies die seit je bestehenden handelspolitischen Interessengegensätze zwischen den mediterranen Ländern im Westen und den Ländern im Osten neu beleben. Alte merkantilistische Zöpfe und Animositäten im Westen würden die notwendige Erweiterung des Freihandels nach Osten erschweren. Auf Deutschland in der Mitte lastet denn auch die Rolle des Mittlers zwischen diesen Welten.

Hier zeigt sich eine Krankheit unserer gesamten Entwicklungspolitik. Forsch und unbekümmert fordern die Gralshüter in den »aufgeklärten« westlichen Demokratien, daß auch alle übrigen Völker dieser Erde nach westlicher Fasson zu leben und zu sterben haben. Wenn es hingegen darum geht, solchen Ländern durch Öffnung unserer Märkte, durch weltwirtschaftliche Arbeitsteilung Wohlstand zu ermöglichen, stellen wir uns taub. Da ginge es nämlich ans Eingemachte, an unsere eigenen Arbeitsplätze und ans eigene Wirtschaftswachstum. Und da schweigt die Humanität. Gute Worte, Konferenzen, Wohltätigkeit (die auch Geschäft sein kann), UNO-Kontingente und alles, was unseren Export steigert, ja! Aber nur kein Wohlstandstransfer! Wie peinlich sind oft die Auftritte westlicher Staatsgäste in Ländern mit breiter Armut, wenn sie ihre Pflichtvorlesung über Menschenrechte absolvieren!

Abgesehen von unserer gespaltenen Zunge, ein bißchen Respekt vor fremden Kulturkreisen, anderen

Traditionen und anderen Lebensbedingungen stände uns gut an. Die neuen Kreuzzügler aus dem Westen wissen hoffentlich, daß die Erklärung der Vereinten Nationen über die Menschenrechte vom Dezember 1948, die wir allen überzustülpen bestrebt sind, allein von den westlichen Demokratien entwickelt wurde. Afrika, die islamische Welt und Ostasien waren nicht dabei.

Europa will seine Arbeitsplätze auch in den alten Industrien und seine Landwirtschaft erhalten und stemmt sich gegen den Strukturwandel. Vor einer totalen Abhängigkeit vom Welthandel, wie sie zum Beispiel Japan eingegangen ist, haben wir Angst. Aber gegen die Einwanderungsströme, die auf Mittel- und Westeuropa drücken und besonders Deutschland, die große offene Mitte, zum Ziel haben, könnten wir uns selbst durch rabiateste Abwehr nicht wirksam schützen. Ein Beispiel ist derzeit Kalifornien, wo die Grenzkontrollen mit einem Riesenaufwand betrieben werden, das aber gleichwohl von Mexiko her von illegalen Zuwanderern, auch aus dem asiatischen Raum, überschwemmt wird. Die Asiaten sind zu fleißig, die Integration klappt nicht, und die einheimische Bevölkerung sieht sich von fremden Hautfarben und Kulturen in die Enge getrieben.

Europa ist von Wanderungsbewegungen aus dem Osten, Südosten und aus dem nördlichen Afrika bedroht. Die religiösen Fundamentalisten in diesen Regionen treiben die Auswanderung der mobilen Bevölkerung noch an. Westliche Entwicklungshilfe hat bisher meistens dazu geführt, daß sich in diesen

Ländern reiche Oberschichten herausgebildet haben, aber kein Wohlstand für alle. Unsere Milliarden, die für zum Teil unsinnige Investitionen verwendet werden müssen, konservieren eher die alten Strukturen. Und wenn wir Geldwertstabilität, offene Märkte und freien Zahlungsverkehr fordern, so dient dies mehr unseren Geschäftsinteressen als den Menschen in diesen Ländern. Mittlerweile geht die Wohlstandsschere zwischen Nord und Süd immer weiter auseinander.

Öffnen wir diesen Ländern nicht unsere Märkte, damit sie zu Hause Wohlstand schaffen können, werden die Menschen früher oder später zu uns kommen. Und bei allem Respekt vor den Träumen von einer multikulturellen Gesellschaft – wenn es uns Deutschen an unseren Wohlstand ginge, würden auch die letzten Träumer aufwachen, und es wäre Schluß mit der Libertät! Wir sollten uns beizeiten überlegen, wie sich eine Arbeitsteilung zwischen Arm und Reich organisieren ließe. Und wir sollten sehen, wie in diesen Ländern von unten her ein Mittelstand aufgebaut werden könnte. Möglichst überall einen zufriedenen Mittelstand mit entsprechendem politischem Einfluß, breiten Wohlstand, den klassischen Bürgerstaat auf vielen Schultern – mehr können wir uns nicht wünschen, um unserer Welt Stabilität, Frieden und einen ruhigen Weg in die Zukunft zu sichern.

Wladimir: die Probe aufs Exempel

Die Region Wladimir, 1,6 Millionen Einwohner, ist mit 30 000 Quadratkilometern so groß wie das Land Brandenburg, liegt östlich von Moskau und grenzt unmittelbar an die Moskauer Region. Die Hauptstadt der Region Wladimir heißt ebenfalls Wladimir. Von Moskau aus braucht man für die 200 Kilometer bis dorthin – bei gutem Wetter – reichlich zwei Stunden. Fährt man 200 Kilometer weiter nach Osten, so ist man in der drittgrößten westrussischen Millionenstadt, Nischnij Nowgorod, der alten Handels- und Messestadt an der Wolga. Wladimir liegt also zwischen zwei Millionenstädten, mit ihnen verbunden durch eine relativ gut ausgebaute Straße und die Eisenbahn. Zugleich hat Wladimir alle Vorteile einer Provinzstadt.

Früher gab es in Wladimir viel Rüstungsindustrie. Die Arbeitskräfte sind also gut ausgebildet. Von seiner Wirtschaftskraft her rechnet sich Wladimir unter den 89 russischen Teilgebieten zu den ersten 20.

In alter Zeit, um das Jahr 1200, war Wladimir die Hauptstadt der Rus. Erst der Großfürst von Wladimir hat, als er mit der »Sammlung der russischen Erde« begann, das damals unbedeutende Moskau zur neuen Hauptstadt gemacht.

Den Besucher erfreuen viele schöne alte Bauwerke. Die Kathedrale der Stadt Wladimir stammt von 1152, aus der gleichen Zeit das Goldene Tor. Eine Touristenattraktion, auch schon für »Wessis«, ist der Klosterkomplex in der Stadt Susdal, 30 Kilometer nördlich der Stadt Wladimir.

Die UNESCO hat diese Bauwerke zum Weltkulturerbe erklärt, aber bisher gelang es mir nicht, einen Investor für ein Hotel zu finden. Wenn ich Geschäftsmann wäre, würde ich mir für meine Kinder den Platz für eine Imbißbude am Eingang zu den Klöstern sichern. Irgendwann wird Wladimir-Susdal in den Katalogen der Reiseveranstalter stehen.

Die Industriestruktur der Region Wladimir ist vielfältig. Es gibt keine Riesenkombinate, wie man sie in den Rohstoffgebieten Sibiriens antrifft. Die Industriestruktur ist fast mittelständisch, wie in Deutschland. Der größte Betrieb ist das Traktorenwerk mit 13000 Mitarbeitern. Im übrigen zählt Wladimir Tausende von Klein- und Mittelbetrieben. Schwerpunkte sind Maschinenbau, Glasproduktion und Textilwirtschaft. Wladimir gehört zu den Regionen Rußlands, die sich mit ihrer Landwirtschaft weitgehend selbst ernähren können.

Wie bin ich auf Wladimir gekommen?

Als im Herbst 1992 der Machtkampf zwischen Boris Jelzin, dem Staatspräsidenten, und Ruslan Chasbulatow, dem Präsidenten des Obersten Sowjet, tobte, war die Moskauer Bürokratie gelähmt, jedenfalls nicht mit Reformpolitik beschäftigt. Gesetzentwürfe schmorten in Schubladen. Es gab für mich wenig Nützliches zu tun.

In einer Sitzung des deutsch-russischen Kooperationsrates in Moskau, an der auch Gouverneure und Vizegouverneure aus russischen Provinzen teilnahmen, sagte ich, daß ich Zusammenarbeit auf dieser regionalen Ebene suchte. Mir war längst klargeworden, daß auch in Rußland die Erneuerung von unten kommen mußte. Und angesichts der Moskauer Querelen pochten die Provinzen ohnehin immer mehr auf ihre Eigenständigkeit und waren bestrebt, sich in ihrer Entwicklung von Moskau abzukoppeln. Haften geblieben ist bei mir das Wort eines ansonsten Jelzintreuen Gouverneurs: »Moskau interessiert sich nicht für mich, und ich interessiere mich nicht für Moskau.«

Der erste, der sich auf mein Angebot bei mir meldete, war der damalige Vizegouverneur der Provinz Wladimir, Leonid Schergin. Er sagte: »Mein Gouverneur, Jurij Wlassow, ist der jüngste in Rußland. Wir wollen die soziale Marktwirtschaft, und wir wollen zusammen mit Ihnen einen neuen Anfang machen.«

Im weiteren Verlauf des Gesprächs erfuhr ich, daß fünf Kombinatschefs aus der Provinz Wladimir die Administration um die Vermittlung deutscher Hilfe gebeten hatten. Damals scheuten viele Kombinatschefs noch davor zurück, ausländische Berater in ihre Betriebe hineinzulassen. Beratung genossen sie allenfalls zur Imagepflege, legten die Ratschläge dann aber rasch beiseite.

So machte ich die Nagelprobe und stellte zur Bedingung, daß deutsche Experten sofort diese Betriebe in Augenschein nehmen dürften. Schergin sagte dies für die Administration zu.

Nun zögerte auch ich nicht mehr und wollte sogleich nach Wladimir aufbrechen. Da ich von praktischer Betriebswirtschaft nichts verstehe, sah ich mich nach einem Helfer um. Im Olympic Penta Hotel in Moskau, in dem ich damals wohnte, war an diesem Tag auch ein junger Russe, Alexander Soubtschenko, der für die deutsche Beratungsfirma Roland Berger & Partner arbeitete und den ich schon einmal als Fachmann zu Gesprächen im russischen Wirtschaftsministerium hinzugezogen hatte. Soubtschenko war in Rußland als Ingenieur ausgebildet und in Lehrgängen der Carl-Duisberg-Gesellschaft auf Marktwirtschaft getrimmt worden. Anschließend hatte er bei Roland Berger angeheuert.

Soubtschenko war bereit, und wir fuhren mit dem Auto nach Wladimir. Im dortigen Weißen Haus erwarteten uns vier der fünf Kombinatschefs. Der fünfte war, wie es hieß, auf einer Dienstreise.

Alle waren gestandene Männer, ans Befehlen, aber auch ans Improvisieren gewöhnt. Mein Vorteil aus russischer Sicht war, daß ich sie an Alter übertraf.

Ich erhob also meine Stimme, dankte ihnen für ihr Vertrauen, sagte aber auch, daß ich mich sofort auf dem Absatz umdrehen würde, wenn sie mich nicht in ihre Betriebe ließen. Soubtschenko, so fuhr ich fort, werde solange wie nötig in Wladimir bleiben, um sich die Betriebe von innen anzusehen und einen fundierten Eindruck zu gewinnen, ob und wie wir helfen könnten. Alle vier erklärten sich schließlich einverstanden. Besonders kooperativ zeigte sich Wiktor Aljakrinskij, Chef des Maschinenbaukombinats »Technika«. Er wurde unser erfolgreichster Partner.

Viele der alten Kombinatschefs sind achtbare Leute. Kombinate in rohstoffreichen Regionen, die Tauschware bieten können, mögen es besser haben. Aber in Gebieten wie Wladimir, die über keine natürlichen Ressourcen verfügen, muß der Chef ständig improvisieren und Löcher stopfen, wenn das benötigte Vormaterial nicht kommt, die betriebliche Poliklinik keine Medikamente mehr hat, Nahrungsmittel fehlen und dergleichen. In der sowjetischen Mangelwirtschaft ist das Kombinat wie ein Staat im Staate. Von der Wiege bis zur Bahre müssen die Mitarbeiter versorgt werden, und wenn der Chef ein Herz dafür hat und es schafft, dann finde ich das schon anerkennenswert.

Aljakrinskij sagte mir auch bald seine Meinung über die damals gerade anlaufende Voucher-Privatisierung. Was solle er mit Leuten anfangen, die sich mit ihren Vouchern in seinen Betrieb einkaufen wollten. Sie hätten kein Geld in der Hose und nichts im Kopf. Sie wollten den Betrieb nur ausrauben. »Technika« hatte sich daher, wie viele russische Staatsbetriebe, für die zweite Variante der Privatisierung entschieden und den Betrieb in eine geschlossene Aktiengesellschaft umgewandelt, die mehrheitlich im Besitz der Belegschaft blieb.

»Alle meine Mitarbeiter«, sagte Aljakrinskij, »und nicht nur sie, sondern auch ihre Kinder und Kindeskinder«, hätten ihre Voucher bei ihm abgeliefert. Dafür werde er ihnen kostenlos Aktien zuteilen, wenn »Technika« über den Berg sei.

Ich konnte ihm diese Haltung nicht verübeln, weil die Manager der zahlreichen Investmentfonds, die die Voucher beim breiten Publikum aufkauften oder mit leeren Versprechungen als Investment-Einlagen einwarben, in der Tat nichts zu bieten hatten. Ich nahm ihm auch ab, daß er, selbstverständlich neben der Wahrung seiner eigenen Position, auch das Wohl seiner Mitarbeiter im Auge hatte.

Roland Berger & Partner hat dann, im Auftrag der Treuhand-Ost-Beratungsgesellschaft, welche die dafür erforderlichen Mittel vom Bundesfinanzminister erhielt, zwei Kombinate ausgesucht, bei denen die besten Erfolgschancen bestanden. Wir wollten unsere erste Arbeit in Wladimir nicht mit einem Mißerfolg beenden. Diese beiden Betriebe waren »Technika« und »Elektropribor«.

Sie werden von uns bis heute betreut, wobei »Elektropribor« gegenüber »Technika« abgefallen ist. Das liegt auch an der Produktpalette und daran, daß die Konversion bei »Elektropribor« sich als weit schwieriger erwiesen hat als bei »Technika«.

Unser Beratungskonzept zielte von vornherein auf »sanfte« Privatisierung. Ich hatte den Chefs schon im ersten Gespräch zugesagt, daß unser Rat nicht lauten würde: Der Chef muß weg, oder es müssen Leute entlassen werden. Unser Bestreben war, die Führungskräfte in beiden Betrieben in den Stand zu versetzen, selbst die notwendigen Entscheidungen zu treffen.

Roland Berger berief Arbeitsgruppen, die nur aus dem russischen Management einschließlich der Arbeitnehmer-Vertreter bestanden. Die Moderation blieb im Hintergrund. Reine Lehrveranstaltungen gab es nur am Anfang, um den Russen das Denken in Kosten beizubringen.

Inzwischen hat »Technika« aus eigenem Antrieb seine Belegschaft um ein Drittel auf nunmehr rund 2000 Mitarbeiter zurückgefahren. Durch Umschichtungen und Verselbständigung von Betriebsteilen ist niemand arbeitslos geworden. Westliche Kooperationspartner sind mit »Technika« im Gespräch.

Ein schönes Erlebnis hatte ich in Berlin. In meinem Büro erschienen zwei Abgesandte der bekannten Waldorfschule und teilten mir mit, daß sie, was ich gar nicht wußte, zwei Waldorf-Schulklassen in Wladimir betrieben. Einen Teil der Kosten habe bisher ein Kombinat namens »Elektropribor« getragen. Nunmehr habe »Elektropribor« mitgeteilt, daß es nicht Aufgabe eines Industriebetriebes sei, eine allgemeinbildende Schule zu unterhalten. Die Leitung der Waldorfschule möge sich für die Zukunft an die Stadt Wladimir wenden.

Die beiden Waldorf-Abgesandten wunderten sich

darüber, daß ich mich über diese Nachricht so freute. Eigentlich hatten sie mich darum bitten wollen, auf »Elektropribor« einzuwirken, damit alles beim alten blieb. Ich machte ihnen aber klar, daß in diesem Fall eine Bataille für die Marktwirtschaft geschlagen und gewonnen worden sei.

Großes Lob verdienen mein altes Mutterhaus, das Bundeswirtschaftsministerium, wie auch das Bundesfinanzministerium, das Auswärtige Amt und die anderen beteiligten Ressorts dafür, daß sie die finanziellen Mittel für unsere technische Hilfe in Wladimir rasch bereitstellten, nachdem sie sich für dieses Projekt hatten erwärmen lassen. Im Herbst 1992 war ich zum ersten Mal in Wladimir, und schon am 11. Januar 1993 konnte Roland Berger & Partner die Arbeit aufnehmen. Wir haben bewußt mitten im kalten Winter angefangen, um den Russen zu zeigen, daß wir vor nichts zurückschrecken. Mein Dank geht auch an die deutsche Botschaft in Moskau und an die Mandatare der Bundesregierung, die Kreditanstalt für Wiederaufbau sowie die Treuhand-Ost-Beratungsgesellschaft, die die Arbeit »vor Ort« organisieren.

Inzwischen tummeln sich acht Bundesressorts in Wladimir. Neben den Kombinaten »Technika« und »Elektropribor« helfen wir den Wladimirern bei der Neustrukturierung ihrer Landwirtschaft und der Lebensmittelverarbeitung, beraten Betriebe der Telekommunikation und der Glasindustrie, bilden Manager und Verwaltungsbeamte aus, werben Investoren an, bemühen uns um Kreditfinanzierung, haben ein Modell für die Privatisierung der Wohnungswirtschaft entwickelt und helfen den Russen beim Aufbau eines Wirtschaftsförderungszentrums. Die Mittel für das Wirtschaftsförderungszentrum stellt Brüssel bereit.

Auch in puncto Wirtschaftsförderungszentrum verfolgen wir unsere alte Linie, den Russen nicht Berater vor die Nase zu setzen, sondern uns als Gesprächspartner anzubieten und die Entscheidungen unseren russischen Partnern selbst zu überlassen.

»Besserwessis« sind auch in Rußland nicht gefragt, zumal man inzwischen erkannt und erfahren hat, daß nicht alles Gold ist, was aus dem Westen kommt. Manches können auch wir von den Russen lernen.

Als ich im Herbst 1992 in Wladimir anfing, bekam ich zunächst Schwierigkeiten mit meinen Moskauer Partnern. Sergej Krasawtschenko und andere meinten, Rußland müsse im ganzen entwickelt werden, und ich dürfe mir nicht eine einzelne Region heraussuchen. Die Bevölkerung wolle keine »Inseln«. Ich hörte die Geschichte von dem Nagelbrett. Wenn ein Nagel den Kopf herausstrecke, werde er, so sei es in Rußland Brauch, wieder in das Brett hineingeschlagen.

Heute, nachdem die Regionen sich in der neuen Verfassung eine gewisse Eigenständigkeit erkämpft haben und offensichtlich geworden ist, daß angesichts der zum Teil chaotischen Verhältnisse in Moskau Fortschritte sich vielfach in die Regionen verlagert haben, sieht man das anders. Neulich sagte mir mein Freund Krasawtschenko, ich solle in Wladimir weitermachen. Durch Erfolge dort könnte ich die Front der Marktwirtschaftsgegner in Moskau gewissermaßen von hinten aufrollen.

Um es mit Moskau nicht zu verderben, führte ich anfangs Gespräche mit der Administration von Wladimir stets nur im russischen Wirtschaftsministerium in Moskau. Die Vereinbarung über die Wladimir-Hilfe wurde in Moskau abgeschlossen. Die Betriebe waren nur Mitunterzeichner. Heute informiere ich das russische Wirtschaftsministerium ständig über den Fortgang unserer Arbeit in Wladimir, um jeglichem Mißtrauen den Stachel zu nehmen. Meine Partner im russischen Wirtschaftsministerium sind immer wieder froh, wenn ich ihnen Erfreuliches aus Wladimir berichten kann.

Ich erwähne diesen Punkt deshalb so ausführlich, weil es in einer Zeit, in der sich das Verhältnis zwischen Zentrale und Provinzen in Rußland noch nicht eingependelt hat, für den ausländischen Berater besonders wichtig ist, beiderseitige Empfindlichkeiten zu berücksichtigen. An meinen russischen Partnern schätze ich immer wieder, daß sie offen sind und Vertrauen rechtfertigen, wenn man mit ihnen ebenso offen umgeht. Natürlich gibt es auch dort ängstliche Typen, die den Gesinnungsterror des alten Systems nicht abschütteln konnten und aus denen man nichts herauskriegt. Hingegen sind die Spitzenleute in der Administration, wie ich immer wieder feststelle, nicht anders und nicht schlechter als unsere.

Leider haben wir den wirklichen Durchbruch in Wladimir noch nicht geschafft. Nützliche Berater hatten und haben wir genug, aber Investoren fehlen immer noch. Überall in Deutschland, auch in Österreich und der Schweiz habe ich in vielen Veranstaltungen für Wladimir geworben. Drei Reisebusse voller Mittelständler habe ich im Frühjahr und im Herbst 1993 nach Wladimir auf den Weg gebracht. Wie mir kürzlich der Gouverneur sagte, seien im Augenblick etwa 40 deutsche Unternehmen in Wladimir zugange und suchten nach Kooperationspartnern. Lohnfertigung gibt es schon.

Aber wer bringt zum Beispiel die Molkerei und den Fleischereibetrieb in Wladimir in Ordnung? Wer hat den Mut, Lebensmittel, Küchenmöbel, Baustoffe, Fenster zu produzieren, die Glasfabriken zu beschäftigen und den zahlreichen Textilverarbeitungsbetrieben Arbeit zu geben?

Der Bedarf an solchen zivilen Gütern in Wladimir und Umgebung wächst ständig, und große Absatzmärkte wie Moskau und Nischnij Nowgorod sind nicht weit. Die Skala der Bedürfnisse ist etwa die gleiche wie in den vierziger und fünfziger Jahren bei uns: Freßwelle, Bekleidungswelle, Möbelwelle, Auto, Reisen.

Sind die deutschen Unternehmer wirklich müde geworden? Sehen wir nicht die Marktchancen vor unserer Haustür? Denken unsere Unternehmer nur noch für den Tag?

Eine wichtige Rolle in Wladimir spielt die fränkische Stadt Erlangen. Erlangen ist Partnerstadt der Stadt Wladimir. Peter Steger, zuständiger Referent in Erlangen, spricht Russisch, und wenn man sich den jährlichen Veranstaltungskalender anschaut, begreift man, wie wichtig solche Partnerschaften auf lokaler oder regionaler Ebene sind. Auf regionaler Ebene sind es unsere Bundesländer sowie deutsche Industrie- und Handelskammern und Handwerkskammern. Hier werden Menschen zusammengeführt, Vorurteile abgebaut und Gemeinsamkeiten von unten her entwickelt.

Die Erlanger organisieren Kulturaustausch, aber auch Management-Seminare und Handwerkertreffen. Als das Kinderkrankenhaus in Wladimir eine Wasseraufbereitungsanlage brauchte, sprang Erlangen mit Spenden seiner Bürger ein. In Wladimir entsteht ein Erlangen-Haus, in dessen Räumen die Kontakte noch vertieft werden sollen. Peter Steger fehlen allerdings noch einige zehntausend Mark.

Für die Wladimirer Administration ist die Zusammenarbeit mit Erlangen so eingefahren, daß gar nicht mehr darüber gesprochen wird. Als ich vor einiger Zeit den Oberbürgermeister der Stadt Wladimir, Igor Schamow, besuchte, waren in der Vorhalle des Rathauses Dutzende von Bierfässern gestapelt. In ihnen war bayerisches Bier nach Wladimir gebracht und bei der Feier zum zehnjährigen Bestehen der Wladimir/Erlangen-Partnerschaft ausgetrunken worden.

Glücklicherweise gibt es bereits zahlreiche solcher Partnerschaften. Während ich dieses Buch schreibe, sucht Frau Kusmak in meinem Berliner Büro die Adressen zusammen, die wir brauchen, um einen Erfahrungsaustausch zu organisieren; zunächst der in Westrußland, um Moskau herum, tätigen Städte, Bundesländer und Kammern. Wir wollen dieses Treffen im Februar 1995 in Potsdam veranstalten, zumal die dortigen Kammern sich stark in Rußland engagiert haben.

Wertvolle Arbeit an der Basis leisten unsere politischen Stiftungen, die Konrad-Adenauer-, Friedrich-Ebert-, Hanns-Seidel- und Friedrich-Naumann-Stiftung. Alle vier sind in Rußland tätig. Sie verbreiten politische Bildung, organisieren Treffen deutscher und russischer Parlamentarier und halten Seminare ab, die auf Kommunalpolitiker und -beamte, Handwerker und kleine oder mittlere Unternehmer zugeschnitten sind.

Für den Erfolg unserer technischen Hilfe unerläßlich sind Berater, die sich dazu bereit finden, etwa die Hälfte ihrer monatlichen Arbeitstage in Rußland zu verbringen. Die Wohnverhältnisse in Wladimir sind keineswegs so gut wie in Moskau, und es gehört schon viel Engagement dazu, den russischen Partnern beständig zur Seite zu stehen. Auch hier sind es in erster Linie einzelne Menschen, die letztlich den Erfolg bringen, nicht nur die dahinterstehenden Beratungsfirmen. Hervorragende Arbeit in Wladimir leisten Detlef Roth von Roland Berger & Partner, Volkmar Günther von der Treuhand Osteuropa Beratungsgesellschaft und Wolfram Krause von der Ost-West-Consult GmbH der Dresdner Bank. Ihnen gebührt Anerkennung.

Zu beklagen ist, daß wir nicht in der Lage waren, deutsche Sprachlehrer für Wladimir zur Verfügung zu stellen. Die Verwaltung der Provinz hatte mich immer wieder danach gefragt. Das Goethe-Institut in Moskau hat russische Germanistik-Absolventen zu Deutschlehrern ausgebildet. Inzwischen hat die Provinzverwaltung resigniert und zwölf Plätze im Amerikanischen Haus in Wladimir gebucht, wo amerikanische Sprachlehrerinnen schon seit Jahren pausenlos Englischunterricht erteilen.

Ohnehin ist Deutsch in Rußland auf dem absteigenden Ast. Bis in die sechziger Jahre hinein war Deutsch die am meisten verbreitetete Fremdsprache in Rußland; auf Platz zwei lag Französisch, Platz drei teilten sich Englisch und Spanisch. Seit Anfang der siebziger Jahre holte Englisch auf. Heute wird an den Schulen in Moskau fast nur noch Englisch gelernt. Dazu eine kleine Geschichte: Als ich, noch Kartellamtspräsident, den Europäischen Gerichtshof in Luxemburg besuchte, fragte ich am Abend beim Wein den damaligen Präsidenten des Gerichts, den Schotten Lord Mackenzie-Stuart, welche Sprachen sich in Europa durchsetzen würden. Er, hochgebildet, anscheinend wohlhabend, weitgereist und, je nach Jahreszeit zwischen Edinburg und Südfrankreich pendelnd, sagte: An den Höfen – und er meinte damit seinen Gerichtshof und ähnlich hochgestellte Institutionen – werde man weiterhin, wie früher auch in Wien,

St. Petersburg, ja zu Friedrichs II. Zeiten selbst in Berlin, Französisch sprechen. Für »die gewöhnlichen Leute« – ich glaube, er erwähnte ausdrücklich Kaufleute und Rechtsanwälte – werde Englisch die Sprache der Zukunft sein.

Doch zurück zu Wladimir. Ein Glück für die Provinz ist Wladimir Weretennikow, der für die Wirtschaft zuständige Vizegouverneur, und seine Mannschaft. Und Igor Schamow, der Oberbürgermeister der Stadt. Sie alle sind marktwirtschaftliche Naturtalente. Über allen schwebt Jurij Wlassow, der junge Gouverneur, der noch viel Zeit und, wie ich hoffe, eine große Karriere vor sich hat. Unvergessen bleibt für mich Leonid Schergin, Vorgänger Weretennikows, der durch rasches Zupacken unsere Beratungshilfe nach Wladimir geholt hat.

Banken und Börsen

So wichtig für Rußland neue, rentable Unternehmen sind, die Arbeitsplätze schaffen und – im Wettbewerb um den Kunden – ihre Produktion an den Bedürfnissen der Bevölkerung ausrichten, die nach zivilen Gütern hungert, so wichtig ist ein funktionierendes Finanz- und Bankwesen. Das eine bedingt das andere.

Aufgabe der Banken ist es, einen reibungslosen Zahlungsverkehr zu organisieren, Unternehmen und Investitionsvorhaben zu bewerten und entsprechend mit Kredit zu versorgen, manchmal auch den Konkurs herbeizuführen, die Spargelder der Bevölkerung aufzunehmen, anzusammeln und in lohnende Projekte zu stecken. Darüber hinaus sind die Banken Gehilfen der staatlichen Geldpolitik. Sie setzen die Signale, die die staatliche Zentralbank aussendet, im Markt um; außerdem sind sie Finanzier des Staates, wenn er für seine Ausgaben Kredite in Anspruch nimmt.

Auch auf dem Gebiet des Bank- und Finanzwesens herrscht in Rußland noch ein – wie ich meine – schöpferisches Chaos. Wir im Westen zeigen immer wieder mit dem Finger auf Rußland. Doch zuallererst sollten wir anerkennen, daß die russischen Reformer mit der alsbaldigen Entfesselung auch der Finanzmärkte einen großen und mutigen Schritt nach vorn getan haben.

Noch vor wenigen Jahren fragte man sich bei uns sorgenvoll, ob es in Rußland wohl genügend Unternehmertalente gebe, die eine Marktwirtschaft tragen könnten. Ich erinnere mich noch an das Argument, daß sich unter den weltweit bekannten Unternehmergestalten, von Carnegie über Onassis bis Murdoch, kein einziger Russe finde. Mit diesem Vorurteil wurde inzwischen gründlich aufgeräumt.

Die Freigabe der Preise, der Finanzmärkte und – auf einen Schlag – die Abnabelung der Staatsbetriebe vom zentralen Moskauer Plan war eine Großtat der russischen Reformer, auch wenn dieser Schritt aus sozialpolitischer Sicht fast selbstmörderisch erscheinen mag. Er hat die Marktkräfte in Rußland freigesetzt und gezeigt, daß »der Unternehmer« nicht das Produkt westlicher Kultur, sondern ein Archetypus, ein Urtyp ist, der, wie das Gras in der Wüste bei Regen, überall dort aus dem Boden schießt, wo Freiheit einzieht.

Da der Mensch bekanntlich das schlimmste aller Raubtiere ist, braucht es Gesetze, um seinen Tatendrang gemeinverträglich zu begrenzen. An solchen Gesetzen fehlt es im russischen Bank- und Finanzwesen allerdings noch.

Anfangs konnte jeder eine Bank aufmachen. Davon gibt es jetzt mehr als zweitausend. Oft tätigen diese »Bankiers«, wie Markthändler, nur sogenannte

Taschengeschäfte. Lediglich etwa 700 Banken können eine Lizenz der russischen Zentralbank vorweisen.

Die großen Banken, nicht mehr als etwa zwei Dutzend, sind in Moskau konzentriert. Die ersten fünf sind aus früheren staatlichen Branchenbanken hervorgegangen. Weit mehr als die Hälfte des Sparkapitals der Bevölkerung liegt bei der Sberbank (Sparkasse), die mehrheitlich im Staatsbesitz ist und über ein riesiges Filialnetz verfügt. Die Spareinlagen bei der Sberbank sind staatlich abgesichert.

Die Inflation hat dazu geführt, daß viele Bürger ihr Erspartes in Dollar aufbewahren. Erst seit dem letzten Jahr bieten die Banken höhere Zinsen an, so daß die Rubel-Einlagen zunehmen.

Da viele russische Betriebe zahlungsunfähig sind oder, wie ich in Regierungskreisen immer wieder höre, sich fälschlich als zahlungsunfähig hinstellen, leiden die russischen Banken unter vielen faulen Krediten. Die Zentralbank hält sich bei der Refinanzierung der Geschäftsbanken zurück, zumal sie von der Regierung stark beansprucht wird. Bankkredite sind also knapp. Die Unternehmen verschulden sich gegenseitig, wie es heißt, auch in der Hoffnung, daß der Staat sie irgendwann entschuldet.

Der normale Weg wäre, überschuldete Betriebe in Konkurs gehen zu lassen. Das russische Konkursgesetz von 1993 wurde aber bisher nur in wenigen Fällen bei kleinen Betrieben angewendet. Große Betriebe sind bisher tabu. Zudem muß nach dem russischen

Konkursgesetz der Käufer einen Teil der Schulden des Betriebs mit übernehmen.

Soweit Banken in Rußland investieren, begeben sie sich meistens auf lukrative Felder wie Im- und Exportgeschäfte, Energie- und EDV-Projekte. Manche von ihnen, so sagen die Auguren, verdienen viel Geld mit Spekulationsgeschäften auf den Devisen-, Waren- und Wertpapiermärkten.

Der Geldmangel der alten Staatsbetriebe, ihre gegenseitige Verschuldung, aber auch der schleppende Zahlungsverkehr haben die frühere Praxis des Tauschhandels (auf neudeutsch: Barter-Geschäfte) wieder aufleben lassen. Maschinen gegen Gußteile, Textilien gegen Erdöl und so weiter. Ein Problem liegt ferner darin, daß viele Banken, die von Unternehmen gegründet wurden, Kredite nur an ihre Gründer vergeben, dies oft ohne ausreichende Risikoprüfung. All dies behindert den Aufbau eines funktionsfähigen Bankwesens.

Westliche Banken, die Lebenshilfe leisten könnten, werden aus Konkurrenzgründen in Rußland kurzgehalten. Nach einem Präsidentenerlaß vom November 1993 dürfen nur solche westlichen Institute, die zu diesem Zeitpunkt eine Lizenz der Zentralbank erhalten und das Geschäft aufgenommen hatten, in Rußland unbeschränkt tätig sein. Das sind nur drei westliche Banken. Neuzulassungen sollen erst 1996 erfolgen. Bis dahin dürfen ausländische Banken in Rußland nur Leistungen außerhalb Rußlands anbieten.

Rußland braucht dringend ein Bankengesetz (Kreditwesengesetz), das vor allem die Zulassung, die

Qualifikation, das erforderliche Eigenkapital und die Bankenaufsicht regelt. Ein Entwurf, an dem deutsche Experten mitgewirkt haben, liegt der Duma vor. Weitergehende Wünsche, wie eine Einlagensicherung, erscheinen verfrüht. Zunächst einmal müssen die unseriösen Institute vom Markt verschwinden. Natürlich besteht eine erhebliche Wettbewerbsverzerrung darin, daß im Augenblick nur die staatliche Sberbank Einlagenschutz gewährt.

Die russische Zentralbank ist unabhängig, wie unsere Bundesbank. Der langjährige Zentralbankchef Geraschtschenko, der, was ich nicht für möglich gehalten hatte, im Oktober wegen des »Schwarzen Dienstags« gehen mußte, ist ein weltgewandter, ausgebuffter, auch im Ausland anerkannter Fachmann. Schon sein Vater war in ähnlicher Position in der alten Sowjetunion tätig. Vielleicht war er zu willfährig gegenüber der Regierung, als er durch allerlei Tricks, die den Rubelkurs nur scheinbar stabil hielten, die Inflation zu bändigen versuchte.

Die Zentralbank hatte sich Anfang 1994 bemüht, ungesicherte Kredite an die alten Staatsbetriebe zurückzufahren. Auch die Regierung und selbst die Duma hatten bei der Verabschiedung des Haushalts für 1994 übermäßigen finanziellen Forderungen der Landwirtschaft und der Militärs widerstanden. Die Zentralbank hatte dann, wie es heißt, sogar die im Haushalt bewilligten Kredite zurückgehalten.

Diese Front hielt jedoch nicht, und seit Mitte 1994 flossen wieder Subventionen. Als unrealistisch erwiesen sich auch die Vorausschätzungen der Regierung über die Steuereinnahmen, was viele vorhergesagt hatten.

So geriet die Zentralbank immer mehr unter Druck. Sie setzte ihre knappen Devisenreserven ein, um an der Moskauer Devisenbörse den Rubelkurs zu stützen; außerdem versuchte sie durch Verzögerungen im Zahlungsverkehr das Geld zu verknappen. Viele ahnten wohl, daß die relativ geringen Inflationsraten, im August letzten Jahres lediglich fünf Prozent, künstlich waren. Ein Run auf den Dollar, als die Leute mit dem Ende der Sommerpause von ihren Datschen zurückgekommen waren, mag dann den Absturz des Rubels eingeleitet haben. In Rußland passiert immer alles im Herbst, wenn die Bürger, vom Lande kommend, wieder mit ihren Problemen konfrontiert sind.

Ein Musterbeispiel frühkapitalistischen Übermuts sind die Moskauer Wertpapierbörsen. Hier tummeln sich die Investmentfonds, die, nach Abschluß der Voucher-Privatisierung, ihre auf den Auktionen erworbenen Aktien an den Mann zu bringen oder zu Paketen zusammenzufassen versuchen. Ein Börsengesetz, Transparenz und geschultes Personal gibt es nicht. Ob ein angebotenes Wertpapier wirklich interessant ist, weiß niemand. Alles ist zumeist reine Spekulation. Und doch ein Übungsfeld für künftige seriöse Unternehmer. Die Spreu wird früher oder später vom Weizen getrennt sein.

Zunehmende Umsätze mit Aktien russischer Betriebe werden auf Dollarbasis im Ausland, an der

Wallstreet, getätigt. Westliche Anleger scheinen mehr und mehr Lust auf Rußland zu bekommen. Die »Schnäppchen« machen die Mutigen.

SPLITTER

Aufeinander angewiesen

Wenn man in Moskau vor den Häuserfassaden aus der Gründerzeit steht, meint man in Potsdam zu sein. Und wenn man abends bei klarem Himmel in Moskau mit dem Flugzeug aufsteigt und das eine Lichtermeer verläßt, taucht man nach gut zwei Stunden Dunkelheit in ein anderes Lichtermeer ein, Berlin. Wir sind uns sehr nahe.

Russen werden oft als »leidensfähig« beschrieben. Leidend, untätig, teilnahmslos sind die, die ich kenne, aber nicht. Bescheidenheit, Überlebenskraft passen besser. Wie sonst hätten die Menschen hier ihre Vergangenheit durchstehen können?

Die Rußlandpolitik der Amerikaner gilt der Sicherung ihrer globalen Vormachtstellung, die ihnen durch die erfolgreiche Beendigung des Kalten Krieges und den Zusammenbruch des Sowjetreiches zugefallen ist. Ein sehr prominenter amerikanischer »elder statesman« gab in einer Diskussionsrunde, in der die Frage nach einem »Marshallplan für Rußland« aufgeworfen wurde, zu verstehen: Wer hilft uns, wenn wir Rußland helfen?

Die Politik von uns Deutschen ist da einfacher gestrickt. Wir wollen um jeden Preis in Frieden leben, nicht in Konflikte verwickelt werden und daß uns von unserem Wohlstand nichts abhanden kommt. Vor Verantwortung und einer neuen Rolle in der Welt haben wir eher Angst.

So sind wir für die Russen die besseren Partner. Wir drängen ihnen nichts auf, weder unsere Sprache noch unsere Kultur, unser Rechtswesen und unsere Wirtschaftsverfassung. Wir sind froh, wenn uns mal einer lobt.

Und außerdem gibt's da eine alte Tradition, die bis in die Zeiten der Hanse zurückreicht. Seit Iwan IV., dem Schrecklichen, also seit dem 16. Jahrhundert, holten die Zaren dann deutsche Handwerker, Handelsleute, Militärs, Ärzte und Ingenieure nach Rußland. In großem Stil setzten das Peter I., der Große (1682/1689–1725), und Zarin Katharina die Große (1762–1796), eine gebürtige Prinzessin von Anhalt-Zerbst, fort. Michail Lomonossow (1711–1765), der wohl berühmteste russische Gelehrte, auch Dichter, Gründer der Universität Moskau, hatte in Marburg und Freiberg (Sachsen) Philosophie und Naturwissenschaften studiert.

Rußland braucht auch heute dringend unsere Hilfe, um auf seine noch dünnen marktwirtschaftlichen Beine zu kommen, genauso wie wir Rußland brauchen: als Absatzmarkt vor unserer Tür, aber auch als Partner. Deutschland und Europa können auf Dauer nur in Frieden leben, wenn es auch Rußland gutgeht.

Unserer Außenpolitik steht es gut an, auf einen vernünftigen Ausgleich der Interessen zwischen den USA, Westeuropa, Rußland und den Nachfolgestaaten des ehemaligen COMECON hinzuwirken. Wie manche Diskussion über die Osterweiterung der NATO zeigt, scheint der Kalte Krieg noch nicht vorbei zu sein. Deutschland hätte ohne das Atlantische Bündnis die Wiedervereinigung nicht erreicht; die NATO ist und bleibt eine unverzichtbare Basis unserer Sicherheitspolitik. Der Respekt vor dem neuen Rußland läßt es aber nicht zu, einen neuen Eisernen Vorhang an der Westgrenze Rußlands aufzuziehen. Wir dürfen Rußland nicht in die Isolation treiben. Europas Arme müssen offen bleiben.

Hier, vor unserer Haustür, sind wir aufgerufen, für eine friedliche Zukunft zu arbeiten und, wer das so sehen mag, begangenes Unrecht gutzumachen.

Begegnungen

In Moskau bin ich bis zu zehn Tagen pro Monat. Mein Büro ist die Hotelhalle. Im Hotel Baltschug Kempinski, in dem ich seit 1993 absteige, trifft man auch die Deutschen, Offizielle und Geschäftsleute, die sich gerade in Moskau aufhalten. Ein eigenes Büro würde sich nicht rechnen. Zu mir würde kaum einer kommen; die russischen Offiziellen muß ich in ihren Amtsstuben aufsuchen. So habe ich auch mehr Einblick und lerne mehr Menschen kennen.

Russisch kann ich nicht. Dafür habe ich meinen Dolmetscher und mittlerweile Partner Sergej Jefuni. Sein Deutsch ist so gut, daß man ihn in Deutschland für einen Deutschen hält. Er hat es nicht in Deutschland gelernt, sondern in Moskau, strebsam und fleißig, wie er ist, jahrelang allabendlich mit der »Deutschen Welle« am Ohr. Jetzt ist er ein Wanderer zwischen den Welten, der mir auch hilft, die Mentalität seiner Landsleute zu verstehen.

Schreibarbeiten und Faxe erledigt das Business Center des Hotels oder Jefuni. Er unterhält in Moskau ein Schreibbüro, das inzwischen gut ausgerüstet ist.

In meiner Abwesenheit von Moskau hält Jefuni Stallwache. Er hat Zugang zu allen meinen Gesprächspartnern, kennt alle Leute, macht für mich die Termine. Zwischen Berlin, Moskau und Wladimir kommunizieren wir per Telefon oder Fax. Die Korrespondenz mit meinen russischen Partnern geht über das Büro Jefuni. Ich faxe ihm den deutschen Text, er übersetzt ihn blitzschnell ins Russische, und meistens noch am selben Tag haben die Russen meine Nachricht in der Hand. Umgekehrt gehen Nachrichten meiner russischen Partner denselben Weg.

Bewußt vermeide ich jeglichen Tourismus. Einladungen zum Elcheschießen und dergleichen nehme ich nicht an. Ein Jahr hat es gedauert, bis Sergej Krasawtschenko mich ins Bolschoi-Theater einladen durfte.

Auch meine Frau hält sich zurück. Früher waren wir auf meinen Vortrags- und Beratungsreisen immer zusammen. In Rußland war sie mit mir nur ein einziges Mal, und zwar um die Osternacht 1993 in der Kathedrale von Wladimir zu verbringen. Diese Reverenz vor den Wladimirern kam uns von Herzen, und sie war für den Erfolg meiner Arbeit wichtig.

Ich versuche nicht, billig Kaviar einzukaufen und Ikonen aus dem Land zu schmuggeln. In Gegenwart russischer Mitarbeiter oder Partner gebe ich nicht horrende Beträge in Valuta-Restaurants aus. Auf meiner ersten Moskau-Reise hatte ich, in ein Nobel-Restaurant eingeladen, erlebt, wie die russische Dolmetscherin schon den Vorspeisenteller von sich schob, nachdem sie mitgekriegt hatte, daß er – in Rubel – einige Monatsgehälter ihres Bruders kostete, der, wie sie sagte, als Lehrer arbeitet.

An dem hoch aufragenden Denkmal, das an der Straße vom Flughafen Scheremetjewo in die Stadt das Ende des deutschen Vorstoßes auf Moskau markiert, ließ ich anhalten. Es gab keinen Kniefall à la Willy Brandt, den ich damals sehr bewunderte. Aber meine russischen Begleiter und ich standen einige Minuten lang schweigend vor den Tafeln mit den unzähligen Namen russischer Soldaten, die im Abwehrkampf gefallen waren. In der Haltung der Russen war auch nicht die geringste Häme, kein Triumph, kein Zorn. Danach, wieder im Auto: »Unsere beiden Völker haben im Krieg den höchsten Blutzoll entrichtet, das verbindet uns.« Und: »Sie haben uns heute Ihren Respekt erwiesen, wir werden Ihnen den gleichen Respekt erweisen.«

Ein Journalist sagte neulich in einer Fernsehrunde in Bonn, zwischen Deutschen und Russen bestehe eine romantische Beziehung. Das ist wohl so.

Die Russen, die ich kennenlernte, sind stolz, auch auf ihr Land. Sie leben mit ihrer Geschichte, mit ihren Dichtern. Selbst Stalin kommt vor, wenn es um den Sieg über Hitler geht. Ausgemachte Reformer erzählten mir, wie Stalin, als die Deutschen vor Moskau standen, nicht mit der Regierung nach Jekaterinburg in den Ural flüchtete, sondern in Moskau ausharrte. »Zwei Eisenbahnzüge standen unter Dampf. Er ging auf dem Perron auf und ab – und blieb!« Ich habe nicht nachgeprüft, ob diese Geschichte überhaupt stimmt.

Auf der anderen Seite wurde nicht übel vermerkt, als einer der deutschen Mittelständler auf dem Begrüßungsabend in Wladimir verkündete, er sei vor Moskau dabeigewesen. Leisetreter sind demgegenüber nicht wohlgelitten.

Einmal, in der Bierstube des Wladimirer Hotels, kam ein junger Russe auf mich zu. Die Deutschen hätten seinen Großvater umgebracht. Er verhielt sich nicht aggressiv, sprach aber mit verhaltenem Zorn. Mein erster Impuls war, mit dem Jungen zu reden, auch weil mir gefiel, daß er sich seinem Großvater so verbunden fühlte. Meine russischen Gastgeber hielten mich in diesem Augenblick für verrückt. Auch geht ihnen Gastfreundschaft über alles. So zogen sie mich zurück, Jefuni stellte das Dolmetschen ein, sie sagten dem Jungen, ich wolle meine Ruhe haben, wandten sich wieder mir zu und setzten das Gespräch fort, als wäre nichts gewesen.

Jelzin und Tschernomyrdin habe ich bisher nicht gesprochen. Gorbatschow erst, nachdem er nicht mehr Präsident war.

»Gorbi«, wie wir ihn nennen, war zu seiner Zeit der richtige Mann. Das Stigma, die »Kapitulation« vor dem Westen unterzeichnet zu haben, wurde er aber bei seinen Landsleuten nicht los. Und so war auch der Wechsel zu Jelzin gut und richtig.

Jelzin habe ich beim Wahlkampf in Wladimir am russischen Ostersonntag 1993 aus der Nähe erlebt.

Wie alle dem Leben zugewandten Bauch-Denker unter den Staatsmännern verströmt er Zuversicht, Bürgernähe und Vertrauen. Daß übrigens auch die Dürren, wenn sie keine Miesepeter sind, Chancen haben, haben Konrad Adenauer und Margaret Thatcher bewiesen. Ich will hier also keine Typologie der Erfolgreichen aufmachen.

Um meine Arbeit in Rußland zu beurteilen, wurde ich in Bonn gelegentlich gefragt: Wie oft sehen Sie Jelzin? Diese Leute wissen nicht, daß der Experte, der etwas erreichen will, sich an diejenigen halten muß, die die Sprechzettel schreiben, und nicht an die, die sie vorlesen. Der Mann (die Frau) an der Spitze darf sich gar nicht mit Experten abgeben. Sie würden ihm (ihr) nur die Zeit stehlen, die er (sie) braucht, um als Politiker(in) im richtigen Moment den richtigen Sprechzettel auszuwählen oder alle beiseite zu legen.

Bei mir kommt, wie man so sagt, erschwerend hinzu, daß ich bis heute in Rußland keinen offiziellen Status habe. Protokollarisch existiere ich nicht, obgleich die deutsche Botschaft mich – informell – unterstützt und auch der Botschafter gelegentlich mit mir redet.

Niemand in Bonn hat mich bei der russischen Regierung förmlich avisiert. Meine Kontakte habe ich nicht von Amts wegen, sondern meinetwegen. Einer der Herren in Bonn sagte mir, ich sei am besten auf mich allein gestellt. Es stimmt, die Rolle des Libero liegt mir, und das war schon mein Schicksal, als ich noch Kartellamtspräsident war. Da hatte ich aber wenigstens eine Schar pfiffiger junger Leute um mich, die mitschrieben. Jetzt geht mein Know-how, wenn ich abtrete, flöten. Vielleicht habe ich auch deshalb den Griffel gepackt. Aber bitte, keine Krokodilstränen! Ich fühle mich sehr wohl dabei.

In den Amtsstuben in Moskau treffe ich oft auf Juden. Mein zweitbester, inzwischen verstorbener Freund, Leiter der Hauptabteilung für die Wirtschaftsreform im russischen Wirtschaftsministerium, Felix Burshtein, war auch einer. Obgleich sie alle bis 1985 aus Rußland kaum herauskamen, fühle ich im Gespräch mit ihnen immer wieder, daß eine geistige Brücke zu unserer westlichen Mentalität in sie gleichsam eingebaut ist. Es gibt keine Verständigungsprobleme, sie sind Weltbürger. In der Schule hatte ich über Juden und Russen nichts Gutes gehört – und das wird man nicht so leicht wieder los. So ist auch diese Erfahrung ein Stück meines neuen Lebens, für die ich dankbar bin.

Gelegentlich begegne ich Polen, welche die neue deutsch-russische Freundschaft mit Mißtrauen betrachten. Die Geschichte gibt ihnen das Recht dazu. Ich sage ihnen dann, daß Wohlstand, nach dem jetzt auch Rußland unaufhaltsam strebt, friedlich mache. Wohlstandskinder litten oft an Verfettung, jedenfalls seien sie hauptsächlich mit sich selbst und ihren Wehwehchen beschäftigt. Zum »Kriegspielen« taugten sie nicht; sie würden, wie viele bei uns sagen, einfach nicht hingehen.

Im Ernst: Was können wir für den Frieden in

Europa Besseres tun, als Rußland zu helfen, sich in die europäische Völkerfamilie einzugliedern? Die politische Klasse in Rußland will das auch so. Für das ferne Amerika mögen sich daraus irgendwann neue Rivalitäten ergeben, hoffentlich der friedlichen Art. Aber uns in Europa bleibt jetzt keine Wahl. Wir *müssen* unseren neuen Partner Rußland dabei unterstützen, den Unzufriedenen, den Nationalisten im eigenen Land mit steigendem Wohlstand den Mund zu stopfen. Und Wohlstand setzt Demokratie und Marktwirtschaft voraus, das wissen die Russen selbst zur Genüge.

Zum Schluß einige Bemerkungen über die, denen ich in Moskau kaum je begegne. Ich meine die anderen westlichen Berater.

Das Parlamentsblättchen »Duma« gab in der Ausgabe 11/1994 die Äußerung eines Professors von der amerikanischen Stanford-Universität wieder, wonach sich gegenwärtig 20 000 westliche Berater in Rußland aufhielten, davon allein 15 000 beim Staatlichen Vermögenskomitee, das bis November 1994 von Anatolij Tschubais geleitet wurde und bei der Opposition als Einfallstor für die amerikanischen Irrlehren gilt. Diese Berater – so der Professor – fräßen die gesamte westliche Rußlandhilfe auf.

Wie dem auch sei, man begegnet sich nicht, außer durch Zufall in der Hotelhalle oder beim Essen. Jede Nationalität – Amerikaner, Japaner, Franzosen, Briten, Deutsche – scheint sich als Konkurrentin der anderen zu fühlen, so als ob es darum ginge, Claims in Rußland abzustecken. In Berlin suchen mich ab und zu Abgesandte der amerikanischen Botschaft auf, um zu erfahren, was ich in Rußland mache. Ich habe nichts zu verbergen und sage es ihnen, auch wo ich anderer Meinung bin als die amerikanischen Ratgeber. Und immer wieder frage ich, ob Amerikaner und Deutsche nicht zusammenarbeiten könnten. Bisher ohne Erfolg.

Leute

Rußland heißt für den deutschen Zeitungsleser Boris Jelzin, Schirinowskij, das Schreckgespenst, allenfalls noch Gaidar, der Reformer, Kosyrew, der Außenminister, Tschernomyrdin, der Ministerpräsident. Michail Gorbatschow, den Vorgänger von Präsident Jelzin, kennen und schätzen wir als den Mann, der die Wiedervereinigung möglich gemacht hat.

Wer gegenwärtig in Rußland politisch und wirtschaftlich das Sagen hat, ist für den Außenstehenden kaum überschaubar. Alles ist im Fluß. Feste Machtstrukturen haben sich noch nicht herausgebildet. Eine Parteienlandschaft ist erst in Ansätzen erkennbar. Und auch im ökonomischen Bereich ist noch offen, wie eine neue, weitgehend private russische Wirtschaft letztlich strukturiert sein wird.

Gewisse Fixpunkte lassen sich jedoch ausmachen:

Der Reichtum Rußlands liegt in seinen weltweit gefragten Rohstoffen, Erdöl, Erdgas, Kohle, Metalle. Entsprechend einflußreich sind die Repräsentanten der rohstoffreichen Regionen. Sie sind an einer Öffnung der russischen Wirtschaft interessiert, die ihnen freien Rohstoffexport, ausländische Investitionen und eine Angleichung des vergleichsweise niedrigen inländischen Preisniveaus an die Weltmarktpreise verspricht. Politischer Repräsentant dieser Gruppe ist Wiktor Tschernomyrdin, der russische Ministerpräsident. In diesem Zusammenhang werden auch Alexander Schochin, Stellvertretender Ministerpräsident und bis vor kurzem Wirtschaftsminister, sowie Sergej Schachraj (»Partei der Russischen Einheit und Eintracht«) genannt.

Ein anderer politischer und wirtschaftlicher Schwerpunkt ist der Großraum Moskau. Er wird von Jurij Luschkow, dem Moskauer Oberbürgermeister, beherrscht. In Moskau sitzen die mächtigen Banken und Handelsgesellschaften, mit denen Luschkow zusammenarbeitet. Man sagt, diese Koalition wolle sich die Kontrolle über den Großraum Moskau und über die Finanzmärkte Rußlands sichern. Luschkow versteht es immer wieder, für sein Gebiet Vorzugsbedingungen bei der Privatisierung, bei Krediten und auch bei den Steuern herauszuholen.

Einen dritten Schwerpunkt der Macht bilden die Großbetriebe der Schwerindustrie, insbesondere der Rüstungsindustrie. Vorsitzender des Industriellenverbandes ist Jurij Skokow, ein alter Gefährte Boris Jelzins. Zu den Repräsentanten dieser Gruppe gehört auch Arkadij Wolskij, Präsident des Unternehmerverbandes. Diese Gruppe tritt für einen starken Staat in der Wirtschaft ein, vor allem in der gegenwärtigen Transformationsperiode. Sie setzt sich auch für die Wiederherstellung der alten politischen und wirtschaftlichen Beziehungen zu den Staaten der ehemaligen Sowjetunion und für verstärkte Waffenexporte ein.

Macht haben traditionell auch die Agrarier. Ihr starker Mann ist Michail Lapschin, Vorsitzender der Agrarpartei Rußlands. Sie ist in der Duma – nach der Schirinowskij-Partei und vor den Kommunisten – zweitstärkste Oppositionspartei. Die Wählerschaft ist homogen, fest gefügt und hört auf die Chefs der örtlichen Kolchosen und Sowchosen, von denen sie abhängig ist. Die Privatisierung in der Landwirtschaft kommt nur langsam voran, Angst vor Überfremdung geht um. Gleichwohl gibt es unter den alten Chefs viele Talente, die die Vorteile des Marktes erkannt haben und ihre Betriebe entsprechend umstrukturieren. Es fehlt aber an Geld für Investitionen, auch für Saatgut und Futtermittel. Der Viehbestand ist stark zurückgegangen; Schweinefleisch ist in Moskau teurer als (importiertes) Rindfleisch.

Die Kommunisten unter Gennadij Sjuganow sind, wie bereits erwähnt, die Nachfolgeorganisation der alten Staatspartei, haben aber, wie ich meine, ihre neue Identität noch nicht gefunden. Ich rechne damit, daß sie weiter in die demokratische Mitte rutschen und die Schirinowskij-Partei, auch die Agrar-Partei, rechts liegenlassen werden. Sie scheinen dazu bereit zu sein, sich einer sozialen Marktwirtschaft nach kontinentalem Muster zu öffnen.

Die Liberalen in Rußland bilden keinen einheitlichen Block. Ihre Galionsfigur ist Jegor Gaidar, der in seiner Zeit als Ministerpräsident die Wirtschaftsreformen in Rußland ins Rollen gebracht hat. Seine Partei heißt »Demokratische Wahl Rußlands«. Zu den Liberalen gehören auch Anatolij Tschubais, bis November 1994 Privatisierungsminister, jetzt Vizepremier, der frühere Finanzminister Boris Fjodorow (»Liberal-Demokratische Union 12. Dezember«) sowie Grigorij Jawlinskij mit dem Wahlblock »Jabloko«. Auch Wladimir Schumejko, der Vorsitzende des Föderationsrates, zählt zu den Liberalen. Sie eint das Bekenntnis zur Marktwirtschaft, wobei Gaidar, Tschubais und Fjodorow vehement die amerikanische Spielart (»Monetarismus«) vertreten. Im übrigen gehen diese Individualisten vielfach eigene Wege. So hat sich beispielsweise Gaidar gegen die militärische Intervention in Tschetschenien ausgesprochen, Fjodorow dafür. In der Duma nannte man ihn deshalb den »Schirinowskij der Intellektuellen«. Kosyrew, der Außenminister, auch ein Liberaler, ist aus der Gaidar-Partei ausgetreten, weil Gaidar sich in der Tschetschenienfrage gegen den Präsidenten gestellt hat.

Liberale sind eben, wie schon der Name sagt, nicht unter einen Hut zu bringen. Sie bilden, wenn sie sich zusammenfinden, allenfalls – wie Ernst-Dieter Lueg einmal sagte – einen »Klub«, der eine nur unverbindliche Satzung haben darf, ähnlich wie Rotary. Und sie brauchen einen Klub-Präsidenten, der alle denken läßt, was sie wollen, aber nach außen hin den Klub gut »verkauft« und im Machtpoker einsetzt. In Rußland sind sie noch nicht soweit.

Am Rande des Parteienspektrums stehen Schirinowskijs »Liberal-Demokratische Partei Rußlands«

sowie die Nationalisten in der Gruppe »Russischer Weg«. Sie finden ihre Gefolgschaft unter den Verlierern der Transformationsprozesse und unter Militärs. Sie sind chauvinistisch, wollen die Sowjetunion in ihren alten Grenzen wiederherstellen und huldigen abstrusen Vorstellungen von staatlicher Wirtschaftslenkung und sozialer Gleichschaltung.

Eine sehr muntere, politisch aber noch nicht konsolidierte, recht uneinheitliche Gruppe sind die »neuen Russen«, die neuen Reichen, also diejenigen jungen Leute, die es am besten verstanden haben, von der neuen Marktwirtschaft Gebrauch zu machen. Sie tummeln sich in sämtlichen politischen Gruppierungen von Gaidar bis Schirinowskij. Alles Individualisten, existieren sie als formierte politische Kraft bisher nicht.

Der politische Einfluß des Militärs ist eher gering. Das Militär in Rußland war stets loyal. Als Ausnahme von der Regel gilt lediglich der Dekabristenaufstand von 1825/26, den Zar Nikolaus I. jedoch rasch niederschlug. Die Demokratisierung Rußlands bringt es mit sich, daß jetzt auch Generäle gelegentlich verbal wider den Stachel löcken. Gut so!

Medien als Miesmacher

In der westlichen Presse überwiegen Horrorvisionen von der Zukunft Rußlands. Wer im Lande tätig ist, wird dem widersprechen. Die Masse der Menschen will in innerem und äußerem Frieden leben. Die Freilassung der Putschisten vom Oktober 1993 durch die Duma wird auch als Ausdruck dessen gewertet. In Deutschland wären das die Leute – nach Umfragen wohl etwa 50 Prozent –, die sich für die Schließung der Gauck-Akten ausgesprochen haben.

Daß nach dem Zerfall der Sowjetunion und den Demütigungen, die das russische Kernland in den letzten Jahren hinnehmen mußte, jetzt wieder Nationalgefühl hochkommt, ist kein Wunder. Die Russen haben westliche Aggressoren wie Napoleon und Hitler überwunden; sie werden heute von uns vielfach als Nobodies behandelt. Kennzeichnend für den mangelnden Realitätssinn im Westen war die Aufregung, die entstand, als Rußland im Baltikum, auf dem Balkan und in Nahost wieder Außenpolitik zu machen begann.

Nicht erstaunlich ist auch der hohe Anteil der

Bevölkerung, der sich bei den Wahlen für die Kommunisten und für Schirinowskij entschieden hat. Das sind im wesentlichen die Verlierer des Umbruchs – ein Phänomen, das sich in allen Reformländern, auch in unseren neuen Bundesländern, zeigt. Mir ist es lieber, diese Minderheiten artikulieren sich auf diese Weise. Sonst müßte man Sorge haben, sie bilden eine Untergrundarmee. Und selbst wo in östlichen Reformländern frühere Kommunisten wieder an die Macht gekommen sind, wird der Reformkurs weitergeführt. Diese Länder haben keine Wahl, wenn sie in der Welt wieder mitspielen wollen.

Natürlich kann niemand die Hand dafür ins Feuer legen, daß der Weg zur Demokratie und Marktwirtschaft in Rußland völlig bruchlos verlaufen wird. Der Tschetschenien-Konflikt zeigt es. Aber Moskau ist nicht Rußland, und auch Gaidar und Jelzin sind nicht die einzigen Repräsentanten einer neuen Zeit.

Wirtschaftlich gesehen, haben die Provinzen die Freiheiten, die ihnen die neue Verfassung einräumt, längst begriffen. Und wer zum Beispiel in Wladimir, Jaroslawl, Iwanowo, Kostruma, Rysan, Kaluga oder Nischnij Nowgorod die Chancen der neuen Märkte nutzt und dabei den Russen hilft, ihre Wirtschaft in Schwung zu bringen, braucht, wenn er kaufmännisch richtig gerechnet hat, um seinen Einsatz nicht zu fürchten.

Mafia

Unser Rußlandbild wird immer wieder durch Pressemeldungen über die russische Mafia verdüstert.

Das organisierte Verbrechen macht sich dort breit, wo der Staat seine legitime Ordnungsmacht nicht ausübt. So ist im vorigen Jahrhundert die italienische Mafia entstanden. Wir spüren das jetzt auch in Deutschland, wo ein verirrter Zeitgeist darauf dringt, den liberalen Rechtsstaat bis zur Selbstverleugnung auch gegenüber zugereisten Krawallbrüdern, Kriminellen und organisierten Banden zu strapazieren. Als alle Russen Anfang 1993 Pässe erhielten, mit denen sie frei ins Ausland reisen durften, erteilten selbst urdemokratische westliche Länder Einreisevisa nur auf »Sparflamme«; denn jeder wußte, daß sich angesichts der allgemeinen Armut in Rußland in die ersten Warteschlangen vor den Konsulaten auch Ganoven einreihen würden. Die Amerikaner praktizieren »Interviews«, in denen sie sich die Antragsteller persönlich vornehmen. Wir ließen jeden herein.

In Rußland ist die alte Ordnung völlig zusammengebrochen. Auf dem Papier gibt es zwar eine neue, eine demokratische Verfassung. Sie ist aber weithin noch nicht mit Leben gefüllt. Gerade die Intelligentesten aus dem alten Establishment wie auch unter den Jüngeren, die das Zeug dazu hätten, den neuen russischen Staat aufzubauen, verweigern sich dieser Aufgabe. Sie wollen zuerst reich werden. Viele nutzen die Anarchie zu ihrem eigenen Vorteil, oft mit Unterstützung korrupter Staatsdiener und westlicher Haie.

In einem solchen Sumpf blüht das organisierte Verbrechen. Die Mittel reichen, wie schon lange in Amerika und jetzt auch bei uns, bis zu Mord und Totschlag. Westliche Kaufleute in Rußland werden auch bedroht und erpreßt – von Tätlichkeiten gegen Leib und Leben wurden sie bisher aber verschont. Dies ist wichtig zu wissen, weil die Furcht vor der russischen Mafia nicht zu einer Investitionsbremse hochstilisiert werden sollte.

Die verbreiteten Schutzgelderpressungen, so übel die Methoden auch sind, wenn einer nicht zahlen will, werden von den Gaunern anscheinend so dosiert, daß sie die Vorteile des Geschäfts nicht aufzehren. Ich bezweifle, daß die russische Regierung es zur Zeit überhaupt in der Hand hat, der organisierten Kriminalität wirksam entgegenzutreten. Die Korruption reicht, wie man in Moskau immer wieder hören und in den Zeitungen lesen kann, bis in die höchsten Kreise.

Iwan Rybkin, den Präsidenten der Staatsduma, fragte ich bei meinem Antrittsbesuch im Frühjahr 1994, wieviel ein Parlamentsabgeordneter monatlich verdiene.

»Soviel wie ein Minister.«

»Wieviel kriegt ein Minister?«

»500 000 Rubel.«

Von Beamten aus den Ministerien wußte ich, daß sie noch weniger verdienen. Zu jener Zeit brauchte man in Moskau mindestens das Drei- bis Vierfache monatlich, um in der gehobenen Mittelklasse einigermaßen leben zu können.

So sagte ich Rybkin dasselbe, was ich vor einigen Jahren bei einer Anhörung vor dem italienischen Senat zum Thema Korruption schon einmal gesagt hatte: Korruption gedeiht in Europa überall dort, wo der Staat seine Leute zu schlecht bezahlt, ihnen keine anständige Alters- und Witwenversorgung gewährt, wo die Beamten gegenüber den Politikern keine rechtlich abgesicherte Position haben und so zu ihrem Spielball werden und wo demzufolge auch das Ansehen öffentlicher Dienste gegen Null tendiert. Ausreichendes Einkommen und eine geachtete Stellung in der Gesellschaft schützen am besten vor Korruption. Der Staatsdiener weiß dann nämlich, was er zu verlieren hat.

Wer begehrte westliche Handelsware nach Rußland bringen will, um die Chance hoher Gewinne zu nutzen, wird vielfach an Moskau und St. Petersburg als den Zentren steigender Kaufkraft nicht vorbeikommen. Wenn er sich, wie es auch in vielen anderen Ländern der Welt nötig ist, in die bestehenden Usancen einzufügen bereit ist und mit Schmier- und Schutzgeldforderungen umzugehen weiß, hat er nichts zu befürchten.

Mittelständlern, die auf Kooperationen mit russischen Betrieben aus sind, rate ich immer wieder, Moskau zu meiden und in die westrussischen Provinzen zu gehen. Die Regionen im Umkreis von 200 bis 300 Kilometer sind von Moskau aus mit dem Auto rasch zu erreichen. In Westrußland, dem alten Rußland, gibt es zwar kaum Bodenschätze, dafür aber eine sehr vielfältige, fast mittelständische Industriestruktur und viele gut ausgebildete Arbeitskräfte. Und die Gouverneure und Bürgermeister haben die Kriminalität zumeist noch im Griff.

WIE GEHT ES WEITER?

Kein Zurück zur Planwirtschaft

Die Richtung ist vorgezeichnet. Zu viele in Rußland, vor allem Angehörige der alten und neuen Führungsschicht, profitieren bereits vom Markt und von der Freiheit, als daß das Rad sich wieder zurückdrehen ließe. Hinzu kommt der Anpassungsdruck, der von anderen GUS-Staaten und von den ehemaligen Satelliten wie der Tschechischen Republik, Polen und Ungarn, den baltischen Staaten sowie von der Volksrepublik China, ja vom gesamten Westen ausgeht. Rußland will Großmacht bleiben, und das geht nicht nach wirtschaftspolitischen Rezepten, wie sie heute krampfhaft nur noch von Statisten auf der Weltbühne (wie Kuba, Nordkorea und einigen afrikanischen Ländern) hochgehalten werden.

Für das Tempo der Transformation wird es darauf ankommen, wie die breite Masse in Rußland den Umbruch verkraftet. Im Dezember 1995 endet die erste, nur zweijährige Wahlperiode des russischen Parlaments, und wenn sie nicht verlängert wird, geht der Bürger wieder an die Wahlurne. Die Neuwahl des Präsidenten ist für 1996 vorgesehen.

Aber selbst wenn die beharrenden Kräfte stärker würden, die Integration Rußlands in die Weltwirtschaft ginge weiter.

Jelzin hat im November zwei seiner Berater, Alexander Lifschitz und Jewgenij Jasin, in den Vordergrund gerückt; Jasin als neuen Wirtschaftsminister. Beide sind keine puren Monetaristen, die nur auf Inflationsbekämpfung setzen.

In einem ZEIT-Gespräch mit Maria Huber* sagte Jasin: »Als nächstes müssen wir die institutionellen Voraussetzungen dafür schaffen, daß aus Ersparnissen Investitionen werden können. Ohne Investitionen in die Produktion bleibt jede Hoffnung auf einen Aufschwung illusorisch.«

Wie immer wieder zu hören ist, lebt ein Drittel der Bevölkerung heute schon besser als früher, ein weiteres Drittel schlägt sich so durch, und dem letzten Drittel geht es schlechter als vor der Wende. Manche Gesprächspartner drücken es so aus: Ein Drittel der Menschen sei träge und fatalistisch, eines munter und Neuem zugetan, und eines ziehe bereits Gewinn aus der Marktwirtschaft.

Beschäftigte in Staatsbetrieben erhalten zum Teil schon seit Monaten keinen Lohn mehr, ebenso Soldaten der russischen Armee. Auch Lehrer und Ärzte mit ihren Hungerlöhnen sind schlimm dran (siehe dazu den Lohn- und Kostenvergleich, S. 339 f.). Anschei-

* Die Zeit, Nr. 47 vom 18. November 1994, S. 39

nend testen Regierung und Zentralbank, was sie den Leuten zumuten können, um die Inflation zu dämpfen. Ohne Zweifel würde ein harter Sparkurs die russische Wirtschaft rascher voranbringen. Aber wann gehen die Leute auf die Straße?

Berater Jelzins und Tschernomyrdins, mit denen ich spreche, verbreiten eher Bierruhe. Das russische Volk habe schon viel ertragen und werde auch dieses noch überstehen. Ich erinnere mich daran, daß nach 1945 auch bei uns in Deutschland viele keinen Lohn oder kein Gehalt mehr bekamen. Und in der Tschechischen Republik liegen die Reallöhne – so Karel Dyba, der Wirtschaftsminister, kürzlich im Gespräch – trotz wirtschaftlichen Aufschwungs auch jetzt noch auf dem Niveau von 1989.

Die Kommunisten in der Duma opponieren zwar, der Mißtrauensantrag gegen die Regierung, über den die Duma am 27. Oktober 1994 abstimmte, ging aber nicht durch. Insbesondere ein Teil der Agrarpartei machte nicht mit, vielleicht weil Jelzin kurz vor der Abstimmung den Vorsitzenden des Agrarausschusses der Duma, Alexander Nasartschuk, zum neuen Landwirtschaftsminister ernannt hatte.

Jelzin sollte wohl nur einen Nasenstüber erhalten. Kommunisten, Agrarier, aber auch Abgeordnete aus dem marktwirtschaftlichen Lager, die an der Abstimmung nicht teilnahmen, wollten ihm zeigen, daß es mit dem Konzept purer Inflationsbekämpfung und Haushaltskonsolidierung nicht weitergeht. Wirtschaftspolitische Kapazitäten in der Duma wie Grigorij Jawlinskij und Sergej Glasjew, Vorsitzender des Wirtschaftsausschusses, wollen anscheinend einen Policy Mix, der auch eine Steuerreform und investitionsfreundliche Wirtschaftsgesetze beinhaltet. Auf dieser Linie lagen auch Alexander Lifschitz und Jewgenij Jasin, als ich sie noch in ihrer früheren Beraterposition sprach.

Anfang November 1994, nach dem mißglückten Mißtrauensvotum, traf ich Gennadij Sjuganow, den Vorsitzenden der Kommunistischen Partei. Seine Tragik ist, daß er kein Alternativprogramm für die Wirtschaftspolitik zu bieten hat. Ich hatte den Eindruck, daß ihm das Scheitern des Mißtrauensantrags in der Duma eher zupaß kam. Einer seiner Widersacher im Präsidentenlager sagte mir dazu: »Das ist ähnlich wie bei Adenauer und Erhard. Man ließ sie die Dreckarbeit machen, und erst dann wollten die Sozialisten an die Macht.«

Gleichwohl verspürte ich in meinen Gesprächen in der Duma wie im Präsidenten- und Regierungsapparat auch Unsicherheit darüber, ob der von Tschernomyrdin in seiner Duma-Rede vom 27. Oktober angekündigte harte Sparkurs sich werde durchsetzen lassen. Grigorij Tomschin, ein strammer liberaler Vordenker der Gaidar-Partei, erläuterte mir im Blick auf die bevorstehende Beratung des Haushaltes 1995 diesen Kurs wie folgt: Durch härteste Ausgabenkürzungen im Agrarbereich und bei den Sozialaufwendungen solle die Inflation auf ein, höchstens drei Prozent monatlich gedrückt werden. Haushaltslöcher sollten – inflationsneutral – durch die Aufnahme von Staatsanleihen am erstarkenden russischen Kapitalmarkt und durch Kredite des Internationalen Währungsfonds (IWF) gestoppt werden. Man erwarte vom IWF sechs Milliarden Dollar zur Stützung des Rubels sowie vier Milliarden Dollar als Beitrag zur Deckung des Haushaltsdefizits; darüber hinaus drei Milliarden Dollar von der Weltbank als zweckgebundenen Kredit für die Bezahlung von Einfuhren. Insgesamt benötige man 30 Milliarden Dollar, was bedeute, daß der Gegenwert von 15 Milliarden Dollar im Inland mobilisiert werden müsse.

Um an diese Gelder heranzukommen, müsse die Regierung in den nächsten Monaten zuerst selbst zeigen, daß es ihr mit dem Sparen ernst sei. Dies setze »Professionals« in der Regierungsmannschaft voraus. Kostenträchtig, aber notwendig seien vor allem die Vorbereitungen auf den Winter (Reparaturdienste) sowie eine auskömmliche Besoldung für die Lehrer und Ärzte. Darüber hinaus stehe Geld für soziale Zwecke nicht zur Verfügung.

Einwände und Zweifel, die ich entgegenhielt, lagen auf der Hand. Mache man sich nicht etwas vor, wenn man auf so massive Hilfe aus dem Ausland setze? Würde solches Geld nicht doch in den Konsum fließen? Glaube man wirklich, daß Bürger und Banken, wenngleich in Rußland einiges Geld auf der hohen Kante liege, in großem Umfang Staatsanleihen zeichnen würden? Wie exorbitant hoch müßten die Zinsen sein, die der Staat bei der bestehenden Inflationserwartung versprechen müßte? Bliebe dann noch Kapital für private Investitionen übrig? Könne die Regierung angesichts der Zurückhaltung der »Landesfürsten« bei der Abführung von Steuern an die Zentrale und bei der verbreiteten Korruption überhaupt eine realistische Einnahmeseite des Haushalts 1995 präsentieren?

Vollends in Frage gestellt wird der Haushalt 1995 durch die Kosten des Tschetschenien-Konflikts. Auch deshalb müssen die Waffen bald schweigen.

Als deutscher Berater, durch unseren Wohlfahrtsstaat selbst schon angekränkelt, kann ich es oft kaum fassen, wie wenig die soziale Komponente in Rußland – wie auch in den anderen Reformländern – gilt. Wir in Deutschland schreiben ja das Hauptwort »Marktwirtschaft« schon sehr klein und das Beiwort »sozial« sehr groß. Bei uns stellen alle Ansprüche an Bonn und warten darauf, daß ihnen die gebratenen Tauben in den Mund geflogen werden. In Rußland hat die breite Masse anscheinend keinerlei Erwartungen mehr an den Staat. Jeder versucht, aus eigener Kraft so gut wie möglich über die Runden zu kommen, oder verläßt sich auf seinen Kombinatschef.

Mir wurde von dem Mütterchen aus Wladimir erzählt, das mit dem Flugzeug nach Georgien fliegt, dort preiswert drei Jeans einhandelt und mit dem Erlös in Wladimir drei Monate lang leben kann. Arbeitslose fangen an zu hobeln, zu sägen, zu schustern, um sich ihren Lebensunterhalt zu verdienen. Ein junger Abgesandter der Weltbank sagte mir: »Sollen sie sich doch Arbeit suchen; wer arbeiten will, findet immer etwas.«

Die oberen Schichten, die von der Umverteilung der Ressourcen profitieren, wollen noch weniger in die Planwirtschaft zurück. Eine interessante, zugleich amüsante Rechnung hatte mir ein Insider aufgemacht, als im Spätsommer 1993 die Frage umging, ob der Volksdeputiertenkongreß einem neu zu wählenden Parlament weichen würde:

- Für die Auflösung des alten Kongresses und Neuwahlen sei eine Mehrheit von zwei Dritteln der 1048 Kongreßmitglieder erforderlich.
- Etwa 150 Abgeordnete könnten fest mit ihrer Wiederwahl rechnen. Daher würden sie Neuwahlen zustimmen.
- Etwa 500 Abgeordnete hätten die Segnungen der Marktwirtschaft frühzeitig erkannt; sie seien bereits saturiert und auf ihre Abgeordnetenpfründe nicht mehr angewiesen. Sie würden ihr Ausscheiden aus dem Kongreß eher als Befreiung empfinden.
- Eine dritte Gruppe von etwa 200 Abgeordneten, die gern wieder in ihr ziviles Leben und zu ihren Familien zurückkehren würden, könnte durch Inaussichtstellung von Beförderung (Sportlehrer wird Schuldirektor) zum Aufgeben veranlaßt werden.
- Der Rest der Kongreßabgeordneten bestehe aus unverbesserlichen Betonköpfen, die, falls sie für Neuwahlen stimmten, mit einer auskömmlichen Rente bedacht werden könnten.

Liegen also die Herren mit der Bierruhe vielleicht doch richtig?

Viele Wege führen zum Markt

Moskau wird als Stadt immer lebendiger. Jedesmal sehe ich mehr und bessere Autos, mehr Baukräne, mehr Läden, mehr renovierte Häuser. Das gleiche in Wladimir. Gouverneur Wlassow, der mich Anfang November in Moskau besuchte, gab sich entspannt und zufrieden.

Alle sprechen davon, daß die Investitionen zunähmen und der Handel mit Anteilen an privatisierten russischen Aktiengesellschaften blühe. Von interessanten Großbetrieben, beispielsweise aus der Erdölbranche, seien oft nur kleinste Anteile auf dem Markt, aber sie gingen weg wie warme Semmeln. Auch westliche Investoren versuchten, auf diese Weise einen Fuß in die Tür zu kriegen.

Dieser Aktienhandel sei größtenteils immer noch spekulativ. Man versuche, Pakete zusammenzukaufen, die schließlich bei wirklichen Investoren landen sollten; sie könnten dann mit frischem Kapital darangehen, die russische Industrie neu aufzubauen. Mit einigen hundert Millionen Dollar sollen sich amerikanische Pensionsfonds engagiert haben. Auch russische

Betriebsdirektoren kauften mit gehortetem Geld Anteile an den von ihnen verwalteten Betrieben.

Im Augenblick tobt also noch der Kampf um die Startlöcher. Besonnene Beobachter meinen, daß für die dringend benötigten Investitionen in eine Erneuerung der Industrieproduktion selbst das Klima »noch zu mies« sei.

Nach Ansicht der russischen Erzliberalen hängt alles nur davon ab, daß die Inflation gestoppt wird. Nur so könne Vertrauen geschaffen werden. Stabiles Geld, ein reibungsloser Zahlungsverkehr und freier Außenhandel sind nach ihrer Auffassung die einzig wirklich wichtigen Rahmenbedingungen.

Wird sich bei der Beratung des Haushalts 1995 – zumal die Militärausgaben horrend angestiegen sind – ein entsprechender Grundkonsens aller relevanten politischen Kräfte herstellen lassen? Wird Jelzin seine eigenen Leute im Regierungslager zusammenhalten können? Oder wird die russische Wirtschaftspolitik doch den »sanften Weg« gehen müssen? Er heißt: Mit möglichst wenig Inflation weiterwursteln, ohne Konsum und Warenproduktion völlig abzuwürgen. Wie sagte doch einer: Rußland ist so reich, daß es sich noch lange eine moderate Marktwirtschaftspolitik leisten kann.

Dann hätte man – wie ich meine – auch Zeit und Kraft für strukturelle Klimaverbesserungen anderer Art.

– Der Staatsapparat könnte gestrafft werden. Fjodorow sagte neulich vor amerikanischen Unternehmern: Wenn in den USA die russischen Proportionen gelten würden, müßte der Beraterstab des Weißen Hauses 10 000 Beamte umfassen.

- Zahlungsunwillige »Subjekte der Föderation«, die Regionen, könnten dazu angehalten werden, für die Föderation vereinnahmte Steuern nach Moskau abzuführen.
- Die Korruption, die zum Beispiel auch dazu führt, daß im Haushalt vorgesehene Zahlungen aus Moskau unten nicht ankommen, könnte härter bekämpft werden.
- Das Konkursrecht könnte auch bei Großbetrieben praktiziert werden.
- Das Steuerrecht könnte entrümpelt werden.
- Der Zugriff auf Grund und Boden für Investoren könnte vereinfacht werden.
- Der Zahlungsverkehr und die Bankenaufsicht könnten verbessert und der Wettbewerb durch Zulassung westlicher Banken gestärkt werden.

Mit anderen Worten: Die noch viel zu hohen Interaktionskosten ließen sich auf zahlreichen Gebieten drastisch senken, ohne daß dafür westliche Milliarden nötig wären. Gerade dies würde Vertrauen schaffen, Investoren locken und die Kapitalflucht stoppen. Und Rußland würde sich nicht, wie ein Entwicklungsland, in die Abhängigkeit von der westlichen Finanzwelt begeben.

Im Abschnitt »Privatisierung« habe ich von der russischen Konkursagentur berichtet, die sich unter ihrem agilen Chef Sergej Beljaew zu einer russischen Treuhandanstalt zu mausern versucht. Das russische Konkursgesetz sieht (wie das amerikanische und das neue deutsche) ein obligatorisches Sanierungsverfahren vor. Vor dem endgültigen »Aus« muß geprüft werden, ob der zahlungsunfähige Betrieb durch Umstrukturierung und Verkauf zu retten ist. Offenbar verspricht sich Moskau davon eine Chance für marode Staatsbetriebe.

Jedenfalls gab mir Beljaew zu verstehen, daß seine Arbeit für die Regierung hohe Priorität habe. Er weiß aber von mir, daß – nach unseren Erfahrungen in Ostdeutschland – ohne den massiven Einsatz staatlicher Vergünstigungen Investoren kaum zu gewinnen sind. Da seine Agentur kein Geld hat, faßt er anderweitige Zuwendungen ins Auge.

In der früheren Tschechoslowakei wurde um die Jahreswende 1991/92 ebenfalls überlegt, ob man Investoren, die man ins Land holen wollte, individuell Vorzugsbedingungen einräumen sollte. Man hatte sich eine ganze Palette ausgedacht:

- die Freistellung des Gemeinschaftsunternehmens von Altlasten;
- eine bevorzugte steuerliche Behandlung, wie beispielsweise die zeitweilige Befreiung von der Körperschaftssteuer, von sonstigen Ertragssteuern und Quellensteuern sowie umfangreiche Abschreibungsmöglichkeiten;
- die Garantie einer ausreichenden Infrastruktur, um den Bestand des Gemeinschaftsunternehmens auch in politischen Krisensituationen zu sichern;

- Beihilfen der Regierung in Form von Sanierungsbeihilfen oder Investitionsbeihilfen;
- Abbau von Zollschranken, die dem Investor lästig sind;
- Einfuhrquoten für ausländische Konkurrenzprodukte;
- Beihilfen für die Einrichtung der notwendigen Infrastruktur (Ver- und Entsorgung, Telekommunikation);
- Exportzuschüsse;
- Bevorzugung bei Fremdwährungskonten und Fremdwährungskrediten;
- Vorteile beim Landerwerb.

Wenn dieser Weg sich gehen ließe, so wäre er zwar ordnungspolitisch höchst unsauber, aber ein Ausweg, um Investoren zu gewinnen. Mit Wehklagen käme der deutsche Berater in Schwierigkeiten, weil das Wort »Ordnungspolitik« sich gar nicht ins Russische übersetzen läßt. Außerdem hat auch unsere Treuhandanstalt nicht gezögert, aus ihrem Füllhorn mal ein bißchen mehr, mal ein bißchen weniger zu schütten.

Möglicherweise ließen sich auf diese Weise auch rascher Dollar-Milliarden ins Land zurückholen, die russische Betriebe im Ausland horten.

Gelegentlich spreche ich die Wirtschaftslenker in Peking. Bei meinem letzten Besuch sagten sie mir, daß 70 Prozent des Investitionskapitals, das jetzt in die Volksrepublik China fließe, von Auslandschinesen stamme. So schreien doch wahrscheinlich auch die russischen Dollar-Milliarden, die in den Sparstrümpfen der Bürger und auf westlichen Konten liegen, nach Investitionen in Rußland. Aus diesem Land stammen sie, und dort kennen sie am ehesten die Ritzen, durch die sie fließen müssen, um sich gehörig zu vermehren. Vorausgesetzt, die Regierung bietet – allgemein oder gezielt – attraktive Bedingungen an.

Ermuntern möchte ich meine russischen Partner zu einem solchen Weg allerdings nicht. Mit der Europäischen Union, die Rußland braucht, um seine Fertigwaren im Westen absetzen zu können, gäbe es mit Sicherheit Ärger, wenn einzelne Investoren willkürlich bevorzugt würden.

Rußland hat Tausende von Betrieben, auch viele mittelständische, denen geholfen werden muß. Würden die knappen Ressourcen unter beliebigen Gesichtspunkten nur bestimmten Unternehmen zugeschustert werden, so hätten alle anderen das Nachsehen. Und unsere Erfahrung zeigt, daß der Staat gar nicht dazu in der Lage ist, die Rolle des Entdeckungsverfahrens Wettbewerb zu übernehmen. Vielfach würden die Subventionen an die Falschen verteilt werden.

Warten wir ab, welchen der vielen Wege zum Markt die Russen einschlagen. Das Land ist reich, kann notfalls eine Zeitlang vom Verkauf seiner Bodenschätze leben und steht daher nicht unter Zeitdruck.

Vieles spricht dafür, daß es im laufenden Jahr 1995 zu einer Investitionswelle in Rußland kommen wird. Die privatisierten Staatsbetriebe benötigen dringend

Kapital und Know-how und sind im Augenblick billig zu haben. Präsident Jelzins jüngste Personalentscheidungen im wirtschaftspolitischen Bereich deuten darauf hin, daß sich Rußland mehr als bisher um eine investitionsfreundliche Wirtschaftsgesetzgebung bemühen wird, ohne die Marktwirtschaft nicht funktioniert.

Um so bedauerlicher sind die Turbulenzen, die der Tschetschenien-Konflikt ausgelöst hat. Das Vertrauen in die politische Stabilität Rußlands ist gestört, die Kosten der militärischen Auseinandersetzung belasten den ohnehin desolaten Staatshaushalt zusätzlich, und die Wunden, die der Streit über Sinn und Unsinn der Intervention innenpolitisch geschlagen hat, werden nachwirken. Tschetschenien hatte sich bereits 1991 von Rußland losgesagt, und man fragte sich Anfang Dezember in Moskau, weshalb Jelzin gerade jetzt die Herausforderung annehme. Wollte er den Scharfmachern im eigenen Lager einen Knochen hinwerfen, um von anderen, reformbedingten wirtschaftspolitischen Schwierigkeiten abzulenken? Jetzt scheint der Präsident selbst von der Unfähigkeit der Militärs, die Aktion rasch zu beenden, und auch von den Vorwürfen mancher Getreuer überrascht zu sein. Aber die Diskussion wird offen geführt, und zumindest das ist ein positives Zeichen.

Bei allem Unmut über die Ereignisse – die deutschen Unternehmer sollten sich beeilen, mit mehr Mut und Weitsicht auf dem Riesenmarkt Rußland Fuß zu fassen. Und unsere Kreditwirtschaft sollte die Zügel, die sie Investitionswilligen anzulegen pflegt, im Blick auf die großen Chancen in Rußland ein wenig lockern. Ein Banker schrieb mir neulich: Wir denken immer nur an die Regelung der russischen Altschulden und verpassen vielleicht die Zukunft.

Auch hier gilt der vielzitierte Spruch Michail Gorbatschows: »Wer zu spät kommt, den bestraft das Leben!«

ANHANG

Zehn Jahre Glasnost und Perestroika

1984–1994

1984		
10. Dez.	UdSSR	Konferenz des Zentralkomitees (ZK) der KPdSU. Michail Gorbatschow, Mitglied des Politbüros und Sekretär des ZK, hält das Grundsatzreferat und plädiert für die Intensivierung der Wirtschaft und für »Glasnost« als Hebel gegen bürokratische Verwerfungen.
1985		
10. März	UdSSR	Gorbatschow wird nach dem Tode Tschernenkos Generalsekretär des Zentralkomitees der KPdSU.
11.–12. Juni	UdSSR	Konsens im Zentralkomitee der KPdSU, daß Reformen der zentralen Planwirtschaft – ohne Systemänderung – nötig sind.
1986		
25. Feb.–06. März	UdSSR	XXVII. Parteitag der KPdSU. Programm zur Umstrukturierung

		(Perestroika) und Modernisierung der Wirtschaft – geregelter sozialistischer Markt.
19. Nov.	UdSSR	Gesetz über die individuelle Erwerbstätigkeit: Selbständige Erwerbstätigkeit im Handwerk und im Dienstleistungssektor wird erlaubt, allerdings nur im Familienverband, ohne fremde Beschäftigte.
1987		
13. Jan.	UdSSR	Verordnung des Ministerrates über die Zulassung von Gemeinschaftsunternehmen; die ausländische Beteiligung wird auf 49 % begrenzt.
30. Juni	UdSSR	Gesetz über den staatlichen Betrieb, Orientierung der Staatsbetriebe auf die volle wirtschaftliche Rechnungsführung und Eigenfinanzierung. Beschluß des Obersten Sowjets über die Umgestaltung der Leitung der Volkswirtschaft in der gegenwärtigen Etappe der wirtschaftlichen Entwicklung: mehr Selbständigkeit für Staatsbetriebe; Delegieren von Verantwortung nach unten wird empfohlen.
1988		
24. Mai	UdSSR	Gesetz über die Kooperativen: Genossenschaftliche Zusammenschlüsse von Staatsbetrieben werden erlaubt. Erste Privatisierungswelle.
29. Nov.–01. Dez.	UdSSR	Oberster Sowjet der UdSSR schafft die Institution des Kongresses der Volksdeputierten als eine dem Obersten Sowjet übergeordnete Volksvertretung.

1989		
13. März	UdSSR	Entwurf der »Allgemeinen Prinzipien der Umgestaltung der Leitung der Wirtschaft und der sozialen Sphäre in den Unionsrepubliken auf der Grundlage der Erweiterung ihrer souveränen Rechte, der Selbstverwaltung und Eigenfinanzierung« wird zur öffentlichen Diskussion gestellt. U. a. sollen die Unionsrepubliken selbständig Außenhandel treiben dürfen.
26. März	UdSSR	Wahlen zum Volksdeputiertenkongreß (Beteiligung 89,8 v. H).
07. April	UdSSR	Erlaß des Präsidiums des Obersten Sowjets über die Pacht und die Pachtbeziehungen. Mit den Pächtern entsteht eine neue Kategorie von Wirtschaftssubjekten.
25. Mai	UdSSR	Erster Kongreß der Volksdeputierten. Gorbatschow wird Vorsitzender des Obersten Sowjets.
09. Okt.	UdSSR	Verabschiedung eines Streikgesetzes. Arbeitsniederlegung in Schlüsselbereichen bleibt verboten; Streiks ohne vorherigen Schlichtungsversuch sind ungesetzlich.
Nov.	UdSSR	Regierungsprogramm für eine gemischte Wirtschaft (Plan/Markt) von Abalkin.
27. Nov.	UdSSR	Anerkennung der wirtschaftlichen Selbständigkeit Estlands, Lettlands und Litauens.
18. Dez.	UdSSR	Abschluß eines Handels- und Kooperationsabkommens mit der EG. Meistbegünstigung und Abbau der

		mengenmäßigen Beschränkungen im gegenseitigen Warenaustausch (Bildung einer gemeinsamen Kommission).
19. Dez.	UdSSR	Der 2. Volksdeputiertenkongreß nimmt das Regierungsprogramm zur Sanierung der Wirtschaft und zum Übergang auf Marktbeziehungen an.
1990		
06. März	UdSSR	Gesetz über das Eigentum: Bruch mit der absoluten Herrschaft des Staatseigentums; das Privateigentum wird gleichberechtigt neben dem Staatseigentum genannt.
15. März	UdSSR	Wahl Gorbatschows zum Präsidenten der UdSSR. Von den 2245 Abgeordneten stimmen 1329 für ihn, 495 gegen ihn.
09. April	UdSSR	Gesetz über die kommunale Selbstverwaltung.
16. Mai	UdSSR	GATT billigt der UdSSR den Beobachterstatus zu.
24. Mai	UdSSR	Regierung legt Konzeption für den Übergang zur regulierten Marktwirtschaft vor.
02. Juni	UdSSR	Gipfel in Washington, Abschluß eines Handelsabkommens mit den USA.
04. Juni	UdSSR	Gesetz über die Unternehmen. Gleiche Wirtschaftsbedingungen bei ungleichen Eigentumsformen.
06. Juni	UdSSR	Mediengesetz schafft Zensur ab, garantiert Meinungs-, Informations- und Pressefreiheit; Abschaffung des staatlichen Kommunikationsmonopols.

12. Juni	Rußland	Deklaration über die staatliche Souveränität der Russischen Sozialistischen Föderativen Sowjetrepublik (RSFSR – ab 27.12.1991 Russische Föderation/Rußland). Geburtsstunde des neuen Rußland.
Juli	UdSSR	Erlaß Gorbatschows über die Änderung der Außenwirtschaftspraxis (Umstellung des Binnenhandels auf Weltmarktpreise in frei konvertiblen Devisen, Einschränkung der Hilfe für Entwicklungsländer).
14. Juli	Rußland	Erlaß über die Liberalisierung der Außenwirtschaft; Erlaß über die Gründung von Zonen freien Unternehmertums.
09. Aug.	UdSSR	Erlaß über die Schaffung des Fonds für Staatsvermögen (Treuhandstelle für Umwandlung von Staatsunternehmen in Aktiengesellschaften und andere Rechtsformen).
16. Aug.	UdSSR	Erlaß der Regierung über Maßnahmen zur Demonopolisierung der Volkswirtschaft (u.a. Abschaffung des staatlichen Außenhandelsmonopols).
24. Sept.	UdSSR	Sondervollmachten an Präsident Gorbatschow zur Fortsetzung der Reformen durch Erlasse.
22. Okt.	UdSSR	Oberster Sowjet billigt Gorbatschows Reformprogramm zur Wirtschaftsstabilisierung und des Übergangs zum Markt.
26. Okt.	UdSSR	Erlaß über die Zulassung ausländischer Investitionen.
01. Nov.	UdSSR	»500-Tage-Programm« zur Wirt-

		schaftsreform von Schatalin (Marktstabilisierung und innere Konvertibilität).
19. Nov.	Rußland	Staatsvertrag mit Ukraine über die Grundlagen der beiderseitigen Beziehunge
22. Nov.	Rußland	Gesetze über die Bodenreform und die Bauernwirtschaften: Das Grundeigentum als Monopol des Staates wird aufgehoben; Zulassung privaten Grundstückserwerbs.
2. Dez.	UdSSR	Gesetze zum Aufbau eines zweistufigen Bankensystems (Unabhängigkeit der Staatsbank der UdSSR).
24. Dez.	Rußland	Gesetz über das Eigentum: Zuordnung der einzelnen Objekte zu den verschiedenen staatlichen Ebenen mit dem Ziel der Privatisierung.
25. Dez.	Rußland	Gesetz über Unternehmen und unternehmerische Tätigkeit: Allgemeine Zulassung privater Unternehmen, auch von Ausländern; spezielle Regelungen für Aktiengesellschaften und Gesellschaften mit beschränkter Haftung.
1991		
17. März	UdSSR	Referendum über das Fortbestehen der UdSSR (Mehrheit spricht sich für eine Union souveräner Staaten aus).
20. März	UdSSR	Gesetz über Reform der Regierung und der staatlichen Verwaltung.
22. März	Rußland	Gesetz über den Wettbewerb und die Eindämmung monopolistischer Tätigkeit auf den Warenmärkten.
02. April	UdSSR	Neue Währungsgesetzgebung: Frei-

		gabe des Wechselkurses für Bar-Transaktionen, Abschaffung des Touristenkurses des Rubels (1 DM = 3,60 Rubel); Einführung eines neuen Marktkurses (1 DM = 16 Rubel).
25. April	Rußland	Gesetzbuch über Grund und Boden. Regelungen über den privaten Grundstückserwerb.
12. Juni	Rußland	Boris Jelzin wird mit 58 v. H. der Stimmen zum Präsidenten der RSFSR gewählt.
26. Juni	Rußland	Gesetz über die Investitionstätigkeit.
03. Juli	Rußland	Gesetz über die Privatisierung staatlicher und kommunaler Unternehmen.
04. Juli	Rußland	Gesetz über ausländische Investitionen.
19. Aug.	UdSSR	Putschversuch gegen Präsident Gorbatschow; energischer Widerstand vom russischen Präsidenten Jelzin.
21. Aug.	UdSSR	Wiedereinsetzung des Präsidenten Gorbatschow.
23. Aug.	Rußland	Dekrete zur Suspendierung der Tätigkeit der Kommunistischen Partei und zur Überführung ihres beweglichen und unbeweglichen Vermögens in Staatseigentum.
26. Aug.	Rußland	Jelzin fordert auf der Sitzung des Obersten Sowjet losen Staatenbund für UdSSR.
01. Nov.	Rußland	Oberster Sowjet erteilt Jelzin Sondervollmachten für die Wirtschaftsreform, befristet bis Ende 1992.
06. Nov.	Rußland	Erlaß zur Organisation der Arbeit der Regierung unter den Bedingungen der Wirtschaftsreform. Wahr-

		nehmung der Funktionen des Regierungschefs (Ministerpräsidenten) durch den Präsidenten. Jegor Gaidar führt als Erster Stellvertretender Ministerpräsident die laufenden Geschäfte.
15. Nov.	Rußland	Erlaß zur Liberalisierung der Außenwirtschaftstätigkeit auf dem Territorium der RSFSR.
28. Nov.	Rußland	Erlaß zur Reorganisation der zentralen staatlichen Verwaltungsorgane. Übernahme des Vermögens aufgelöster zentraler Behörden der noch bestehenden UdSSR.
03. Dez.	Rußland	Erlaß zur Freigabe der Preise ab 02.01.1992.
08. Dez.	GUS	Minsker Vereinbarung der Staatsoberhäupter Rußlands, der Ukraine und Weißrußlands über die Gründung der Gemeinschaft Unabhängiger Staaten (GUS). Auflösung der UdSSR.
21. Dez.	GUS	Deklaration und Protokoll von Alma-Ata über die erweiterte Gründung der Gemeinschaft Unabhängiger Staaten durch 11 ehemalige Sowjetrepubliken (nicht Estland, Lettland, Litauen, Georgien). Seit Januar 1991 gehört auch Georgien der Gemeinschaft an.
1992		
02. Jan.	Rußland	Freigabe von 90 v. H. der Verbrauchs- und 80 v. H. der Investitionsgüterpreise.
29. Jan.	Rußland	Erlaß des Präsidenten der Russi-

		schen Föderation zur Beschleunigung der Privatisierung staatlicher und kommunaler Unternehmen.
27. Feb.	Rußland	Regierung verabschiedet ein wirtschaftspolitisches Reformprogramm für die Zeit vom 01.04. bis 31.12.92 (weitere Preisliberalisierung, Privatisierung, Subventionskürzung, Personalabbau im öffentlichen Dienst).
10. März	GUS	Nordatlantischer Kooperationsrat nimmt alle GUS-Republiken als Mitglieder auf.
29. Mai	Rußland	Pfandgesetz. Regelung der Verpfändung von Sachen und Forderungen.
01. Juni	Rußland	wird Mitglied des Internationalen Währungsfonds (IWF).
16. Juni	Rußland	wird Mitglied der Weltbank.
01. Juli	Rußland	Erlaß über die Umwandlung von Staatsbetrieben in Aktiengesellschaften.
01. Juli	Rußland	Zentralbank fängt damit an, zweimal wöchentlich den Rubel/Dollar-Kurs bekanntzugeben (aufgrund der Kursentwicklung an der Moskauer Devisenbörse). Anfangskurs am 1.7.1992: 125 Rubel/Dollar. Kurs Ende November 1994: 3200 Rubel/Dollar.
01. Okt.	Rußland	Beginn der Privatisierung von 6000 Staatsbetrieben durch Ausgabe von Anteilsscheinen zu je 10000 Rubeln an die Bevölkerung (Gesamtwert: 1,5 Billionen Rubel).
09. Okt.	Rußland	Gesetz über die Devisenregulierung und -kontrolle.
14. Dez.	Rußland	Jelzin ernennt Wictor Tschernomyrdin zum Ministerpräsidenten.

15. Dez.	Rußland	Entlassung des Ersten Stellvertretenden Ministerpräsidenten Jegor Gaidar.
1993		
22. Jan.	GUS	Vereinbarung der GUS-Staaten über die Gründung der Zwischenstaatlichen Bank.
01. März	Rußland	Konkursgesetz.
25. April	Rußland	Referendum: Präsident Jelzin erhält das Vertrauen der russischen Bürger (58,7 v. H.) und die Unterstützung zu seiner Reformpolitik (53,0 v. H.); für Neuwahlen des Volksdeputiertenkongresses und des Präsidenten kommen die erforderlichen Mehrheiten nicht zustande.
22. Juli	Rußland	Oberster Sowjet verabschiedet Nachtragshaushalt für 1993, der das Budgetdefizit erhöhen würde. Jelzin legt Veto ein.
24. Juli	Rußland	Alle zwischen 1961 und 1992 ausgegebenen Rubel-Noten werden ungültig und müssen innerhalb von 14 Tagen umgetauscht werden; Beträge über 35 000 Rubel müssen für 6 Monate verzinslich stillgelegt werden.
26. Juli	Rußland	Erlaß Jelzins über Erleichterung und Beschleunigung der Privatisierung.
6. bis 10. Aug.	Rußland	Oberster Sowjet legt den Privatisierungserlaß dem Verfassungsgericht vor und blockiert ihn dadurch. Jelzin beauftragt in einem neuen Erlaß die Regierung damit, die erforderlichen Maßnahmen durchzuführen.

20. Aug.	Rußland	Jelzin lehnt die vom Obersten Sowjet beschlossene Neufassung des Bankengesetzes (Erschwerung der Tätigkeit ausländischen Banken, Verstärkung der Kontrolle über die Zentralbank) ab.
04. Sept.	Rußland	Unterzeichnung eines Rahmenabkommens über die Bildung einer Währungsunion mit Weißrußland, Armenien, Kasachstan, Tadschikistan und Usbekistan
14. Sept.	Rußland	Abkommen mit Weißrußland über einheitliches Geldsystem (Rubel-Vereinigung der beiden Geldsysteme ab 1994). Abkommen wurde wegen der überproportionalen Entwertung der weißrussischen Währung bisher nicht erfüllt.
21. Sept.	Rußland	Jelzin suspendiert durch Erlaß die Gesetzgebungs-, Vollzugs- und Kontrollfunktionen des Volksdeputiertenkongresses und des Obersten Sowjets bis zur Konstituierung eines neuen Zweikammer-Parlarments. Zugleich legt er in einer Fülle von Erlassen die Wahlordnung für die künftige Staatsduma fest, bestimmt den 12. Dezember 1993 zum Wahltermin, beauftragt eine Verfassungskommission damit, bis dahin den abgestimmten Entwurf einer neuen Verfassung vorzulegen, löst den Moskauer Stadtsowjet auf und leitet eine Reform der örtlichen Vertretungs- und Selbstverwaltungsorgane ein.

24. Sept.	GUS	Gipfeltreffen der GUS-Staaten in Moskau. Unterzeichnung des Rahmenabkommens über eine Wirtschaftsunion der GUS-Staaten.
03.–04. Okt.	Rußland	Präsident und Vizepräsident des Obersten Sowjets, Chasbulatow und Ruzkoj, putschen gegen Jelzin. Einsatz der Armee und gewaltsame Auflösung des Parlaments. Verhaftung von Chasbulatow und Ruzkoj.
27. Okt.	Rußland	Erlaß Jelzins erlaubt russischen Bürgern den Kauf und Verkauf von Grundstücken. Ausländer dürfen nur mieten oder pachten (Ausnahme: Grundstückserwerb im Rahmen einer Direktinvestition).
28. Okt.	Rußland	In einem auf 3 Monate befristeten Erlaß (Bestätigung durch das neue Parlament) droht Präsident Jelzin Regionen, die Steuern an die Föderation nicht abführen, Sanktionen an: keine Zahlungen an Unternehmen, keine Exportlizenzen.
01. Nov.	Rußland	Durch Präsidialerlaß werden alle Importsubventionen abgeschafft.
12. Dez.	Rußland	Wahlen zum Föderationsrat (1. Kammer), zur Staatsduma (2. Kammer) sowie Verfassungsreferendum. Wahlbeteiligung: 54,8 %. Die Verfassung wird mit 58,4 % der Stimmen angenommen. Wesentlicher Inhalt: – Garantie der Menschen- und Bürgerrechte (Art. 17). – Schutz des Privateigentums (Art. 35).

		– Recht auf Privateigentum an Grund und Boden (Art. 36). – Starke Stellung des Präsidenten als Garant der Verfassung und der Menschen- und Bürgerrechte, Richtlinienkompetenz in der Innen- und Außenpolitik (Art. 80), – Unabhängigkeit der Gerichte (Art. 120).
1994		
01. Jan.	GUS	Inkrafttreten des Statuts der Gemeinschaft Unabhängiger Staaten.
11.–12. Jan.	Rußland	Konstituierung des Föderationsrates und der Staatsduma. Zu Vorsitzenden werden der Reformer Schumejko (Föderationsrat) und der Kommunist Rybkin (Duma) gewählt.
09. März	Rußland	Regierungsprogramm zur verstärkten Durchsetzung des Antimonopolgesetzes: Vorrang soll die Entflechtung der Monopolstrukturen im Handel sowie im Bau-, Telekommunikations- und Transportwesen haben.
31. März		Auflösung der COCOM-Überwachungsstelle für den Handel mit Rüstungsgütern.
15. April	GUS	Vereinbarung über die Schaffung einer Freihandelszone.
28. April	Rußland	Vertrag über die gesellschaftliche Eintracht: auf zwei Jahre befristete Absichtserklärung der Staatsführung, der Föderationssubjekte, Parteien und Organisationen zur Wahrung der politischen Stabilität im Lande.

23. Mai	Rußland	Erlaß des Präsidenten zur Neuordnung der Steuerpolitik und zu Steuervergünstigungen für ausländische Investoren: Weisung an die Regierung, Gesetzentwürfe zur Reduzierung der Zahl der Steuern sowie der Mehrwert- und Gewinnsteuersätze bei gleichzeitiger Erhöhung der Einkommen- und Vermögensteuersätze vorzubereiten. Vergünstigungen bei der Gewinnsteuer für Unternehmen mit Auslandsbeteiligung, die nach dem 01.01.1994 registriert wurden sowie einen ausländischen Kapitalanteil von mehr als 30 v. H., wertmäßig mindestens 10 Millionen Dollar ausweisen (völlige Befreiung im ersten und zweiten Geschäftsjahr, 75 bzw. 50 v. H. Erlaß im dritten und vierten Geschäftsjahr).
23. Mai	Rußland	Erlaß des Präsidenten zur Aufhebung des Exportquoten- und -lizenzsystems für Waren und Leistungen: Quoten und Lizenzen gelten nur noch für Waren, für deren Export internationale Verpflichtungen der Russischen Föderation bestehen (insbesondere Textil-Vereinbarungen mit der EU und EU-Kommissionsabschlüsse).
30. Juni	Rußland	Ende der Voucher-Privatisierung; am 1. Juli Beginn der zweiten Privatisierungsphase (Verkauf der Aktien gegen Geld).
07. Juli	Rußland	Erlaß des Präsidenten zum Programm »Herausbildung und Entwick-

		lung des Privatrechts in Rußland«: Vorgesehen ist u. a. die Herausgabe des deutschen Bürgerlichen Gesetzbuches und des deutschen Handelsgesetzbuches in russischer Sprache.
08. Juli	Rußland	Erlaß des Präsidenten zur Neuordnung der staatlichen Registrierung von Unternehmen und Unternehmern: Aktiengesellschaften und Jointventures müssen ein Grundkapital in Höhe des 1000fachen Betrages des gesetzlich vorgeschiebenen Mindestlohnes (derzeit 20 500 Rubel), andere Unternehmen mindestens den 100fachen Betrag ausweisen.
29. Sep.	Rußland	Verordnung der Regierung der Russischen Föderation über die Aktivierung der Arbeit zur Heranziehung ausländischer Investitionen in die Wirtschaft. Die Arbeit der föderalen Exekutivorgane zur Heranziehung ausländischer Investitionen und die Schaffung eines günstigen Rechts-, Steuer- und Zollregimes für ausländische Investoren wird als »prinzipiell wichtige Aufgabe« definiert. Ein Konsultativrat mit Tschernomyrdin als Vorsitzendem soll zur Verbesserung des Investitionsklimas und des Zusammenwirkens von Investoren und Regierung, zur Erarbeitung von Vorschlägen zur Steuer-, Zoll- und Devisenpolitik und zur Verbesserung des Rufbildes Rußlands als Investitionsstandort beitragen.

		Das Wirtschaftsministerium ist für die Ausarbeitung und Umsetzung der staatlichen Politik zur Heranziehung ausländischer Investitionen zuständig. Es wird beauftragt, im Zusammenwirken mit anderen Behörden den Entwurf eines Programms zur Stimulierung einheimischer und ausländischer Investitionen sowie Vorschläge zu dessen Realisierung auszuarbeiten und im ersten Quartal 1995 der Regierung vorzulegen. Wirtschafts-, Außenwirtschafts-, Finanz- und Justizministerium werden beauftragt, bis Ende November 1994 die Entwürfe der Novelle zum Auslandsinvestitionsgesetz sowie der Gesetze über die freien Wirtschaftszonen und über Konzessionsverträge, Dienstleistungsverträge sowie *production-sharing*-Vereinbarungen mit ausländischen Investoren vorzulegen. Dabei sollen im Auslandsinvestitionsgesetz Vergünstigungen für ausländische Investoren bei der Besteuerung, bei den Export- und Importzöllen und hinsichtlich der Devisenregulierung, im Gesetz über die freien Wirtschaftszonen besondere Vergünstigungen hinsichtlich der Außenwirtschaftstätigkeit dieser Zonen und im Konzessionsgesetz Bestimmungen vorgesehen werden, wonach Veränderungen nur im gegenseitigen Einverständnis möglich sein sollen.

		U. a. folgende Vorschläge sollen der Regierung vorgelegt werden (mit Fristsetzung): – zur Schaffung eines Versicherungs- und Garantiesystems für ausländische Investitionen, – für den Einsatz verschiedener Pfandformen bei der Heranziehung ausländischer Investitionen, – für den raschen Abschluß von Investitionsschutzabkommen mit ausländischen Staaten. Im Januar 1995 soll das Wirtschaftsministerium mit den Vertretern der Regionen über die Gewinnung ausländischer Investoren beraten, wobei konkrete Empfehlungen verabschiedet werden sollen.
07. Okt.	Rußland	Duma ratifiziert das Rahmenabkommen über eine Wirtschaftsunion der GUS-Staaten vom 24. September 1993.
11. Okt.	Rußland	»Schwarzer Dienstag«, dramatischer Verfall des Rubels an der Moskauer Devisenbörse.
21. Okt.	Rußland	Duma verabschiedet den Ersten Teil des Zivilgesetzbuches der Russischen Föderation und das Einführungsgesetz.
01. Dez.	Rußland	Nach dem Scheitern der Kommandooperation gegen den abtrünnigen tschetschenischen Präsidenten Dudajew am 26. November beginnt mit dem Dekret Jelzins »Über Maßnahmen zur Festigung der Rechtsordnung im Nordkaukasus« die Eskala-

		tion des Tschetschenien-Konflikts. Das Dekret enthält ein bis zum 15. Dezember 1994 befristetes Ultimatum zur Abgabe aller Waffen, das Jelzin nach fruchtlosem Ablauf bis zum 17. Dezember verlängert.
18. Dez.	Rußland	Beginn der Militäraktion zur Durchsetzung des Ultimatums in Tschetschenien.
1995		
01. Jan.	Rußland	Inkrafttreten des neuen Zivilgesetzbuchs – Teil I, mit Ausnahme des Kapitels über Grund und Boden, das erst zusammen mit dem noch zu verabschiedenden Bodengesetz wirksam werden soll.

Gerd Lenga

Was ein deutscher Investor vor einem Engagement in Rußland wissen sollte

0. Einführendes

Welche Hinweise und Empfehlungen kann der Praktiker einem Investor geben, der sich gegenwärtig in der Russischen Föderation wirtschaftlich betätigen möchte? Wie die ersten Gespräche mit Mandanten zeigen, sind es immer wieder dieselben Themenkreise, zu denen zunächst Informationen und Ratschläge für ein weiteres Vorgehen erbeten werden. Es bietet sich deshalb an, für solche Hinweise von einem typischen Beratungsgespräch auszugehen, das in aller Regel damit beginnt, daß ein Mandant seine Entschlossenheit bekundet, sich in Rußland unternehmerisch zu engagieren, und nachfragt, ob dies denn zur Zeit überhaupt angezeigt sei. Beginnen wir mit dieser Frage.

I. Zum richtigen Zeitpunkt für eine Investition

Wer heute nicht nur Fernsehen, Rundfunk und die (heimische) Presse verfolgt, sondern sich vor Ort in Rußland umtut, dem fällt eine emsige Geschäftigkeit auf, wie man sie in diesem Land wohl nie zuvor beobachten konnte: In Moskau zum Beispiel wird an allen Ecken und Enden durch In- wie Ausländer gebaut, nahezu jedes Weltunternehmen aus dem Konsumgüterbereich ist mit nicht zu übersehender Reklame und natürlich auch mit seinen Produkten gegenwärtig; an Straßen und auf Gehwegen blüht in sämtlichen Formen der Handel, und nicht nur die amerikanische Währung, sondern auch amerikanische Sitten und Laute wie überhaupt eine täglich zunehmende Menge Ausländer sind aus dem Leben der Stadt nicht mehr wegzudenken. Im Zentrum wird ein westliches Geschäft nach dem anderen eröffnet, die Auswahl an Restaurants verschiedenster Küchen wie Qualitäten wird ständig breiter, und zu manchen Zeiten hat der Reisende Schwierigkeiten, noch ein Hotelzimmer zu bekommen. Eine westliche Bank folgt der anderen, und sogar die großen Investmentbanken zeigen langsam offen, was Insider seit langem wußten, nämlich daß sie nicht nur einfach dasind, sondern auch ihrem Geschäft nachgehen. In westlichen Marktwirtschaften bewanderte Unternehmensberater – wie überhaupt Berater jeder Art – haben Hochkonjunktur; ja, Beratung im steuerlichen, rechtlichen und wirtschaftsprüfenden Bereich läßt sich sogar schon durch Studenten verkaufen, die als Praktikanten in Büros oder Kanzleien zu Hause allenfalls Akten einsehen dürften, doch wäre ohne sie der rasant anwachsende Beratungsbedarf anscheinend gar nicht zu befriedigen.

Sind dies alles Glücksritter, die in einer der teuersten Städte der Welt das Geld ihrer Aktionäre, Gesellschafter, Partner oder Mandanten unter das bringen sollen, was in Deutschland ebenso undifferenziert wie mißverständlich einfach als »russische Mafia« bezeichnet wird? Ist es wirklich so, daß Unternehmer, Kaufleute, Repräsentanten, Banker, Steuerberater, Rechtsanwälte, sich – und leichtfertigerweise auch ihren Angehörigen – die bequemen Lebens- und Arbeitsbedingungen zu Hause ersparen möchten, um sich des Abenteuers willen den Belastungen, Entbehrungen und Gefährdungen einer oftmals rücksichtslosen Umgebung und einer verschmutzten Umwelt auszusetzen?

Natürlich nicht, vielmehr sind wir alle hier in Rußland aufgrund ganz nüchterner Überlegungen, aufgrund betriebswirtschaftlich nachvollziehbarer Kalkulationen und – nicht zuletzt – mit ganz konkreten Erwartungen. Wer deshalb nach dem richtigen Zeitpunkt fragt, um nach Rußland zu kommen, dem kann man meist schon mit einem Verweis auf die Konkurrenz antworten, die diesen Zeitpunkt für sich schon als gekommen ansah und deshalb bereits vor Ort ist. Wie ich meine, auch zu Recht, denn es haben sich in Rußland neben den als anschauliche Beispiele für die Lage der russischen Wirtschaft so beliebten konkursreifen Unternehmensgiganten längst kleinere Wirtschaftseinheiten gebildet, die immerhin so viel Geld erwirtschaften, daß sie trotz aller Versuche, dies zu verhindern, jährlich zweistellige Milliardenbeträge an US-Dollar ins Ausland verbringen oder dort erwirtschaften und gleich dort belassen können. Und neuerdings hört man sogar aus berufenem Munde, daß dieses Geld auch wieder nach Rußland zurückzufließen beginnt, daß also selbst russische Unternehmer Vertrauen in die Entwicklung der eigenen Wirtschaft zu fassen beginnen.

Zu einfach ist der kurze Schluß von einem weitgehend desolaten Staatshaushalt auf ein überhaupt nicht funktionierendes Wirtschaftssystem, und meist überschätzt wird der Einfluß, den politische Ereignisse oder gar konkrete Personen auf die Entwicklung der Wirtschaft oder auf das tägliche Leben haben: Selbstverständlich gibt es in Rußland auch Wirtschaftsunternehmen, die arbeiten; schließlich leben hier 150 Millionen Menschen, die, wie auch immer, versorgt und untergebracht, das heißt, mit staatlichen wie kommunalen Dienstleistungen bedacht sind. Und selbstverständlich ändert sich morgen in Rußland auch nichts Grundsätzliches, wenn der eine oder andere Saunafreund eines deutschen Politikers von einem zukünftigen neuen Freund ersetzt wird. An eine Rückkehr früherer Verhältnisse ist zehn Jahre nach dem Beginn der Wirtschaftsreform Gorbatschows nicht mehr zu denken. Deshalb kann man in Rußland heute durchaus Geschäfte tätigen, kann man mit Aussicht auf Gewinn investieren, kann man Geld verdienen. Man muß nur wissen, in welchem Bereich und mit wem. Da der Bereich meist von der Branche vorbestimmt ist, in dem ein Mandant tätig ist, soll ein erster Ratschlag gleich dem »mit wem«, das heißt dem zukünftigen Partner, gelten:

Ein Investor kann nicht sorgfältig genug prüfen, ob er überhaupt einen Partner für Geschäftsaktivitäten benötigt und gegebenenfalls, wer dieser Partner eigentlich ist.

Die Zeiten, da man in Rußland zur Ausübung unternehmerischer Tätigkeiten von Gesetzes wegen auf einen einheimischen Partner angewiesen war, sind vorbei; die Gründung 100%iger Tochterunternehmen ist längst gang und gäbe. Für die kapitalmäßige Bindung an einen russischen Partner sollten deshalb ausschließlich wirtschaftliche oder jedenfalls rational nachvollziehbare Gründe entscheidend sein. Wer nur irgendwelcher persönlicher »Beziehungen« wegen seine Entscheidungsfreiheit durch einen anderen einschränken zu lassen bereit ist oder diesem des vermeintlichen Anreizes wegen Anteile an einem Unternehmen überläßt, macht in Rußland den ersten Fehler: Zahlreich sind die Beispiele, in denen der nicht selten schon als Freund angesehene Generaldirektor sich in einem gemeinsamen Unternehmen genauso benimmt, wie er in »seinem« staatlichen Unternehmen gewohnt war aufzutreten, nämlich alleinherrschend, selbstherrlich und vor allem unbeeindruckt von der Tatsache, daß er jetzt einen ausländischen Partner hat. Ebenso häufig sind die Beispiele, in denen eine ob ihrer »Beziehungen« geschätzte Person plötzlich ausgetauscht war oder sich – nach Aneignung eines gewissen Know-how, versteht sich – gar selbständig gemacht hat. Nicht unerwähnt bleiben soll schließlich auch die Möglichkeit, daß – wie übrigens in sehr vielen der bekanntgewordenen Fälle einer Ansprache durch »mafiöse Strukturen« – es der eigene (russische) Partner sein kann, der die Ansprache vorbereitet.

Neben diesen personenbezogenen Problemen gibt es aber auch aus rechtlicher Sicht gute Gründe, sich die organisatorische Struktur eines Unternehmens, mit dem man zusammenzuarbeiten beabsichtigt, und die Entscheidungsbefugnisse der in seinem Namen handelnden Personen näher anzuschauen, und zwar im Hinblick auf die rechtliche Eignung als Partner: Anders als etwa im deutschen Recht kann ein russisches Unternehmen wirksam immer nur im Rahmen seiner »satzungsgemäßen« Tätigkeit Handlungen vornehmen und Willenserklärungen abgeben. Man ist deshalb gut beraten, sich stets zu vergewissern, ob ein bestimmtes Geschäft überhaupt zur »satzungsgemäßen« Tätigkeit eines Unternehmens zählt, da ansonsten auch der beste Vertrag nur zu einem unwirksamen Rechtsgeschäft führen kann. Die Spruchpraxis der russischen Gerichte umfaßt zunehmend Fälle, in denen ein Vertrag eben mangels Übereinstimmung mit der in der Satzung eines Unternehmens vorgesehenen Tätigkeit für unwirksam erklärt wird. Wer dies erst nach Erbringung seiner vertraglichen Leistung erfährt, muß leider oft auch noch feststellen, daß sich die Rückabwicklung ausgetauschter Leistungen in Rußland äußerst schwierig gestalten kann und nur selten erfolgreich verläuft.

Vergleichbares gilt auch für die Verfügungsberechtigung über bestimmte Wirtschaftsgüter oder vorgegebene Rechte: Nach wie vor gibt es im russischen Recht andere Sachenrechte als im deutschen Rechtssystem, und beileibe nicht jedes Unternehmen, das in seiner Bilanz zum Beispiel eine Immobilie als Aktivum aufweist, kann über diese wie ein Eigentümer verfügen, manchmal sogar selbst dann nicht, wenn es tatsächlich Eigentümer ist. Wer hier erst nach dem kostspieligem Umbau von Büroräumen erfährt, daß der Verpächter ein Recht zur Nutzung als Büroraum gar nicht wirksam übertragen konnte, wird neben den Räumlichkeiten in aller Regel auch seine Aufwendungen für den Umbau abschreiben müssen.

II. Zur Rechtslage in Rußland

Angesichts überwiegend solcher Beispiele wird dann nur allzu schnell unterstellt, in Rußland gäbe es weder Recht noch Gesetz, vielmehr begäbe man sich eben in ein – von einem bekannteren deutschen Journalisten so apostrophiertes – »rechtloses Reich«. Dem ist natürlich nicht so! Selbstverständlich gibt es in Rußland Gesetze und ein Recht, und es gibt durchaus auch die Möglichkeit, Rechte durchzusetzen. Woran es allerdings in der Praxis nur allzu häufig fehlt, ist die Bereitschaft, auf diesem Recht zu bestehen und es gegebenenfalls auch einzufordern. Was es tatsächlich noch nicht gibt und was realistischerweise auch noch gar nicht erwartet werden kann, ist ein Rechtssystem, wie es sich zum Beispiel in Deutschland – um nur das bürgerliche Recht zu nehmen – innerhalb von immerhin schon fast einhundert Jahren durch Spruchpraxis, Wissenschaft und Lehre herausgebildet hat, durch Faktoren also, die in Rußland niemals denselben Einfluß auf die Ausgestaltung des Rechts hatten. Wer deshalb von Rußland praktisch innerhalb von wenigen Jahren unsere Rechtsverhältnisse erwartet, verkennt das Ausmaß der Umwälzungen, die die Umstellung von einer sozialistischen Planwirtschaft auf eine Marktwirtschaft westlicher Provenienz in einem lebenden Staatsgefüge mit sich bringen muß. Den Primat der Wirtschaft über das Recht durch den Primat des Rechts über die Wirtschaft zu ersetzen ist keine Frage nur einer selbst gutwilligen gesetzgeberischen Körperschaft, es ist eine Frage überhaupt der Sozialisation und des Rechtsbewußtseins, was sich eben nicht mit einigen Federstrichen ändern läßt. Und erst recht nicht mit der resignierenden Behauptung, es gäbe kein Recht – Recht »hat« man eben nicht, man kann es nur bekommen.

Richtig ist, daß das Rechtssystem Rußlands unübersichtlich geworden ist und sich manche Normativakte auch in einzelnen Regelungen widersprechen. Dies ist historisch bedingt, müssen doch noch immer zahlreiche Gesetze aus der Zeit der ehemaligen UdSSR fortgelten, weil man etwa ein Zivilprozeßgesetzbuch oder ein Strafgesetzbuch nicht einfach ad hoc ersatzlos außer Kraft setzen kann, will man keinen vollständigen Stillstand der Rechtspflege oder das nackte Chaos bewußt in Kauf nehmen. Außerdem hat im doch mehr oder weniger demokratisch gewählten System des russischen Rechts eben auch der Präsident gesetzgeberische Kompetenzen, was bei dessen bekannt andersartiger ideologischer Einstellung sehr wohl Widersprüchlichkeiten zu Normativakten aus den Reihen des eigentlichen Gesetzgebers, der staatlichen Duma, bedeuten kann. Ungeachtet dessen ist es aber ebenso richtig, daß selbst dieses manchmal – und lange nicht so häufig, wie oft behauptet wird – widersprüchliche Recht sich in den letzten Jahren so rasch weiterentwickelt hat, daß im Vergleich hierzu die deutsche Schuldrechtsreform nicht zwanzig Jahre, sondern bestenfalls zwanzig Tage hätte erörtert werden dürfen.

Wie auch immer man das heutige Recht Rußlands jedoch einschätzen mag, weil man sich in einem souveränen Staat mit eigener Gesetzgebung zu bewegen beabsichtigt, kann der zweite Ratschlag nur lauten:

Ein Investor sollte sich wenigstens so weit mit den Grundzügen des russischen Rechts vertraut machen, daß er nicht der (falschen) Vorstellung unterliegt, in Rußland herrschten deutsche Rechtsverhältnisse.

Abgesehen von entsprechend qualifizierten Rechtsberatern kann man diese Informationen heute schon einer ganzen Reihe deutschsprachiger Publikationen entnehmen, die allerdings meist nur einem kleineren Kreis Interessierter bekannt oder gar zugänglich sind. Und nur dieser Kreis ist meist auch in der Lage zu beurteilen, ob das Mitgeteilte noch aktuell ist oder, wie so oft in den vergangenen Monaten, eigentlich schon bei Drucklegung außer Kraft war. Mit dem folgenden einführenden Abriß der wichtigsten Rechtsgebiete, mit denen ein Investor in Rußland in Berührung kommt, soll eine aufwendige Suche erspart und die im Januar 1995 gegebenen Rechtslage wiedergegeben werden.

1. Verfassungsrecht

Von welchen Normativakten wird diese Rechtslage heute überwiegend bestimmt? In hierarchisch höchster, dafür aber auch allgemeinster Form durch die neue Verfassung der Russischen Föderation vom 12.12.1993. Sie enthält einen umfangreichen Katalog zum Schutze der Menschen- und Bürgerrechte, zu denen interessanterweise auch Bestimmungen zu wirtschaftlicher und damit unternehmerischer Tätigkeit gehören:

So garantiert Art. 8 Abs. 1 der russischen Verfassung die Einheit des Wirtschaftsraumes, die freie Verfügbarkeit über Waren, Dienstleistungen und Finanzmittel sowie die Freiheit wirtschaftlicher Betätigung, und Art. 8 Abs. 2 anerkennt und schützt ausdrücklich das Privateigentum. In Art. 34 Abs. 1 enthält die Verfassung ferner ein »jedem« – also auch ausländischen Investoren – zustehendes Grundrecht auf Entfaltung privater Wirtschaftstätigkeit, was von Art. 19 Abs. 2 und Art. 62 Abs. 1 insofern ergänzt wird, als nach diesen Bestimmungen Bürger ausländischer Staaten in der Russischen Föderation grundsätzlich die gleichen Rechte besitzen und zu den gleichen Bedingungen in die Pflicht genommen werden wie russische Bürger. So genießen auch Ausländer den verfassungsmäßigen Schutz vor Verletzungen ihrer Menschen- und Bürgerrechte (Art. 46 Abs. 1) – zu denen, wie erwähnt, das Recht auf freie unternehmerische Betätigung zählt –, den Schutz ihres Eigentums von Enteignungen (Art. 35 Abs. 2) und den Schutz vor einer Rückwirkung von Gesetzen (Art. 54 Abs. 1).

2. Investitionsschutzabkommen

Dieser verfassungsmäßige Schutz wird ergänzt durch den zwischenstaatlich ausgehandelten Schutz, den bis zum Abschluß eines neuen bilateralen Investitionsschutzabkommens zwischen Rußland und Deutschland noch der »Deutsch-sowjetische Vertrag über die Förderung und den gegenseitigen Schutz von Kapitalanlagen« vom 13.06.1989 bietet:

Ausgehend vom Begriff der Kapitalanlage stehen unter dem Schutz dieses Abkommens alle Vermögenswerte, die ein deutscher Investor in der Russischen Föderation nach deren Rechtsvorschriften anlegt. Hierunter fallen neben seinem Eigentum auch Nutzungs- und Pfandrechte, Anteilsrechte und andere Formen der kapitalmäßigen Beteiligung an Unternehmen sowie wiederum auch das Recht auf eine wirtschaftliche Tätigkeit. Dieser Schutz beruht nach Art. 3 zunächst auf einem allgemeinen Diskriminierungsverbot, wonach keine Vertragspartei die Betätigung von Investoren der anderen Vertragspartei auf ihrem Staatsgebiet weniger günstig behandeln darf als diejenige von Investoren aus dritten Staaten.

Weiter ist gemäß Art. 4 dieses Vertrages die Enteignung der Kapitalanlagen von Investoren einer Vertragspartei auf dem Staatsgebiet der anderen Vertragspartei nur im öffentlichen Interesse, unter Einhaltung eines durch Rechtsvorschriften geregelten Verfahrens und unter Gewährung einer Entschädigung zulässig. Einem Investor, dessen Kapitalanlage enteignet wurde, wird der Rechtsweg zu den Gerichten der Vertragspartei garantiert, die die Enteignungsmaßnahme getroffen hat. Unabhängig davon ist er auch berechtigt, ein internationales Schiedsgericht anzurufen, wobei diese doppelte Rechtsweggarantie allerdings dadurch etwas eingeschränkt wird, daß die genannten Gerichte nur über das Enteignungsverfahren und den Enteignungsumfang entscheiden können. Eine Überprüfung des Enteignungsgrundes findet dagegen nicht statt.

3. Das neue Zivilgesetzbuch

Die materiellrechtlich zweifellos bedeutendste Sicherheit aber erhält ein Investor heute durch den mit Veröffentlichung auch des Einführungsgesetzes am 08.12 1994 mit seinem IV. Kapitel über juristische Personen, ansonsten aber zum 01.01.1995 in Kraft gesetzten Ersten Teil des neuen Zivilgesetzbuches der Russischen Föderation (im folgenden »ZGB«). Mit seinem Inkrafttreten wurden zwar das bislang wichtige Eigentumsgesetz vom 24.12.1990 und – bis auf die Art. 34 und 35, die das Verfahren der behördlichen Registrierung von Unternehmen betreffen – das ebenfalls bedeutsame Gesetz »Über Unternehmen und unternehmerische Tätigkeit« vom 25.12.1990 aufgehoben, doch sind Gesetze mit diesem Regelungsgehalt, nur angepaßt an die Systematik des neuen ZGB, bereits in der Diskussion. Auch bis zu ihrer Verabschiedung bietet das ZGB schon eine Fülle neuer Vorschriften, deren Anlehnung an europäische Rechtsnormen unverkennbar ist, was als solches schon Vertrauen verdient. Bei näherer Betrachtung finden sich dann sogar Regelungen, die in Europa zu den modernsten gehören.

Daneben gelten aber ausdrücklich nach wie vor schon bisher einschlägige Rechtsvorschriften der Russischen Föderation und der ehemaligen UdSSR fort, soweit sie nicht ausdrücklich aufgehoben worden sind oder der Verfassung der Russischen Föderation, dem Abkommen über die Gründung der Gemeinschaft Unabhängiger Staaten und dem Ersten Teil des neuen ZGB nicht widersprechen. Von ihnen sind in jedem Fall noch zu nennen

- das Gesetz »Über ausländische Investitionen in der RSFSR« vom 04.07.1991 (im folgenden: »Auslandsinvestitionsgesetz«) und
- das Gesetz »Über die Privatisierung von staatlichen und kommunalen Unternehmen in der RSFSR« vom 04.07.1991 (im folgenden: »Privatisierungsgesetz«).

Bereits Art. 1 des neuen Zivilgesetzbuches enthält einen Katalog von staatlichen Garantien, die einen marktwirtschaftlichen Wettbewerb Gleichberechtigter sowohl ermöglichen als auch schützen sollen. In Art. 1 Ziff. 3 wird zunächst die verfassungsrechtliche Garantie der Gewährleistung eines freien Warenverkehrs auf dem gesamten Staatsgebiet der Russischen Föderation wiederholt. Außerdem erkennt Art. 2 Ziff. 2 ZGB ausdrücklich das Prinzip der Privatautonomie an: Natürliche wie juristische Personen sind in der Ausgestaltung von Rechten und Pflichten im Rahmen vertraglicher Vereinbarungen frei, sofern diese nicht gegen gesetzliche Bestimmungen verstoßen.

Mit der aus diesen institutionellen Garantien folgenden Gewähr für eine unabhängige Produktionsplanung und Abwicklung, die Möglichkeit freier Preisbildung sowie die grundsätzliche Erlaubnis, auch außenwirtschaftlich selbständig tätig sein zu dürfen, sind die wirtschaftsrechtlichen Voraussetzungen für eine Entfaltung eines marktwirtschaftlich ausgerichteten Unternehmertums gegeben. Dieses kann sich in den im gesellschaftsrechtlichen Teil des neuen ZGB enthaltenen verschiedenen, einem Investor zur Verfügung stehenden organisationsrechtlichen Gesellschaftsformen entfalten, zu denen gehören:

- die einer (deutschrechtlichen) offenen Handelsgesellschaft vergleichbare »volle Genossenschaft« (Art. 69 – 81 ZGB);
- die einer Kommanditgesellschaft vergleichbare »Genossenschaft auf Vertrauen« (Art. 82 – 86 ZGB);
- die (ausdrücklich auch in Form einer »Einmann«-GmbH zugelassene) »Gesellschaft mit beschränkter Haftung« (Art. 87 – 94 ZGB);

- die (einer GmbH weitgehend entsprechende) »Gesellschaft mit zusätzlicher Haftung« (Art. 95 ZGB), bei der im Gegensatz zu der uns vertrauten GmbH die Gesellschafter subsidiär entsprechend ihrer Anteile am Satzungsfonds für Verbindlichkeiten der Gesellschaft persönlich haften;
- die Aktiengesellschaft (Art. 97–105 ZGB), die in Abhängigkeit von der gewünschten Umlauffähigkeit der Aktien entweder in Form einer geschlossenen AG oder in Form einer offenen AG begegnet: Bei der geschlossenen AG ist die Umlauffähigkeit insofern erheblich eingeschränkt, als deren Aktien lediglich von den Gründern bzw. einem von diesen zuvor festgelegten Personenkreis gezeichnet werden dürfen, dieser Kreis eine im (noch ausstehenden) Gesetz über Aktiengesellschaften noch festzulegende Größe nicht überschreiten darf und den Aktionären an den Aktien ihrer Gesellschaft ein gesetzliches Vorerwerbsrecht eingeräumt ist.

4. Das Auslandsinvestitionsgesetz

Auf welche Weise und in welchen Bereichen sich dergestalt organisierte Unternehmen betätigen können, regelt das für ausländische Investoren besonders bedeutsame, zur Zeit allerdings in grundsätzlicher Überarbeitung befindliche, »Gesetz über ausländische Investitionen in der RSFSR« vom 04.07.1991 (im folgenden: »Auslandsinvestitionsgesetz«). Es regelt jede unternehmerische Tätigkeit ausländischer Investoren mit doppelter Zielrichtung: Einerseits sollen durch die Gewährung eines gewissen Investitionsschutzes und die Festschreibung bestimmter Rechte ausländischer Investoren und von Unternehmen mit ausländischer Kapitalbeteiligung Rechtssicherheit sowie ein für Investitionen aus dem Ausland günstiges Klima geschaffen werden. Andererseits werden einem ausländischen Investor beziehungsweise einem Unternehmen mit ausländischer Beteiligung beispielsweise durch die Statuierung von Lizenzpflichten Beschränkungen für die Ausübung gewisser Tätigkeiten auferlegt.

Art. 1 Auslandsinvestitionsgesetz sieht als ausländische Investoren an:

- ausländische juristische Personen, die nach den gesetzlichen Bestimmungen des Landes, in dem sie ihren Sitz haben, gegründet wurden und rechtswirksam Investitionen tätigen können,
- ausländische Staatsbürger – unter der Voraussetzung, daß sie zur Ausübung einer wirtschaftlichen Tätigkeit in dem Lande registriert sind, dessen Staatsangehörigkeit sie besitzen oder in dem sie ihren ständigen Wohnsitz haben,
- sowie ausländische Staaten.

An Investitionsformen kommen gemäß Art. 3 Auslandsinvestitionsgesetz nicht nur die Beteiligung an der Gründung eines Gemeinschaftsunternehmens oder die Beteiligung an einem bereits bestehenden Unternehmen durch Anteilserwerb – sei es durch einen unmittelbaren Erwerb von Anteilen oder über den Kauf von Wertpapieren – in Betracht, sondern darüber hinaus auch die Gründung von Unternehmen, an dem ein oder mehrere ausländische Investoren 100% des Kapitals halten. Ausdrücklich gestattet Art. 3 Auslandsinvestitionsgesetz einem ausländischen Investor folgende Unternehmungen auf dem Staatsgebiet der Russischen Föderation:

- die anteilsmäßige Beteiligung an Unternehmen, die gemeinsam mit juristischen Personen und Staatsbürgern aus der Gemeinschaft Unabhängiger Staaten gegründet werden,
- die Gründung von Unternehmen, deren Anteile vollständig von ausländischen Investoren gehalten werden, sowie die Gründung von Filialen und Zweigniederlassungen ausländischer juristischer Personen,
- den Erwerb von Unternehmen, Vermögensgesamtheiten, Gebäuden, Anlagen, von anteilsmäßigen Beteiligungen an Unternehmen, Aktien und anderen Wertpapieren, von Nutzungsrechten an Grund und Boden und anderen Naturressourcen sowie den Erwerb anderen Vermögens, das nach den geltenden russischen Gesetzen einem Ausländer gehören darf.

Diese Möglichkeiten ausländischer Investitionstätigkeit werden allerdings in der Praxis dadurch eingeschränkt, daß gemäß

Art. 20 Auslandsinvestitionsgesetz in besonderen Fällen auch Lizenzen benötigt werden, etwa wenn ein Investor in der Versicherungs- oder der Bankbranche tätig werden oder wenn er beim Umlauf von Wertpapieren vermitteln will. Zusätzliche Lizenzerfordernisse und entsprechende Verfahren zur Erlangung einer Lizenz sind ferner in zahlreichen Spezialgesetzen, ergänzenden Verordnungen und Präsidialerlassen geregelt. Trotzdem bleiben einem ausländischen Investor in fast allen Wirtschaftsbereichen ausreichend Betätigungsmöglichkeiten. Diese hat er unabhängig von der Branche grundsätzlich über (1) die Errichtung einer Repräsentanz oder Filiale seines Unternehmens, indem er (2) im Rahmen eines Unternehmens tätig wird oder (3) durch den Erwerb von Vermögenswerten:

(1) Repräsentanzen und Filialen
Gemäß Art. 55 ZGB und den ergänzenden Vorschriften des Auslandsinvestitionsgesetzes sind auch ausländische Unternehmen berechtigt, Repräsentanzen und Filialen zu errichten. Beide Institutionen sind keine juristischen Personen (vgl. Art. 55 Ziff. 3 ZGB), sie stellen vielmehr verselbständigte Untergliederungen der Muttergesellschaft an einem bestimmten Ort dar und handeln deshalb auch in deren Namen. Hieraus folgt, daß von einer Repräsentanz oder Filiale begründete Verpflichtungen Verbindlichkeiten des Unternehmens sind, das die Untergliederung errichtet hat. Dies hat eine unmittelbare und uneingeschränkte Haftung der Muttergesellschaft für solche Verbindlichkeiten mit ihrem gesamten Vermögen im In- und Ausland zur Folge. Aufgrund dieser rechtlichen Zuordnung zur Muttergesellschaft haben Repräsentanz wie Filiale auch den Status von »Nicht-Residenten«, was sich in den Rechtsbereichen, die noch zwischen Inländern und Ausländern differenzieren (zum Beispiel das Devisen- und teilweise das Sachenrecht) auswirkt. Sowohl Repräsentanzen als auch Filialen sind allerdings ausdrücklich berechtigt, bei russischen Bankinstituten Konten zu eröffnen.

Der Definition nach handelt es sich bei der Repräsentanz um eine abgesonderte, nicht am Sitz der Muttergesellschaft gelegene Abteilung oder Untergliederung einer juristischen Person, die die Interessen dieser juristischen Person wahrnimmt und mit deren Schutz betraut ist (Art. 55 Ziff. 1 ZGB). Dieser der Repräsentanz zugewiesene Verantwortungsbereich wird in Ermangelung einer abweichenden Regelung für Repräsentanzen ausländischer Unternehmen nach wie vor durch die Verordnung Nr. 1074 des Ministerrates der UdSSR vom 30.11.1989 konkretisiert. Diese Verordnung gestattet der Repräsentanz unter anderem die Wahrnehmung der Interessen ihrer (ausländischen) Muttergesellschaft bei Vertragsverhandlungen, die Ausarbeitung von Kooperationsabkommen etwa in den Bereichen des Handels, der Wirtschaft, der Finanzen, der Wissenschaft und Technik sowie die Förderung der Wirtschaftsbeziehungen zu russischen Organisationen durch die Veranstaltung von Werbemaßnahmen und die Teilnahme an Messen.

Wenngleich in der Praxis oft mißachtet, hat schon die Verordnung Nr. 1074 durch ihre abschließende Aufzählung erlaubter Tätigkeiten implizit stets die Entfaltung einer eigenen wirtschaftlichen Tätigkeit der Repräsentanz verboten. Explizit ergibt sich diese Beschränkung der Aktivitäten von Repräsentanzen heute aus der unmittelbaren Gegenüberstellung der unterschiedlichen Aufgabenbereiche von Repräsentanz und Filiale in Art. 55 ZGB.

Bei einer Filiale handelt es sich nach Art. 55 Ziff. 2 ZGB um die örtlich getrennte Abteilung einer juristischen Person, die alle oder einen bestimmten Teil deren Funktionen ausübt, einschließlich derjenigen Aufgaben, die auch einer Repräsentanz obliegen. Damit wird einerseits ein weiter, grundsätzlich im Belieben der Muttergesellschaft stehender Aufgabenbereich für die Filiale umrissen, andererseits jedoch auch klargestellt, daß lediglich die Filiale, nicht aber die Repräsentanz zur Ausübung einer geschäftlichen, das heißt auf Gewinnerzielung ausgerichteten Tätigkeit berechtigt ist. Scheut ein Investor deshalb das investive Engagement der Gründung einer juristischen Person in Rußland, möchte jedoch im Namen seines Unternehmens gleichwohl in der Russischen Föderation durch eine Vertretung eine gewisse Geschäftstätigkeit entfalten, so stellt ihm heute Art. 55 Ziff. 2 ZGB anstelle der seither trotz Unzulässigkeit überwiegend akkreditierten Repräsentanz hierfür die registrierte Filiale zur Verfügung.

(2) Erwerb von Unternehmen und Unternehmensanteilen
Ausländische Investitionen können auch durch den gänzlichen oder teilweisen Erwerb eines bereits bestehenden, nach russischem Recht gegründeten Unternehmens oder im Wege von Unternehmensneugründungen, sei es mit oder ohne Beteiligung eines russischen Partners, getätigt werden. Die Investition in bereits bestehende Unternehmen ist über den Erwerb von Anteilen entstaatlichter und danach privatisierter Unternehmen hinaus durch eine aktive Beteiligung an der Privatisierung staatlicher oder kommunaler Unternehmen möglich. Eine solche Beteiligung kann sowohl im Erwerb von Unternehmensanteilen als auch in der vollständigen Übernahme eines zu privatisierenden Unternehmens bestehen. Bei Unternehmensneugründungen ist ohne Beteiligung eines russischen Partners heute die Gründung eines selbständigen, 100%igen Tochterunternehmens möglich.

Allerdings ist bei der Beteiligung an einem bereits bestehenden Unternehmen wie auch bei Neugründungen von Tochterunternehmen seit dem 01.01.1995 zu beachten, daß mit den Art. 105 und 106 ZGB – überschrieben mit »Tochtergesellschaften und abhängige Gesellschaften« – eine unter bestimmten Voraussetzungen statthafte Durchgriffshaftung der Muttergesellschaft beziehungsweise des beherrschenden Unternehmens für Verbindlichkeiten des Tochter- beziehungsweise der abhängigen Gesellschaft eingeführt wurde. Außerdem geben sie den anderen Gesellschaftern beziehungsweise den Aktionären eines abhängigen Unternehmens unter Umständen das Recht, von der Muttergesellschaft oder dem beherrschenden Unternehmen einen Ersatz des Schadens zu verlangen, der aufgrund einer Anweisung der Mutter- oder der herrschenden Gesellschaft entstanden ist. Besondere Beachtung verdient dabei, daß eine Gesellschaft gemäß Art. 106 Ziff. 1

ZGB bereits dann als abhängig bzw. als beherrscht gilt, wenn – bei einer Aktiengesellschaft – mehr als 20% der Stammaktien oder – bei einer GmbH – mehr als 20% des Stammkapitals in den Händen eines anderen Unternehmens liegen.

(2.1) GmbH-Recht
Neu und für einen ausländischen Investor interessant sind vom neuen russischen Kapitalgesellschaftsrecht aber weniger die allgemeinen Vorschriften über Rechtsstellung und Registrierung von juristischen Personen (Art. 48 – 65 ZGB) als vielmehr die Tatsache, daß es erstmals detaillierte Regelungen zur Gründung einer Gesellschaft mit beschränkter Haftung und zu einer entsprechenden Organisationsverfassung dieser Gesellschaftsform enthält (Art. 87 – Art. 94 ZGB). Wie bereits ausgeführt, besteht jetzt in Rußland die Möglichkeit, auch eine »Einmann«-GmbH zu gründen, mit der Einschränkung allerdings, daß der alleinige Gesellschafter einer derartigen GmbH keine Kapitalgesellschaft sein darf, deren Anteile nur von einer Person gehalten werden (Art. 88 Ziff. 2 ZGB).

An Gründungsdokumenten sind für eine GmbH ein Gründungsvertrag und eine Satzung erforderlich. Diese Dokumente müssen unter anderem Angaben über die Höhe des Stammkapitals der Gesellschaft, die Verteilung der Gesellschaftsanteile unter den einzelnen Gesellschaftern, die Höhe, die Zusammensetzung und das Verfahren der Erbringung der Einlagen sowie Regelungen über die Zusammensetzung und die Kompetenzen der leitenden Organe der Gesellschaft enthalten. Im Hinblick auf die Organisationsstruktur schreibt das Gesetz die Existenz von zwei Organen zwingend vor: der Gesellschafterversammlung als oberstem Organ der Gesellschaft sowie einem aus einer oder mehreren Personen bestehenden Geschäftsführungsorgan. Der oder die Geschäftsführer können ausdrücklich aus dem Kreis der Gesellschafter ernannt werden. Im übrigen verweist das ZGB an mehreren Stellen auf ein noch zu erlassendes Gesetz über die Gesellschaft mit beschränkter Haftung, das in Fachkreisen auch schon diskutiert wird.

(2.2) Aktiengesellschaftsrecht

Neben der Gesellschaft mit beschränkter Haftung wird in den Art. 96 – 104 ZGB erstmals auch die Gründung und Tätigkeit von offenen und geschlossenen Aktiengesellschaften gesetzlich geregelt, wenngleich sich der Regelungsgehalt des Gesetzes kaum von dem der bisher einschlägigen »Ordnung über Aktiengesellschaften« unterscheidet. Der Unterschied zwischen beiden Formen einer Aktiengesellschaft beruht nach wie vor auf der unterschiedlichen Umlauffähigkeit der Aktien (Art. 97 ZGB). Zur Errichtung der Aktiengesellschaft haben die Gründer wie auch bisher einen Vertrag zu schließen, der unter anderem die Höhe des Grundkapitals der Gesellschaft, die Kategorie, die Anzahl und den Nennwert der auszugebenden Aktien sowie das Verfahren zu deren Zeichnung, die Rechte und Pflichten der Aktionäre und die Zusammensetzung und Kompetenzen der Führungsorgane der Gesellschaft enthalten muß. Die Organisationsstruktur der Aktiengesellschaft sieht neben der Aktionärsversammlung als höchstem Organ der Gesellschaft ein aus einer oder mehreren Personen bestehendes Geschäftsführungsorgan: einen grundsätzlich fakultativ, ab einer Anzahl von mehr als 50 Aktionären jedoch obligatorisch einzurichtenden Direktorenrat vor.

Herauszuheben ist aber, daß mit Art. 98 Ziff. 2 ZGB erstmals die gesamtschuldnerische Haftung der Gründer für vor Registrierung der Gesellschaft eingegangene Verpflichtungen normiert wird. Das Gesetz – ein Novum im russischen Recht – geht damit – jedenfalls für die Aktiengesellschaft – von der Existenz einer »Vor-Gesellschaft« bzw. einer Gesellschaft in Gründung aus.

Eher ein Kuriosum ist, daß Art. 99 Ziff. 1 ZGB die Bestimmung des Mindestgrundkapitals einer Aktiengesellschaft dem noch zu erlassenden, wenngleich ebenfalls bereits diskutierten Gesetz über Aktiengesellschaften zuweist. Bis zum Inkrafttreten dieses Gesetzes wird das Mindestgrundkapital durch den Präsidialerlaß Nr. 1482 vom 08.07.1994 auf mindestens das Tausendfache des gesetzlich festgelegten monatlichen Mindestlohns festgesetzt. Bei dem zum 01.07.1994 durch ein

Gesetz der Russischen Föderation vom 30.06.1994 festgelegten monatlichen Mindestlohn von 20.500 Rubel beläuft sich demnach das aufzubringende Kapital auf 20,5 Mio. Rubel, gegenwärtig also rund 10.000 DM.

Die zumindest rudimentäre Kenntnis der russischen Aktienrechts ist vor allem für den Investor unabdingbar, der kein eigenes Unternehmen gründen, sondern sich an einem bereits privatisierten oder aber zu privatisierenden Unternehmen beteiligen will, weil die Privatisierung staatlicher Unternehmen in Rußland von Gesetzes wegen stets die Umwandlung in eine Aktiengesellschaft vorsieht. Da das Gesetz für dergestalt gebildete Aktiengesellschaften sogar »typische« Satzungen vorschreibt, ist allerdings weniger die Kenntnis der Gestaltungsmöglichkeit von Satzungen erforderlich als vielmehr die Erfahrung bei deren Anwendung bei der Tätigkeit privatisierter Unternehmen.

(2.3) Privatisierungsrecht

Diese wird bestimmt von der Zielsetzung der Privatisierung in Rußland, eine effektive, sozialorientierte Marktwirtschaft zu schaffen. Diese Intention steht hinter dem maßgeblichen »Gesetz über die Privatisierung staatlicher und munizipaler Unternehmen« vom 03.07.1991 (im folgenden: »Privatisierungsgesetz«), das immer im Zusammenhang mit dem jeweils für ein Kalenderjahr geltenden Privatisierungsprogramm zu sehen ist. Diese jeweiligen staatlichen Programme legen die generellen Ziele und Objekte der Privatisierung sowie die Bedingungen und das Verfahren für die Vergabe fest und bestimmen, welche Objekte aus Sicherheits- oder Souveränitätserwägungen nicht der Privatisierung unterliegen.

Der Prozeß der Privatisierung läßt sich in drei Phasen unterteilen: In einem ersten Schritt werden die zu privatisierenden Betriebe, Immobilien, Bodenschätze usw. eigentumsrechtlich einer staatlichen Körperschaft zugeordnet, und zwar entweder der Föderation selbst oder den Republiken, Regionen, Gebieten, oder aber den Kommunen. In einem zweiten Schritt folgt die Einteilung in privatisierungs- und nicht privatisierungsfähiges Eigentum. Wird ein Vermögensgegenstand als privatisierungsfähig angesehen, leitet das zuständige staatliche Vermögenskomitee auf Antrag das die dritte Phase darstellende Privatisierungsverfahren ein.

Die Zuständigkeit zur Vornahme von Privatisierungsakten ist in der Russischen Föderation zwischen den staatlichen Komitees zur Verwaltung des Vermögens und den Privatisierungskommissionen der nachgeordneten Verwaltungsebenen aufgeteilt. Ihnen obliegen die Entscheidung zur Privatisierung und deren konkrete Organisation. Als treuhänderischer Verwalter und Verkäufer der zu privatisierenden Vermögenswerte treten daneben der russische föderale Vermögensfonds sowie die Vermögensfonds der unteren staatlichen Ebenen auf.

Gemäß Art. 15 des Privatisierungsgesetzes haben die Vermögenskomitees mehrere Möglichkeiten, eine Privatisierung durchzuführen. Sie kann entweder über Auktionen, Ausschreibungen oder auch durch die Umwandlung eines staatlichen Betriebes in eine Aktiengesellschaft mit anschließenden Veräußerung deren Aktien erfolgen. Auf Auktionen können Unternehmen als Ganzes oder auch nur strukturelle Untereinheiten eines zu privatisierenden Unternehmens erworben werden. Bei einem Unternehmenserwerb über eine Ausschreibung kann die Veräußerung von Aktien eines Unternehmens an Bedingungen geknüpft werden, die sich aus dem Privatisierungsprogramm für das betroffene Unternehmen ergeben. Als potentielle Käufer kommen bei einer Veräußerung von Aktien außer der Belegschaft eigentlich nur juristische Personen in Betracht, obwohl nach Art. 37 Auslandsinvestitionsgesetz neben Kapitalgesellschaften ausdrücklich auch Einzelpersonen berechtigt sind, im Rahmen der Privatisierung staatliche und kommunale Unternehmen ganz oder teilweise zu erwerben.

Das Privatisierungsgesetz sichert ausländische Investitionen, die anläßlich der Privatisierung erfolgt sind, eigens ab. So ist der Staat gemäß Art. 29 Abs. 1 verpflichtet, die Wahrung der Rechte der Käufer sowie ihrer Vertreter und Vermittler zu garantieren. Verstößt die Privatisierung gegen die Gesetzgebung der Russischen Föderation, so kann das zuständige Privatisierungsorgan oder der Käufer selbst Klage auf Aufhebung des Übernahmevertrages erheben. Außerdem setzt Art. 31 des Privatisierungsgesetzes hohe Strafen gegen Amtspersonen fest, die unter Ausnutzung ihrer Beteiligung am Privatisierungsprozeß gegen die einschlägigen Bestimmungen verstoßen, um die Behörden zur Einhaltung der Regeln des Privatisierungsgesetzes zu zwingen.

Dieser Schutz des Gesetzes kann allerdings auch unerwartete Folgen zeitigen: Meist haben die die Privatisierung eines staatlichen Unternehmens betreibenden Privatpersonen verständlicherweise kein Interesse, dessen Wert besonders hoch anzusetzen. Deshalb kommt es bei der Bewertung von Unternehmen häufig zu kaum nachvollziehbaren Ergebnissen, die den Staat noch drei Jahre nach erfolgter Privatisierung und Veräußerung von Unternehmensbeteiligungen zu einer Überprüfung berechtigen. Und im Ergebnis solcher Überprüfungen ging schon mancher Investor seines allzu günstig erworbenen Anteils einschließlich zwischenzeitlich getätigter Investitionen wieder verloren...

(3) Erwerb von Vermögenswerten

Der Erwerb von Vermögenswerten als letzte grundsätzliche Investitionsmöglichkeit wird meist anhand des Erwerbs von Grund und Boden hinterfragt. Doch muß hier nach wie vor geantwortet werden, daß der Erwerb von Grund und Boden in der Russischen Föderation für Ausländer grundsätzlich immer noch nicht möglich ist. Zwar berechtigt das Auslandsinvestitionsgesetz einen ausländischen Investor in Art. 3 dazu, verschiedenste Vermögenswerte wie Unternehmen, Unternehmensanteile, Gebäude, Wertpapiere und Nutzungsrechte an Grund und Boden sowie Naturressourcen zu erwerben, der Erwerb des Eigentumsrecht an Grund und Boden fehlt aber nicht ohne Grund in dieser Aufzählung.

Diese restriktive Haltung gegenüber dem Erwerb von Privateigentum an Grund und Boden wird zwar zunehmend in Frage gestellt. Da bislang aber die Gesetzgebung zu Grund

und Boden noch nicht grundlegend reformiert wurde, sind die Eigentumsverhältnisse nach wie vor überwiegend durch Präsidialerlasse geregelt, die eher politische als rechtliche Wirkung zeitigen sollten und deshalb in der Praxis auch kaum beachtet werden. So sollte die entscheidende Liberalisierung des Grundstückserwerbs durch den Präsidialerlaß Nr. 1767 vom 27.10.1993 erfolgen. Dieser beinhaltete eine umfassende Landwirtschaftsreform, die auf einer Privatisierung der landwirtschaftlichen Nutzfläche aufbaut.

Der Erlaß sieht die Auflösung der staatlichen und kollektiven Landwirtschaften vor und ermöglicht theoretisch eine Umverteilung von Grund und Boden sowie die Entstehung eines Grundstücks- und Liegenschaftsmarktes, indem er verschiedene Formen der Verfügungen über Grund und Boden festlegt. Er ermöglichte jedoch nicht, daß Ausländer Grundstücke weiterhin nicht mehr als lediglich mieten oder pachten können. Theoretisch möglich ist jedoch, daß russische Unternehmen als Gründungsgesellschafter eines Gemeinschaftsunternehmens diesem Grundstücke als Sacheinlagen übereignen und auf diese Weise der zu gründenden Gesellschaft das Eigentumsrecht an Grund und Boden verschaffen.

Weiter sollte durch drei Präsidialerlasse vom 25.03.1992 und 14.06.1992 – auch für ausländische juristische und natürliche Personen – die Möglichkeit geschaffen werden, Grundstückseigentum zu erwerben, sofern der Erwerb unter bestimmten Voraussetzungen mit einer unternehmerischen Tätigkeit im Rahmen der Privatisierung zusammenhängt. In der Praxis jedoch spielen diese Erlasse keine Rolle, nachdem für den Erwerbsvorgang noch nicht einmal festgelegt ist, wie er vollzogen, offiziell dokumentiert und das dabei übergehende Recht verbrieft werden sollte.

(4) Investitionsschutz

Sämtliche Investitionsformen werden nicht nur durch die bereits erwähnten Normativakte geschützt, für ausländische Investoren sieht das Auslandsinvestitionsgesetz sogar besondere Vergünstigungen vor. Diese betreffen insbesondere die

Tätigkeit von sogenannten »Unternehmen mit ausländischen Investitionen«, worunter das Auslandsinvestitionsgesetz Gemeinschaftsunternehmen sowie deren Tochterunternehmen und Zweigniederlassungen, Unternehmen, die vollständig einem ausländischen Investor gehören, deren Tochterunternehmen und Zweigniederlassungen sowie Zweigniederlassungen ausländischer juristischer Personen versteht. Diese Unternehmen sind nach Art. 24 Auslandsinvestitionsgesetz von der Entrichtung der Einfuhrumsatzsteuer und von Einfuhrzöllen auf die Einfuhren befreit, mit denen Sacheinlagen in das Stammkapital einzubringen sind. Daneben sind gemäß Art. 25 des Auslandsinvestitionsgesetzes Unternehmen mit ausländischen Investitionen, deren Stammkapital zu mehr als 30% von ausländischen Investoren aufgebracht worden ist, im Rahmen der geltenden Bestimmungen berechtigt, ohne Lizenzen Erzeugnisse der eigenen Produktion zu exportieren und Erzeugnisse für den eigenen Bedarf zu importieren.

Der weitere Investitionsschutz, den der Präsidialerlaß Nr. 1466 vom 27.09.1993 gewährt und der der »Vervollkommnung« der Arbeit mit ausländischen Investitionen dienen soll, nimmt die bereits diskutierte Neufassung des Auslandsinvestitionsgesetzes zumindest insofern vorweg, als er vorsieht, daß neue Rechtsakte, die die Tätigkeit ausländischer und gemeinsamer Unternehmen auf dem Staatsgebiet der Russischen Föderation regeln, für einen Zeitraum von drei Jahren nicht für solche Unternehmen gelten, die im Zeitpunkt des Inkrafttretens solcher Akte bereits registriert sind. Selbstverständlich betrifft dies nur solche Rechtsänderungen, die die Bedingungen für Investitionen von Ausländern verschlechtern. In den Genuß möglicher Verbesserungen kommen alle Unternehmen. Weiter wird durch den Erlaß festgelegt, daß der Tätigkeit ausländischer Investoren Beschränkungen nur noch aufgrund von Gesetzen oder Präsidialerlassen, das heißt nicht mehr »nur« durch Verordnungen oder Verwaltungsvorschriften auferlegt werden dürfen. Dieses Formerfordernis wird dadurch sanktioniert, daß alle Rechtsverordnungen föderaler Staatsorgane und der Staatsorgane nachgeordneter Gebietskörperschaften ungültig sind, wenn sie weitergehende Beschränkungen enthalten als die, die von föderalen Gesetzen oder Erlassen des Präsidenten vorgesehen sind.

Nicht unerwähnt bleiben darf schließlich auch die Garantie des Art. 10 Auslandsinvestitionsgesetz, die den Transfer aller aus Investitionen erzielten Gewinne gewährleistet, sofern die entsprechenden Steuern entrichtet sind und die Gewinne in ausländischer Währung eingenommen wurden (Art. 10).

5. Steuerrecht

Gemäß Art. 28 des Auslandsinvestitionsgesetzes gelten für Unternehmen mit ausländischen Investitionen sowie für ausländische Investoren grundsätzlich die allgemeinen russischen Steuergesetze, die ein deutscher Investor deshalb auch wenigstens in groben Umrissen kennen sollte: Rechtsgrundlage des Steuersystems Rußlands bildet das Gesetz »Über die Grundlagen des Steuersystems in der Russischen Föderation« vom 27.12.1991 mit seinen Ergänzungen und Veränderungen vom 16.07.1992, 22.12.1992, 21.05.1993 und 01.07.1994. Die Tätigkeit des ausführenden Staatlichen Steuerdienstes regelt das Gesetz »Über den Staatlichen Steuerdienst der Russischen Föderation« vom 21.03.1991 mit Änderungen vom 02.07.1992 und 25.02.1993. Nach ihm ist die Finanzverwaltung in Rußland als einheitliches System von Steuerorganen organisiert, das aus einer Hauptsteuerinspektion beim Finanzministerium der Russischen Föderation, aus staatlichen Steuerinspektionen bei den Finanzministerien der Republiken und aus staatlichen Steuerinspektionen in den Gebieten, Regionen und Städten besteht.

Wesentliche Änderungen des russischen Steuersystems sind zuletzt durch den Präsidialerlaß Nr. 2270 vom 22.12.1993 erfolgt. Er regelt vor allem das Verhältnis, in dem das Steueraufkommen entweder der Föderation oder den ihr nachgeordneten Gebietskörperschaften zusteht, und räumt den Gebietskörperschaften die Kompetenz ein, Steuersätze teilweise selbst festzulegen und lokale Steuern einzuführen. Ergänzt wird dieser Erlaß durch die am 17.01.1994 vom Staatlichen Steuerdienst in Form einer Verwaltungsanweisung erlassenen Ausführungsbestimmungen.

(5.1) Unternehmensgewinnsteuer

Die Unternehmensgewinnsteuer, geregelt durch Gesetz der RSFSR »Über die Steuer auf den Gewinn von Unternehmen und Organisationen« vom 27.12.1991, zuletzt geändert durch das Änderungsgesetz vom 03.12.1994, i.V.m. der Instruktion Nr. 4 des Staatlichen Steuerdienstes »Über das Verfahren der Berechnung und der Abführung der Gewinnsteuer von Unternehmen und Organisationen an das Budget« vom 06.03.1992, zuletzt geändert durch Änderungsinstruktionen Nr. 7 vom 03.12.1993 und Nr. 10 vom 23.08.1994, ist der deutschen Körperschaftssteuer vergleichbar.

Ihr unterliegen folgende Steuersubjekte:

- juristische Personen des russischen Rechts und deren Niederlassungen, soweit diese bilanzieren und über eigene Konten verfügen, mit ihren weltweit erzielten Gewinnen;
- im Ausland ansässige juristische Personen, die in der Russischen Föderation eine Betriebsstätte unterhalten, mit denjenigen Gewinnen, die diese Betriebsstätte erzielt;
- im Ausland ansässige juristische Personen, die keine Betriebsstätte in der Russischen Föderation unterhalten, mit ihren aus Rußland stammenden Einkünften;

In diesem Zusammenhang ist von besonderer Bedeutung, daß die Annahme einer Betriebsstätte im steuerrechtlichen Sinne nicht von einer Akkreditierung oder Registrierung derselben abhängig ist. Nach der Verordnung der Staatlichen Steuerinspektion vom 14.05.1993, Nr. 20 Abschnitt 2 Ziff. 6 ist unter einer Betriebssstätte jede feste Einrichtung zu verstehen, die durch die Vertretung eigener und/oder fremder Interessen oder durch die Ausführung von vertraglich vereinbarten Tätigkeiten wie Bau, Montage, Wartung usw. oder durch die Förderung von Bodenschätzen eine regelmäßige Geschäftstätigkeit ausübt.

Der zu versteuernde Gewinn wird auf Grundlage des Bilanzgewinnes ermittelt. Durch den Präsidialerlaß Nr. 2270 vom 22.12.1993 sind die Kompetenzen der der Föderation nachgeordneten Gebietskörperschaften durch die Einführung eines zweiten Steuersatzes stark erweitert worden. Neben einem föderalen Steuersatz von 13% können die Gebietskörperschaften einen zusätzlichen Steuersatz von maximal 25% (bei Banken und Versicherungen sogar von 30%) festsetzen, dessen Einnahmen den örtlichen Haushalten zufließen. Fehlt eine solche Festsetzung, beläuft sich dieser örtliche Steuersatz auf einheitlich 22%.

Der Präsidialerlaß Nr. 2270 führte auch neue föderale Steuern ein und ermächtigt die der Föderation nachgeordneten Gebietskörperschaften, lokale Steuern einzuführen. Daneben befreit dieser Erlaß unter bestimmten Voraussetzungen kleinere Unternehmen verschiedener Wirtschaftsbereiche (u.a. mit der Produktion und Verarbeitung landwirtschaftlicher Erzeugnisse, der Produktion von Konsumgütern oder dem Wohnungsbau befaßte), die nicht mehr als 200 Personen beschäftigen, in den ersten beiden Jahren ihrer Tätigkeit von der Unternehmensgewinnsteuer. Im dritten und vierten Jahr entrichten sie nur 25% bzw. 50% des Basissteuersatzes.

Durch den Präsidialerlaß Nr. 1004 vom 23.05.1994 schließlich sind außerdem Unternehmen mit ausländischen Investitionen, die nach dem 01.01.1994 registriert worden und produzierend tätig sind, in den ersten beiden Jahren ihrer Tätigkeit von der Gewinnsteuer befreit. Im dritten und vierten Tätigkeitsjahr haben sie Gewinnsteuer in Höhe von 25% bzw. 50% des allgemeinen Basissteuersatzes zu entrichten. Voraussetzung für diese Vergünstigung ist allerdings, daß der Anteil der ausländischen Investitionen nicht weniger als 30% des Stammkapitals einer Gesellschaft ausmacht und einem Wert von nicht weniger als 10 Millionen US-Dollar entspricht.

(5.2) Vermögenssteuer

Die Vermögenssteuer wird durch Gesetz der RSFSR »Über die Steuer auf das Vermögen von Unternehmen« vom 13.12.1991, zuletzt geändert durch das Änderungsgesetz vom 11.11.1994, i.V.m. der Instruktion Nr. 7 des Staatlichen Steuerdienstes »Über das Verfahren der Berechnung und der Abführung der Vermögenssteuer von Unternehmen an das Budget« vom 16.03.1992, zuletzt geändert durch die Änderungsinstruktion vom 25.02.1994, geregelt.

Vermögenssteuer wird von Unternehmen und Organisationen mit ausländischen Investitionen erhoben, die nach den Gesetzen der Russischen Föderation eine juristische Person sind, von internationalen Vereinigungen und Organisationen, sofern sie eine unternehmerische Tätigkeit ausüben, von Filialen und ähnlichen Unternehmensuntergliederungen, wenn sie eigene Bilanzen erstellen, sowie von ständigen Repräsentanzen und anderen Untergliederungen ausländischer Firmen, die ihren Sitz in der Russischen Föderation haben. Allerdings sind neu gegründete Unternehmen für ein Jahr von der Vermögenssteuer befreit. Grundlage der Besteuerung sind nach der Neufassung des Gesetzes durch den Präsidialerlaß Nr. 2270 die Buchwerte des Anlage- und Umlaufvermögens mit Ausnahme von Forderungen und dem Kassenstand. Dieser Präsidialerlaß ermächtigt die der Föderation nachgeordneten Gebietskörperschaften außerdem dazu, den bisherigen Vermögenssteuersatz von 1% auf 2% zu erhöhen.

(5.3) Umsatzsteuer

Nach dem Gesetz der RSFSR »Über die Mehrwertsteuer« vom 06.12.1991, zuletzt geändert durch das Änderungsgesetz vom 06.12.1994, i.V.m. der Instruktion des Staatlichen Steuerdienstes vom 09.12.1991 »Über das Verfahren der Berechnung und Zahlung der Mehrwertsteuer«, zuletzt geändert durch Änderungsinstruktion Nr. 4 vom 16.03.1994, wird die Mehrwertsteuer von Unternehmen und Organisationen mit ausländischen Investitionen, die nach den Gesetzen der Russischen Föderation über den Status einer juristischen Person verfügen, sowie von internationalen Vereinigungen und ausländischen juristischen Personen, sofern diese eine produzierende oder andere gewerbliche Tätigkeit ausüben, erhoben. Weiter von Filialen, Betriebsstätten und anderen Unternehmensuntergliederungen, die auf dem Staatsgebiet der Russischen Föderation selbständig Verkäufe tätigen oder Dienstleistungen erbringen. Es handelt sich bei dieser Abgabe um eine Allphasen-Netto-Umsatzsteuer mit Vorsteuerabzug.

Steuerpflichtige Umsätze sind gemäß Art. 3 des Gesetzes über die Mehrwertsteuer die Abwicklung eines Verkaufs oder die Erbringung einer Dienstleistung, der Eigenverbrauch, der Import, der Tausch sowie ein tauschähnliche Umsatz und Lieferungen und Leistungen ohne Gegenleistung. Zum steuerpflichtigen Umsatz zählen seit dem 01.04.1994 grundsätzlich alle Mittel, die das steuerpflichtige Unternehmen von anderen Unternehmen und Organisationen erhält sowie Einkünfte aus eingeräumten Krediten, die Nicht-Banken, das heißt Institutionen, die keine Banklizenz innehaben, zufließen. Nur solche Waren, die als Sacheinlagen in eine russische Gesellschaft mit ausländischer Beteiligung in die Russische Föderation eingeführt werden, sind von der Einfuhrumsatzsteuer befreit, wenn sie innerhalb eines Jahres ab Registrierung der Gesellschaft eingeführt werden. Der Mehrwertsteuersatz beträgt 10% für Lebensmittel und Waren für Kinder und 20% bei allen übrigen Waren und Dienstleistungen, zu denen allerdings jeweils noch eine Sonder(umsatz)steuer in Höhe von 3% erhoben wird.

Leider enthält das Umsatzsteuerrecht viele Ungereimtheiten und Unklarheiten, die selbst einen gutwilligen Steuerzahler in ernsthafte Auseinandersetzungen mit der Steuerinspektion führen können. Deshalb soll nicht unerwähnt bleiben, daß die Staatsduma, das russische Parlament, bereits ein umfangreiches Steueränderungsgesetz verabschiedet hat, das mit seiner Inkraftsetzung in den nächsten Wochen viele Probleme schon deshalb vergessen läßt, weil sich seine Bestimmungen eng an das deutsche Umsatzsteuergesetz anlehnen.

(5.4) Doppelbesteuerungsabkommen

Das Doppelbesteuerungsabkommen (im folgenden: »DBA«) zwischen der Bundesrepublik Deutschland und der ehemaligen UdSSR gilt nach allgemeiner Rechtsansicht im Verhältnis zur Russischen Föderation fort. Zwar finden gegenwärtig Verhandlungen zum Abschluß eines neuen Abkommens statt, der

Zeitpunkt seines Inkrafttretens ist jedoch ungewiß. Ziel des Doppelbesteuerungsabkommens ist es, eine Doppelbesteuerung in beiden Ländern zu vermeiden. Deshalb wird in der Bundesrepublik Deutschland eine Steuerbefreiung unter Progressionsvorbehalt gewährt. Für eine derartige Befreiung kommen Einkünfte aus einer Geschäftstätigkeit, die einer Betriebsstätte zuzurechnen sind (Art. 5 DBA), Einkünfte aus unbeweglichem Vermögen im jeweiligen Quellenstaat (Art. 10 DBA), ein der Betriebsstätte im Quellenstaat zuzurechnender, aus der Veräußerung von Grundvermögen oder Beteiligungen im Quellenstaat stammender Veräußerungsgewinn (Art. 10, 11 DBA) sowie Einkünfte aus nichtselbständiger Arbeit in der Russischen Föderation (Art. 12 DBA) in Betracht.

Das Abkommen modifiziert darüber hinaus für in der Bundesrepublik ansässige Personen die nationale russische Steuergesetzgebung. So wird beispielsweise der steuerrechtliche Begriff der Betriebsstätte in Art. 4 Abs. 2, 3 DBA in Abweichung zu den vorstehenden Ausführungen dahingehend geändert, daß eine solche auf dem Gebiet der Russischen Föderation nicht angenommen wird, sofern

- eine Bauausführung oder eine Montage nicht länger als zwölf Monate dauert;
- Einrichtungen ausschließlich zur Lagerung, Ausstellung oder Auslieferung von Waren unterhalten werden;
- Warenbestände zu Zwecken der Bearbeitung durch eine andere Person unterhalten werden, oder
- eine Einrichtung ausschließlich zu dem Zweck unterhalten wird, für die Person Waren einzukaufen, Informationen zu beschaffen, zu werben oder eine andere Hilfstätigkeit auszuüben.

6. Devisenrecht

Grundlage des russischen Devisenrechts bildet das Gesetz der Russischen Föderation »Über Devisenregulierung und Devisenkontrolle« vom 09.10.1992, das die Grundsätze für die Vornahme von Devisenoperationen, Regelungen zum Besitz, zur Nutzung und zur Verfügung über Devisenwerte (per definitionem unter anderem die Währung der Russischen Föderation, fremde Währungen, die sich sowohl im Umlauf, als auch auf Bankkonten befinden, sowie Edelmetalle) und die Vollmachten und Funktionen der Organe für die Devisenkontrolle sowie Sanktionen für den Fall einer Verletzung der Devisengesetzgebung enthält...

Weiterhin ist das »Gesetz über das Währungssystem« vom 25.09.1992, das zum Beispiel die Rechte der Teilnehmer am normalen Zahlungsverkehr, das Verrechnungsverfahren sowie den Geldumlauf im Inland regelt, zu beachten. In den Bestimmungen dieses Gesetzes wird der Zentralbank Rußlands eine maßgebliche Stellung für die Gestaltung der Devisengesetzgebung der Russischen Föderation eingeräumt. Diese Kompetenz nimmt die Zentralbank durch die Veröffentlichung von Instruktionen, Briefen und Telegrammen wahr, die regelmäßig in der russischen Presse veröffentlicht werden und deren Erscheinen aufgrund des überaus wichtigen Inhalts unbedingt verfolgt werden sollte.

Die russische Devisengesetzgebung differenziert bei natürlichen und juristischen Personen, die am Devisenverkehr teilnehmen, zwischen Residenten (= Deviseninländern) und Nicht-Residenten (= Devisenausländern). Natürliche Personen gelten dann als Deviseninländer, wenn sie ihren ständigen Wohnsitz in der Russischen Föderation haben. Der ständige Wohnsitz einer natürlichen Person liegt – nach den insofern übertragbaren Grundsätzen der steuerrechtlichen Regelungen –, wenn sie sich in einem Jahr nicht weniger als 183 Tage in der Russischen Föderation aufgehalten hat, in Rußland. Juristische Personen gelten als Deviseninländer, wenn sie nach russischem Recht gegründet wurden und ihren Sitz in der Russischen Föderation haben.

Dementsprechend handelt es sich bei Kapitalgesellschaften russischen Rechts, in die ein Ausländer investiert hat oder die nach dem Gesetz über ausländische Investitionen gegründet worden sind, um Deviseninländer. Im Gegensatz dazu gelten unselbständige Untergliederungen einer ausländischen juristischen Person wie beispielsweise eine Repräsentanz oder

Filiale als Devisenausländer, weil für sie der Status der unterhaltenden Gesellschaft maßgeblich ist.

Sowohl Deviseninländer als auch Devisenausländer haben das Recht, Rubelkonten zu eröffnen. Zur Sicherstellung der Zahlung von erhobenen Steuern und der Erfüllung sonstiger Zahlungsverpflichtungen gegenüber dem Staat wurde durch den Präsidialerlaß Nr. 1006 vom 23.05.1994 die Kontoführung von Residenten um einige einer effektiven Kontrolle dienende Maßnahmen ergänzt. Jedes Unternehmen darf danach nur noch über ein Konto verfügen, über das die wesentlichen Geldgeschäfte abgewickelt werden. Ferner müssen Steuerpflichtige die Steuerbehörden quartalsweise von der Eröffnung eines neuen Kontos unterrichten.

Nichtresidenten können zwischen verschiedenen Formen von Rubelkonten wählen. Zum einen ist die Eröffnung bestimmter Konten durch Repräsentanzen und Filialen zulässig, die es einem ausländischen Unternehmen als Korrespondenzkonten ermöglichen sollen, Geldverbindlichkeiten in Rubel zu begleichen. Zum anderen können Rubelkonten eröffnet werden, über die ausländische juristische Personen an Investitionsprojekten, insbesondere im Rahmen der Privatisierung, teilnehmen können.

Devisenkonten können nach den Bestimmungen des Devisengesetzes von Residenten wie von Nichtresidenten nur bei »bevollmächtigten« Banken unterhalten werden, die von der Zentralbank der Russischen Föderation eine Lizenz zur Durchführung von Devisentransaktionen erhalten haben. Bei diesen Banken sind obligatorisch alle ausländischen Devisen, die residente Unternehmen erhalten, einzuzahlen.

Der Devisentransfer wird von einer Anweisung des Staatlichen Zollkomitees vom 27.10.1993 und einer gemeinsamen Ordnung des Zollkomitees und der Zentralbank vom 14./19.04.1993 geregelt. Nach ihnen ist juristischen Personen der Transfer von Rubeln verboten. Natürliche Personen dürfen bis zu 500.000 Rubel in bar ausführen. Der Transfer von ausländischen Devisen ist dagegen grundsätzlich zulässig. Allerdings sind Deviseninländer – auch Unternehmen mit ausländischen Investitionen – verpflichtet, 50% ihrer Exporterlöse in ausländischer Währung zwangsweise an dazu bevollmächtigte Banken zu verkaufen, von denen sie den Kaufpreis in Rubel erhalten. Die Gesetzmäßigkeit der diesen Zwangsverkauf regelnden Bestimmungen darf angesichts der eindeutigen Formulierungen des Auslandsinvestitionsgesetzes mit guten Gründen bestritten werden, doch hat sich anscheinend bis heute noch kein ausländischer Investor gefunden, den dieser Zwangsverkauf so bei seinen geschäftlichen Aktivitäten störte, daß er den selbstverständlich gegebenen Rechtsweg beschritt. Daß die (sehr wahrscheinlich) rechtswidrige Praxis fortgesetzt wird, ist also keine Frage fehlenden Rechts, sondern eher Bestätigung für das Sprichwort »Wo kein Kläger, da kein Richter«.

Um die dagegen häufig unternommene Zahlungsabwicklung über ausländische Konten, durch die man seiner Pflicht zum Zwangsverkauf von Devisen zu entgehen versucht, zu verhindern, existieren verschiedene Kontrollmechanismen. So ist nach der Instruktion der Zentralbank vom 12.10.1993 jedes Exportgeschäft eines Residenten bei der das Devisenkonto führenden Bank durch einen Geschäftspaß zu dokumentieren, mit dem die zu erwartenden Deviseneingänge fixiert werden. Dieser Geschäftspaß ist den Zollbehörden vorzulegen, die ihrerseits auf der Grundlage der Ausfuhrdeklaration einen Erfassungsbeleg erstellen, anhand dessen die Bank den Zahlungseingang zu überprüfen hat. Ohne die Vorlage des Geschäftspasses darf keine Zollabfertigung erfolgen. An dieses Kontrollsystem, das seit dem 01.03.1994 für alle Waren gilt, sind aus gutem Grund die Steuerbehörden angeschlossen.

Den zulässigen Umfang von Handelsgeschäften gegen Devisen regelt die Instruktion Nr. 11 vom 20.01.1993 der Zentralbank der Russischen Föderation. Sie zählt die einzelnen Fälle auf, in denen Waren (Arbeiten, Dienstleistungen) von Unternehmen, die als juristische Personen Residenten der Russischen Föderation sind, an Bürger (Residenten wie Nichtresidenten) auf ihrem Staatsgebiet gegen ausländische Devisen – allerdings nur im bargeldlosen Zahlungsverkehr – verkauft werden können. Erforderlich ist hierzu jedoch eine Lizenz der Zentralbank der Russischen Föderation. Betroffen sind unter anderem der Verkauf von ausländischen Waren, die der Unternehmer unbar gegen ausländische Devisen von Nichtresidenten gekauft hat oder von russischen Außenhandelsorganisationen, die die Waren bei Nichtresidenten gekauft haben, oder von Nichtresidenten über eine Außenhandelsorganisation. Vergleichbares gilt auch für Dienstleistungen von Hotels, Restaurants und Barbetrieben sowie im Bereich des internationalen Tourismus und der internationalen Kommunikation. Die Unternehmen, die als Residenten die genannten Verkaufsgeschäfte tätigen, bedürfen einer Erlaubnis durch die Zentralbank der Russischen Föderation, sind jedoch verpflichtet, als Zahlungsmittel für die von ihnen verkauften Waren nach Wahl des Käufers auch inländische Währung zu akzeptieren, wobei die Umrechnung der Preise in die russische Währung von den Unternehmen selbständig vorzunehmen ist.

7. Arbeits- und Sozialversicherungsrecht

Das Auslandsinvestitionsgesetz legt in Art. 33 die Anforderungen an die Ausgestaltung von Arbeitsverhältnissen fest, die ein Unternehmen mit ausländischen Investitionen zu beachten hat. Dabei unterscheidet es grundsätzlich zwischen russischen und ausländischen Arbeitnehmern. Arbeitsverhältnisse mit russischen Arbeitnehmern sind mittels eines Kollektivvertrags und in individuellen Arbeitsverträgen zu regeln. Beide Verträge dürfen keine schlechteren Bedingungen vorsehen als die, die durch die in der Russischen Föderation allgemein geltenden Gesetze vorgesehen sind. Somit hat der Arbeitgeber den Mindeststandard des russischen Arbeitsrechts zu beachten, der in den folgenden Normativakten niedergelegt ist:

- Im Arbeitsgesetzbuch der RSFSR vom 09.12.1971, das mit Gesetz vom 22.12.1992 umfangreich novelliert wurde;
- im Gesetz der Russischen Föderation »Über Kollektivverträge und Vereinbarungen« vom 11.03.1992, und
- in den »Grundlagen der Gesetzgebung der Russischen Föderation über den Arbeitsschutz« vom 06.08.1993.

Wer jedoch von arbeitsrechtlichen Bestimmungen des deutschen Rechts ausgeht, wird bezüglich dieses Mindeststandards kaum in Schwierigkeiten geraten. Für ihn mag aus der Vielzahl weiterer arbeitsrechtlicher Normativakte auch kaum das Gesetz der Russischen Föderation vom 30.06.1994 über den monatlichen Mindestlohn interessant sein, solange sich dieser auf 20.500 Rubel (!) beläuft...

Für ausländische Arbeitnehmer ordnet Art. 33 Auslandsinvestitionsgesetz an, daß die Bedingungen der Einstellung, der Arbeitszeit und Pausen sowie der Rentenversorgung in individuellen Arbeitsverträgen zu vereinbaren sind. Damit werden Arbeitsverhältnisse mit ausländischen Arbeitnehmern nicht von der Geltung des russischen Arbeitsrechts erfaßt.

Allerdings wird durch Präsidialerlaß vom 16.12.1993, der die Heranziehung und Nutzung ausländischer Arbeitskräfte regelt, angeordnet, daß Ausländer, die in der Russischen Föderation arbeiten wollen, eine Arbeitsbescheinigung benötigen. Auch Arbeitgeber, die einen Ausländer beschäftigen wollen, müssen sich hierzu im voraus eine besondere Erlaubnis erteilen lassen. Die Zuständigkeit für die Erteilung dieser Genehmigungen liegt beim Föderalen Migrationsdienst Rußlands.

Die Sozialversicherung und die soziale Versorgung von Arbeitnehmern, die in Unternehmen mit ausländischen Investitionen beschäftigt sind, richtet sich gem. Art. 34 Auslandsinvestitionsgesetz nach den allgemeinen in der Russischen Föderation geltenden Gesetzen. Nach ihnen kann man folgende Versicherungsarten zu unterscheiden:

- die Altersversicherung, geregelt durch Gesetz der RSFSR »Über die staatlichen Renten in der RSFSR« vom 20.11.1990, zuletzt geändert durch Änderungsgesetz vom 08.06.1993 und Präsidialerlaß vom 24.12.1993;
- die Krankenversicherung, geregelt durch Gesetz der RSFSR »Über die medizinische Versicherung der Bürger in der RSFSR« vom 28.06.1992, zuletzt geändert durch Änderungsgesetz vom 02.04.1993 und Präsidialerlaß vom 24.12.1993;

- die Sozialversicherung, geregelt durch die Artikel 237-240 des Arbeitsgesetzbuches und eine gemeinsame Verordnung des Ministerrates und der Föderation der unabhängigen Gewerkschaften vom 25.12.1990, die jedoch durch die Verordnung vom 26.10.1993 bereits weitgehend überholt wurde;
- die Arbeitslosenversicherung, geregelt durch ein entsprechendes Gesetz der Russischen Föderation vom 30.03.1992.

Um die Finanzierung der gesetzlichen Altersversicherung zu gewährleisten, sind die Unternehmen verpflichtet, Beitragszahlungen in den staatlichen Pensionsfonds zu leisten, der durch das Rentengesetz geschaffen worden ist. Die Höhe der zu leistenden Beiträge ist durch eine Verordnung vom 27.12.1991, die die Zahlung der Versicherungsbeiträge von Arbeitgebern und Bürgern in den Pensionsfonds der Russischen Föderation regelt, auf 28% des Arbeitslohnes festgesetzt worden. Des weiteren ist Unternehmen und anderen Organisationen durch Präsidialerlaß vom 16.09.1992 die Möglichkeit eingeräumt worden, einen privaten Pensionsfonds zu schaffen, durch den die gesetzliche Altersversorgung praktisch über eine Art betrieblicher Altersversorgung ergänzt werden kann. Für die Rentenbeiträge ausländischer Arbeitnehmer gilt das russische Sozialversicherungsrecht nicht. Vielmehr sind die betroffenen Unternehmen nach Art. 34 Auslandsinvestitionsgesetz ausdrücklich verpflichtet, ihre Beitragszahlungen in die Rentenkassen der jeweiligen nationalen Altersversorgung zu leisten.

Das System der Krankenversicherung unterscheidet zwischen dem staatlichen und dem privaten Gesundheitsschutz: Während der staatliche Versicherungsschutz alle medizinischen Grundbedürfnisse abdeckt, stellt der private eine Art Zusatzversicherung dar. Zur Finanzierung der staatlichen Krankenversicherung existieren Versicherungsfonds, in die die Unternehmer zur Zeit Beiträge i.H.v. 3,6% des Arbeitslohnes einzuzahlen haben. Dabei ist durch eine Regierungsverordnung vom 24.02.1993 das Finanzierungsverfahren dahingehend neu geordnet worden, daß neben einem Föderalen

Fonds der medizinischen Pflichtversicherung auch ein gebietsbezogener Fonds der medizinischen Pflichtversicherung besteht, dem der Hauptanteil der Beitragszahlungen zufließt, und der deshalb der eigentliche Träger der Versicherungsleistungen ist.

Das russische Sozialversicherungssystem dient dazu, den Arbeitnehmer in Fällen einer vorübergehenden Arbeitsunfähigkeit, bei Geburten, Todesfällen u.ä. Unterstützung zu gewähren. Art und Weise der Beitragszahlungen sowie die Höhe der Versicherungsleistungen sind nach den Artikeln 237 und 240 Arbeitsgesetzbuch spezialgesetzlich zu regeln. Dementsprechend wurde durch die gemeinsame Verordnung des Ministerrates und der Föderation der unabhängigen Gewerkschaften vom 25.12.1990 sowie eine weitere Regierungsverordnung vom 26.10.1993 ein Sozialversicherungsfonds geschaffen, aus dem in den vorgesehenen Fällen Unterstützung geleistet wird. Die Höhe der von den Arbeitgebern zu leistenden Beiträge beträgt zur Zeit 5,4% des Arbeitslohnes.

Zur Finanzierung der Arbeitslosenversicherung schließlich wurde ein »Staatlicher Fonds für die Beschäftigung der Bevölkerung der Russischen Föderation« geschaffen, in den die Arbeitgeber gegenwärtig 2% ihres Arbeitslohnes einzuzahlen haben.

8. Rechtsschutz

Die Gewährleistung staatlichen Schutzes zur Durchsetzung von Rechten beziehungsweise zur Abwehr rechtswidriger hoheitlicher Handlungen ist breit durch die neuere russische Gesetzgebung gestreut. Zunächst ist auf Art. 46 Ziff. 1 der russischen Verfassung zu verweisen, nach dem »jedem« der gerichtliche Schutz seiner Rechte und Freiheiten garantiert ist: Ziff. 2 dieses Artikels gewährleistet gerichtlichen Schutz gegen Handlungen oder Entscheidungen von Trägern hoheitlicher Gewalt bzw. gesellschaftlichen Vereinigungen. Art. 47 der Verfassung statuiert den Anspruch auf den gesetzlichen Richter.

Gemäß Art. 11 ZGB wird der Schutz privatrechtlicher Rechte in Verbindung mit der prozeßrechtlichen Gesetzgebung von den Volksgerichten, den Arbitragegerichten und den Schiedsgerichten wahrgenommen. Ferner sieht Art. 13 ZGB – für ein Zivilgesetzbuch recht ungewöhnlich – vor, daß Akte von Hoheitsträgern – einschließlich solcher, die von örtlichen Selbstverwaltungsbehörden erlassen worden sind –, von den oben genannten Gerichten auf ihre Rechtswidrigkeit bzw. auf ihre Kollision mit rechtlich geschützten Interessen eines Bürgers oder einer juristischen Person hin überprüft werden können. Darüber hinaus ist in Art. 16 ZGB ein Amtshaftungsanspruch statuiert.

Art. 9 Auslandsinvestitionsgesetz weist für Unternehmen mit ausländischen Investitionen Streitigkeiten im Zusammenhang mit Investitionen, darunter Streitigkeiten über Fragen des Umfangs, der Bedingungen oder des Verfahrens der Zahlung einer Entschädigung dem Obersten Gericht der Russischen Föderation oder dem Höchsten Arbitragegericht der Russischen Föderation zu, sofern nicht ein völkerrechtlicher Vertrag – wie etwa das erwähnte Investitionsschutzabkommen – ein anderes Verfahren vorsieht.

Handelt es sich dagegen um Streitigkeiten zwischen ausländischen Investoren oder Unternehmen mit ausländischen Investitionen und staatlichen Organen oder Unternehmen, gesellschaftlichen Organisationen und anderen juristischen Personen der Russischen Föderation, oder um Streitigkeiten zwischen Investoren und Unternehmen mit ausländischen Investitionen über Fragen, die im Zusammenhang mit ihrer wirtschaftlichen Tätigkeit stehen, oder um Streitigkeiten zwischen Gesellschaftern eines Unternehmens mit ausländischen Investitionen und einem solchen Unternehmen selbst, werden diese durch die allgemeinen Gerichte der Russischen Föderation oder, nach Vereinbarung der Parteien, durch ein Schiedsgericht entschieden, sofern sie nicht besonderen, zur Verhandlung von Wirtschaftsstreitigkeiten berufenen Organen zugewiesen werden.

Für diese Zuständigkeitsverteilung sind folgende Gerichte mit den das gerichtliche Verfahren einschlägig regelnden Normativakten von Bedeutung:

- die Volksgerichte – als allgemeine Gerichte –, deren Verfahren durch die russische Zivilprozeßordnung vom 11.06.1964 geregelt ist,
- die (nicht mit einem Schiedsgericht zu verwechselnden) Arbitragegerichte – als speziell für Wirtschaftsstreitigkeiten zuständige Gerichte, deren Verfahren sich nach der Arbitrageprozeßordnung vom 05.03.1992 richtet,
- russische Schiedsgerichte, deren Verfahren – wenn ein Unternehmen mit ausländischer Beteiligung Partei ist – das Gesetz der Russischen Föderation »Über die internationale Handelsarbitrage« vom 07.07.1993 regelt, das aber auch die Anrufung ständiger Schiedsgerichte wie das der ICC in Paris, das der Stockholmer Handelskammer oder das der Kammer für gewerbliche Wirtschaft in Wien – um nur einige zu nennen – zuläßt.

III. Zur Praxis

Welcher Ratschlag kann bei gebührender Beachtung und Nutzung der aufgezeigten Rechtslage einem deutschen Investor noch gegeben werden? Aus langjähriger täglicher Praxis heraus der vielleicht banal anmutende, aber am häufigsten mißachtete Ratschlag:

Ein Investor sollte sich nie unter Zeitdruck setzen lassen oder gar selbst setzen. Solange er nicht sicher sein kann, daß er volles Einvernehmen mit seinem russischen Partner erreicht hat, sollte er keinen Vertrag unterschreiben, vor allem dann nicht, wenn ein Vertrag zweisprachig abgefaßt ist und beide Fassungen gleiche Wirksamkeit beanspruchen.

Die Zahl der Fälle, in denen Verträge unter angeblich bestehendem Zeitdruck ausgehandelt und unterzeichnet wurden, ist Legion. Ich habe kaum einen Fall erlebt, in dem der behauptete Zeitdruck begründet gewesen wäre: Kein auf langfristige Zusammenarbeit angelegtes partnerschaftliches Verhältnis scheitert daran, daß die Konkurrenz eine Stunde vorher zu unterschreiben bereit ist oder sich morgen die Gesetzeslage ändert. *Entscheidend sollte die Unternehmenskonzeption sein, und für deren Umsetzung ist kein Investor beliebig austauschbar.* Diese Konzeption allerdings sollte gemeinsam getragen werden, was ein gleiches Verständnis voraussetzt. Dieses schafft man nicht in einer Woche, bei der unterschiedlichen Sozialisation deutscher und russischer Unternehmer kann man sich hierüber nur nach intensiven Gesprächen, Verhandlungen und sogar kontrovers geführten Diskussionen sicher sein. Fast immer unterstellt ein deutscher Unternehmer zu früh, sein russischer Gesprächspartner habe ihn und seine Intentionen verstanden. Spätestens bei der ersten Entscheidung, die wirklich Geld kostet, wird ihm sein Mißverständnis bewußt.

Zu diesem trägt oft auch die *falsche Vorstellung* bei, die *Kenntnis zweier Sprachen bei einem Menschen gewährleiste die identische Übertragung eines Inhalts* aus der einen in die andere Sprache durch ihn. Mitnichten! Offensichtlich wird nichts so fahrlässig gehandhabt wie die Verwendung ungeprüfter Übersetzungen. Wer sich nur für einen Augenblick vergegenwärtigt, daß es bei der Ausfertigung von Verträgen nicht um den Austausch von Grußformeln geht, sondern um die Formulierung komplexer Sachverhalte in ganz spezifischen Fachsprachen, dem muß klar werden, daß die hinter dem Deutschen wie dem Russischen stehenden Rechtssysteme doch so unterschiedlich ist, daß allein eine wörterbuchgestützte Übertragung einfach zu Fehlern führen muß. Wer's nicht glaubt, versuche einmal unbestimmte Rechtsbegriffe wie »Treu und Glauben« oder »unzumutbar« adäquat ins Russische zu übersetzen oder für einen russischen sachenrechtlichen Begriff wie »polnoje chosjajstwennoje wedenje« eine verständliche deutsche Übersetzung zu finden. Für Kommentierungen stehe ich gerne zur Verfügung.

Investitionsgesuche aus der Region Wladimir

1. Herstellung von Fotokopiergeräten
2. Gründung eines Gemeinschaftsunternehmens zur Herstellung von gewalzten Farbgläsern
3. Aufbau einer Anlage zur Membran-Reinigung häuslicher und gewerblicher Abwässer auf der Basis eines Ultrafiltrations-Moduls
4. Modernisierung eines Kalkherstellungsbetriebs*
5. Gründung eines Gemeinschaftsunternehmens zur Löschkalkherstellung*
6. Gründung eines Gemeinschaftsunternehmens für die Produktion von Polymer-Materialien unter Anwendung chemischer Radiationsverfahren
7. Aufbau eines Produktionskomplexes zur Seeschlammgewinnung und -verarbeitung
8. Aufbau eines automatisierten Produktionskomplexes zur Herstellung komplizierter technologischer Ausrüstungen
9. Herstellung motorisierter Transportmittel kleinerer Leistung
10. Methanit-Hersteller (im Westen bekannt als »Lurex«)
11. Synthese und Bearbeitung technischer Kristalle und Schmucksteine*
12. Gründung eines Gemeinschaftsunternehmens zur Herstellung von Korrosionsschutz für gewalzte Rohre sowie andere Walzerzeugnisse im Warm-Aluminier-Verfahren mit Produktionsleistung 10 000 t pro Jahr

* Business-Pläne in englischer Sprache stehen zur Verfügung.

13. Aufbau eines Touristenzentrums in der Stadt Murom
14. Errichtung eines Hotelkomplexes
15. Produktion und Verarbeitung von Kautschukmischungen für Kabel
16. Verarbeitung von Kabelabfällen
17. Herstellung von Dreirad-Anschlußschaltanlagen für Haushalte
18. Produktion von Kühlschränken (Rauminhalt 200 l) mit Abtauvorrichtung und elektronischer Betriebssteuerung
19. Produktion von Betonblöcken
20. Schuhe, Schuhsohlen und Zubehör
21. Produktionserweiterung im Bereich »Seidenstoffe«
22. Sperrholz- und Schälfurnierherstellung
23. Herstellung von Transistoren und Integrierschaltungen
24. Errichtung einer Produktionshalle für Wurstherstellung sowie eines Kühlhauses
25. Autoradios mit Kassettenteil
26. Produktionshalle für die Herstellung von Fensterrahmenblöcken nach europäischen Normen
27. Produktion von Pkw-Sicherheitsgurten
28. Flaschenherstellung
29. Nachrüstung einer in Nutzung befindlichen Produktionshalle für Glasbehälterherstellung; Anschaffung einer komplexen Fertigungsstraße
30. Glasproduktion zur Fertigung von Leuchtstoffröhren- und Konstruktionstellen für elektrische Lampen
31. Produktion von Melkaggregaten
32. Produktion von Rotationsanlagen für Holzverarbeitung
33. Abfüllen alkoholfreier Getränke in Kunststoffflaschen
34. Vorrichtung zum Abfüllen von Tee und Kaffee in Kleinpackungen

[...]

37. Herstellung von Apparaturen zur Temperaturmessung
38. Herstellung hydraulischer Servoeinrichtungen für Straßenbau- und Holzverarbeitungsmaschinen
39. Herstellung synthetischer Diamanten
40. Herstellung und Weiterverarbeitung von Fluorglimmer

41. Herstellung von Ausrüstungsteilen für elektronische Laser- und Akustiktechnik
42. Herstellung von Autobatterien
43. Warm- und Kaltwasserzähler
44. Gaszähler
45. Herstellung von Stabilisierungssystemen für besonders (hoch-) reines Wasser
46. Mechanische Trocken-Vorvakuumpumpen mit Verdrängerwirkung: Förderleistung bis 5 l/sec.
47. Herstellung von Brillengläsern und Aufbau eines optischen Zentrums
48. Herstellung von Werkstücken und Lichtwellenleitern für Verbindungsleiter
49. Herstellung von Walzstäben und -drähten sowie anderen Buntmetallerzeugnissen aus Kabelabfällen
50. Herstellung von auf dem Weltmarkt konkurrenzfähigen Baggern:
    a) Bagger mit Raupenfahrwerk bis 27 t Gewicht
    b) Bagger mit Luftreifenfahrwerk bis 25 t Gewicht
51. Holzschlagmaschinen für Raupenbagger
52. Kranwagen (Hebekraft von 0,6 bis auf 20 t Gewicht) auf Lkw-Basis KAMAZ, MAZ
53. Kleinlader (Traktorenwerk Wladimir)
54. Elektronische Einspritzsysteme für Benzinmotoren
55. Pkw-Schaltungen
56. Erweiterung einer Produktionsanlage für Glasgeschirr
57. Produktion von Elektromotoren
58. Neue Produkte:
    - Pkw- und Lkw-Anhänger
    - Verpackung für besonders gefährliche Güter
    - Zerkleinerungsanlagen für Futtermittel
    - Spulengestelle für die Textilindustrie
59. Aufnahme der Produktion von modernen Mehrzweck-Werkzeugmaschinen
60. Herstellung und Verkauf von Tiefkühl-Einrichtungen für Lkw

[...]

63. Längsbearbeitungsmaschinen für Rundhölzer
64. Produktionserweiterung für die Herstellung von Teig- und Backwaren
65. Trikotagen
66. Entwicklung und Produktion eines neuen Lautsprecher-Modells
67. Herstellung technischer Gummi-Erzeugnisse aus Gummi-Abfällen
68. Herstellung von Spiegeln und Glasflaschen
69. Gründung eines Investitionsfonds mit folgenden Zielen:
   - Errichtung eines Touristenzentrums an der Grenze zum Moskauer Gebiet,
   - Errichtung einer Autoservice-Stelle an der Straße Moskau–Nischnij Nowgorod,
   - Aufbau einer Fischerei-Teichwirtschaft für Spiegelkarpfenzucht,
   - Aufbau einer Genossenschaft für Gartenfreunde,
   - Aufbau einer Großhandelsniederlassung an der Straße Moskau–Nischnij Nowgorod,
   - Aufbau einer Produktionshalle für Holzbearbeitung,
   - Wohnungsbau.

Kontaktadresse:
ADMINISTRATION DER REGION WLADIMIR
600000 Wladimir
Oktjabrkij pr. d. 21
Auslandsabteilung
FAX (007 092 22) 26 482
TELEFON (007 092 22) 25 546
Herr VICTOR KAMILATOW

Löhne, Gehälter und Preise im Vergleich

Moskau
(Stand: 10. 12. 1994)

1 DM = 2 127 Rbl.

Monatslöhne und -gehälter (Grundgehalt)

Universitätsdozent	110 000–130 000 Rbl.
Lehrer	150 000–180 000 Rbl.
Arzt	130 000–180 000 Rbl.

In einer Metallfabrik in Moskau:

Arbeiter der Lohnstufe 5 und 6 (höchste Lohnstufe)	bis 300 000 Rbl.
Ingenieur	200 000–400 000 Rbl.
Leiter einer Produktionsabteilung	600 000–700 000 Rbl.

Fahrpreise in öffentlichen Verkehrsmitteln

Stadtbus	1 Fahrt	250 Rbl.
U-Bahn	1 Fahrt	250 Rbl.
Straßenbahn	1 Fahrt	250 Rbl.
O-Bus	1 Fahrt	250 Rbl.

Grundnahrungsmittel
(Geschäfte)

Weißbrot	0,5 kg	750 Rbl.
Schwarzbrot	1 kg	980 Rbl.
Frischmilch	1 l	1 250 Rbl.
Butter (am Stichtag nicht im Angebot)		
Kartoffeln (schlechte Qualität)	1 kg	1 000 Rbl.
Rindfleisch (schlechte Qualität)	1 kg	4 500 Rbl.
Rindfleisch (Lende)	1 kg	10 500 Rbl.
Schweinefleisch (mit Knochen)	1 kg	19 500 Rbl.
Schweinefleisch (Lende)	1 kg	23 500 Rbl.
Eier	10 St.	2 500 Rbl.
Zwiebeln		
(schlechte Qualität	1 kg	1 250 Rbl.
(bessere Qualität)	1 kg	1 800 Rbl.
Rote Rüben		
(schlechte Qualität)	1 kg	800 Rbl.
(gute Qualität)	1 kg	2 000 Rbl.
Sonnenblumenöl	1 kg	6 000 Rbl.
Saure Sahne	1 kg	6 000 Rbl.
Nudeln	1 kg	2 500 Rbl.

Wladimir

Durchschnittslöhne und -gehälter
(Amtliche Statistik. Stand: Oktober 1994)

Arbeiter	180 200 Rbl.
Ingenieur	keine Angaben
Arzt	235 500 Rbl.
Lehrer	172 200 Rbl.

Lebensmittelpreise
(6. Dezember 1994)

Kohl	1 kg	632 Rbl.
Zwiebeln	1 kg	1 294 Rbl.
Kartoffeln	1 kg	566 Rbl.
Mohrrüben	1 kg	760 Rbl.
Rote Bete	1 kg	680 Rbl.
Roggenbrot	1 kg	611 Rbl.
Weizenbrot (höchste Qualität)	1 kg	1 615 Rbl.
Weizenbrot (1. Wahl)	1 kg	771 Rbl.
Milch	1 l	744 Rbl.
Rindfleisch	1 kg	4 675 Rbl.
Schweinefleisch	1 kg	5 000 Rbl.
Geflügel	1 kg	1 885 Rbl.
Käse	1 kg	8 316 Rbl.
Schmelzkäse	1 kg	6 750 Rbl.
Makkaroni (höchste Qualität)	1 kg	1 152 Rbl.
Nudeln (beste Qualität)	1 kg	1 757 Rbl.
Reis	1 kg	1 150 Rbl.
Buchweizengrieß	1 kg	1 607 Rbl.
Grieß	1 kg	944 Rbl.
Zucker	1 kg	1 810 Rbl.
Eier	10 St.	2 052 Rbl.

Erfolgsrezepte

Als Hobbykoch drängt es mich, Ihnen Rezepte für die, wie ich meine, besten russischen Blini zu verraten und die beste deutsche Erbsensuppe, mit der ich sogar bei Russen Erfolg habe. Chichi beim Kochen ist ja nicht mehr gefragt. Wenigstens hier scheint die Natur bei uns Deutschen durch.

Blini

Blini, ein russisches Nationalgericht, von Dichtern besungen, sind Hefepfannkuchen, die, ähnlich wie Crêpes oder die mexikanischen Tortillas, mit einem Belag gegessen werden – Blini am besten mit Kaviar, Lachs und dicker saurer Sahne.

Ich backe sie in einer kleinen schweren Eisenpfanne, 15 cm Bodendurchmesser, wie man sie in Geschäften kaufen kann, die in den letzten Jahren, seitdem Männer kochen und damit der Emanzipation ihrer Frauen eine angenehme Seite abgewonnen haben, wie Pilze aus dem Boden geschossen sind; sie heißen in Berlin »Tisch & Herd«, »Topf & Pfanne«, »Topf & Terrine« oder »Gourmet-Shop«.

Als Backfett nehme ich Butterschmalz, weil es nicht brennt wie unsere frische Butter, die sehr viel Molkerückstände enthält. Auch Sonnenblumenöl paßt zu russischen Blini.

Für den Teig gibt es unzählige Rezepte. Grundstoff ist immer Weizenmehl, Buchweizenmehl oder eine Mischung aus beidem. Für Zaren-Blini braucht man beide Mehlsorten, zusätzlich 10 Eier, 1 Liter Sahne und viel Butter. Ich halte mich nur insoweit an das fürstliche Rezept, als ich Buchweizen- und Weizenmehl mische.

Buchweizenmehl ist schwer zu kriegen. In Berlin kann man es kaufen. Wer in der Provinz lebt, sollte es im Reformhaus versuchen.

Man nehme also:

400 g	Buchweizenmehl
200 g	Weizenmehl
25 g	Hefe
1/2 l	Milch
1/2 l	Wasser
3	Eier
60 g	Butter
1 TL	Salz
1 TL	Zucker

Hat man kein Buchweizenmehl, nimmt man 600 g Weizenmehl, muß dann aber 5 Eier und 125 g Butter in den Teig rühren.

Wichtig ist, daß der Teig gut aufgeht. Hefe in wenig angewärmter Milch aufschlämmen und 20 Minuten lang warm stellen. Aus der Milch-Hefe-Mischung, dem Weizenmehl, der Hälfte des Buchweizenmehls und dem erwärmten Wasser einen glatten Teig kneten und, zugedeckt und warm, eine Stunde aufgehen lassen. Inzwischen die verbliebene Milch aufkochen, über das restliche Buchweizenmehl gießen, abkühlen lassen und die Masse in den Teig einarbeiten. Diesen wiederum aufgehen lassen und Eier (ganz), Butter, Salz und Zucker unterrühren. Abermals eine Stunde aufgehen lassen.

Der Teig ist, wenn man alles beachtet hat, dickflüssig. Zuerst nehme ich reichlich Fett, damit die Pfanne sich »einbäckt«. Sonst bleiben die ersten Teigfüllungen leicht am Pfannenboden hängen. Fettnapf und Teigschüssel stelle ich möglichst dicht an die Pfanne. Den Teig transportiere ich in einer Schöpfkelle, die etwa die für eine Füllung nötige Teigmenge faßt. Wenn man nicht aufpaßt, spritzt das Fett und kleckert der Teig, und man hat eine große Schweinerei. Man übt sich aber rasch ein.

Nach einer jeweils etwa kirschgroßen Menge Fett nur so viel Teig einfüllen, daß er den Pfannenboden, durch eine Drehung der Pfanne aus dem Handgelenk in trägen Fluß gebracht, gerade bedeckt. Der Teig gerinnt in der heißen Pfanne sehr schnell, Löcher kann man mit Teigtropfen schließen.

Wenn die Pfanne richtig heiß ist, muß man die Blini rasch wenden und, wenn nötig, noch etwas Fett zugeben.

Die fertigen Blini stapelt man auf einem Teller, der so steht, daß er der Wärme des Herdes teilhaftig ist.

Am besten schmecken Blini frisch und warm. Man kann sie aber auch in Folie tagelang im Kühlschrank halten und auch einfrieren. Erwärmen in der Mikrowelle.

Den Kaviar – wer sparen muß, nimmt den preiswerten roten Keta aus Lachsrogen – streicht man, wie Butter aufs Brot, mit dem Messer auf die Blini, besser dick als dünn. Man kann den Kaviar auch mit Sauerrahm unterfüttern. Aber bitte nicht die bei uns als Beilagen üblichen Faxen wie gehackte Zwiebeln, Eihack oder dergleichen! Und die bestrichenen Blini nicht brav mit Messer und Gabel vom kalten Teller essen, sondern zusammengefaltet, mit warmen, fettigen Fingern in den erwartungsvollen Mund schieben!

Erbsensuppe

Erbsen sind Hülsenfrüchte, die in 13 000 Arten überall auf der Welt wachsen. In unserer Küche kommen außer Erbsen Linsen und Bohnen vor. Urlaubsreisende kennen auch Kichererbsen, und Gesundheitsbewußte schätzen Sojabohnen. Kaum einer weiß aber, daß auch die Erdnüsse, die die Mutter zum Fernsehen neben das Bierglas stellt, zu den Hülsenfrüchten zählen.

Hülsenfrüchte sind, getrocknet, gut zu lagern, sind eiweißreich, enthalten Kohlehydrate und Ballaststoffe. Manche, wie Erdnüsse, auch Fett. Daher sind sie in vielen Ländern fester Bestandteil der Küche der Armen, aber eine gute Erbsensuppe wird auch verwöhnten Gaumen gerecht.

Erbsensuppe kocht man bei uns meistens mit Geräuchertem. Mein Rezept verzichtet auf den Rauchgeschmack, gewissermaßen Erbsen pur. Wenn man Pech hat und die Erbsen und das Schweinefleisch nicht von bester Qualität sind oder wenn das Fleisch zu lange im Tiefkühlschrank lag, gelingt die Suppe nicht. In einem solchen Fall brate ich dann doch noch schnell mageren Rauchspeck mit Zwiebelwürfeln aus und schütte das Ganze in die Suppe.

Über Nacht eingeweichte, am nächsten Vormittag bei kleinstem Feuer sanft gequollene grüne oder gelbe ungeschälte Trockenerbsen entwickeln einen köstlichen Eigengeschmack.

Eigengeschmack wird bei uns viel zu oft durch Gewürze verfälscht. Das sind die Leute, die frische Austern mit Zitrone beträufeln, die gebratenes, gutes Rindfleisch mit Ketchup übergießen oder die den unvergleichlichen Geschmack frischer junger Steinpilze oder auch Pfifferlinge, in der Pfanne kurz in heißer Butter oder Olivenöl geschwenkt, durch mitgebratene Zwiebeln ruinieren.

Meine Erbsensuppe koche ich mit frischem Spitzbein, Schweinefüßen, die ich vom Fleischer längs spalten lasse. Auch das Hackebeil in der Küche zu Hause tut es. Nur wenn kein Spitzbein aufzutreiben ist, nehme ich frisches, nichtgepökeltes Eisbein, wobei es mehr auf reichlich Schwarte als auf den mageren Kern ankommt. In einer Kneipe in Bienenbüttel in der Nordheide habe ich Erbsensuppe gegessen, die nur mit frischer Schweineschwarte gekocht war. Leider gibt es die nicht mehr zu kaufen.

Wenn ich genügend Zeit habe, koche ich Erbsen und Fleisch getrennt. Man kann aber auch alles zusammen in einen großen Topf tun.

Auf jeden Fall müssen die Spitzbeine – ich nehme zwei oder drei, je nach Größe, für 500 Gramm Erbsen – oder das Eisbein zuerst abgebrüht werden. Dazu setzt man Wasser mit Salz auf, bringt es zum Kochen und läßt das Fleisch, mit Wasser bedeckt, zwei bis drei Minuten lang aufwellen. Wasser weggießen, Fleisch beiseite legen, Topf säubern, Fleisch mit frischem Wasser wieder ankochen.

Bei mittlerer Hitze wiederum einige Minuten lang flott kochen lassen, Hitze wegnehmen und mit einem feinen Sieb die Wasseroberfläche von Schwebeteilchen säubern. Erst dann Gewürze zugeben: vier bis fünf Pimentkörner, 20 Pfefferkörner, eine Nelke, drei bis vier Lorbeerblätter, Salz. Ein Stück Sellerieknolle, zwei bis drei Mohrrüben, ein Stück Lauch, so man hat, Petersilienwurzel, eine große Zwiebel. Hitze so einstellen, daß das Fleisch, mit Wasser bedeckt, am Siedepunkt simmert. Die Brühe bleibt dann klar. Ist das Fleisch weich – beim Spitzbein müssen sich die Knöchelchen mit den Fingern herausdrücken lassen –, trenne ich die Brühe vom ausgekochten Gemüse und den Gewürzen, schöpfe das Fett ab und koche in dem verbleibenden Sud die eingeweichten Erbsen. Dazu schneide ich zwei bis drei Kartoffeln hinein.

Spitzbeine brauchen drei Stunden, Eisbein, je nach Größe, eine bis eineinhalb Stunden, ungeschälte Erbsen etwa zweieinhalb Stunden.

Wenn ich alles in einem Topf koche, schütte ich die eingeweichten Erbsen erst nach einer halben Stunde zu den Spitzbeinen, habe ich ein Eisbein, so nehme ich es, wenn es weich ist, aus dem Topf und stelle es warm. Beim Zusammenkochen muß das Gemüse kleingeschnitten werden, weil es in der Suppe bleibt.

Zum Schluß werden aus den Spitzbeinen die feinen Knochen entfernt, auch der weiße Fettballen in der Mitte. Schwarte und Gallert werden kleingeschnitten und in die fertige Suppe gegeben. Vom Eisbein wird die Schwarte gelöst und die Fettschicht auf der Innenseite entfernt. Auch das magere Fleisch befreie ich vom Fett, und alles kommt, kleingeschnitten, in die Suppe. Pfeffermühle und Salzfaß kommen auf den Tisch.

Register

RUSSISCHE FÖDERATION

VERWALTUNGSEINTEILUNG, BEVÖLKERUNGSDICHTE NACH WIRTSCHAFTSGEBIETEN 1991

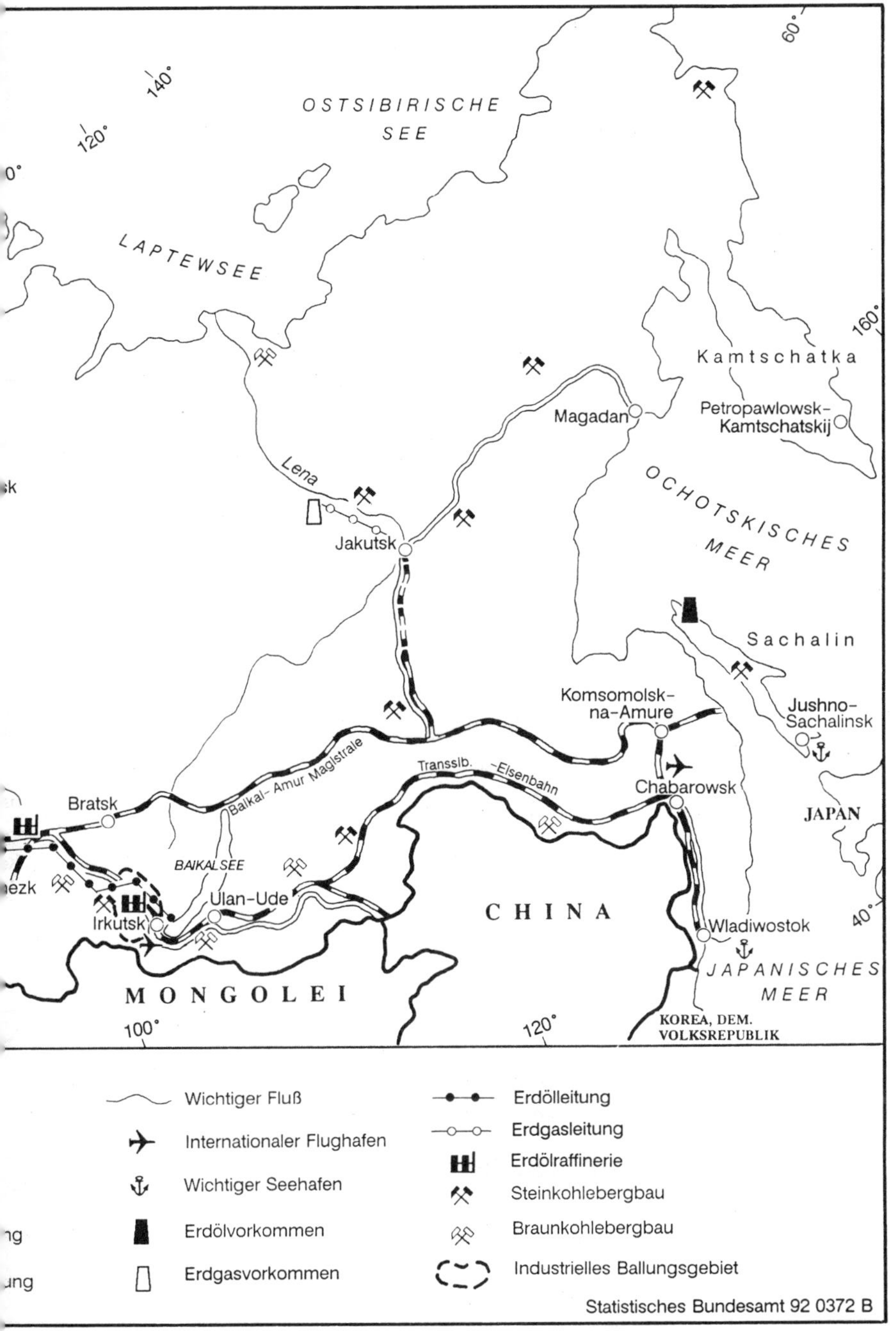
OSTSIBIRISCHE SEE
LAPTEWSEE
140°
120°
60°
160°
Kamtschatka
Petropawlowsk-Kamtschatskij
Magadan
Lena
Jakutsk
OCHOTSKISCHES MEER
Sachalin
Jushno-Sachalinsk
Komsomolsk-na-Amure
Chabarowsk
JAPAN
Bratsk
Balkal-Amur Magistrale
Transsib. -Eisenbahn
BAIKALSEE
Ulan-Ude
Irkutsk
CHINA
Wladiwostok
40°
JAPANISCHES MEER
MONGOLEI
100°
120°
KOREA, DEM. VOLKSREPUBLIK
Wichtiger Fluß
Internationaler Flughafen
Wichtiger Seehafen
Erdölvorkommen
Erdgasvorkommen
Erdölleitung
Erdgasleitung
Erdölraffinerie
Steinkohlebergbau
Braunkohlebergbau
Industrielles Ballungsgebiet
Statistisches Bundesamt 92 0372 B